JORNALISMO E RELAÇÕES PÚBLICAS:
AÇÃO E REAÇÃO
Uma perspectiva conciliatória possível

Boanerges Lopes e
Roberto Fonseca Vieira
organizadores

JORNALISMO E RELAÇÕES PÚBLICAS: AÇÃO E REAÇÃO

Uma perspectiva conciliatória possível

MAUAD

Direitos desta edição reservados à
MAUAD Editora Ltda.
Av. Treze de Maio, 13, Grupos 507 a 509 — Centro
CEP: 20031-007 — Rio de Janeiro — RJ
Tel.: (21) 2533-7422 — Fax: (21) 2220-4451
www.mauad.com.br

Projeto Gráfico:
Núcleo de Arte/Mauad Editora

Revisão:
Sandra Pássaro

CIP-BRASIL. CATALOGAÇÃO NA FONTE.
SINDICATO NACIONAL DOS EDITORES DE LIVROS, RJ

J71

Jornalismo e relações públicas : ação e reação / Boanerges Lopes e Roberto Fonseca Vieira. – Rio de Janeiro : Mauad, 2004.

200p. ; 14 x 21cm.

Inclui bibliografia
ISBN 85-7478-130-4

1. Jornalismo. 2. Relações públicas.
I. Lopes, Boanerges, 1961-. II. Vieira, Roberto Fonseca.

04-1976 CDD 070
CDD 070:659.4

Sumário

APRESENTAÇÃO

CONFLITO EQUIVOCADO

*Manuel Carlos Chaparro**

A luta por espaços profissionais, entre as áreas de Relações Públicas e Jornalismo, no Brasil, já se arrasta desde os idos de 1968/1969, com jeito de conflito insolúvel. Em tempos de regime militar, o confronto corporativo instalou-se, e ganhou alento, com as leis da regulamentação profissional, cada um dos lados puxando a brasa para a sua sardinha. E porque o confronto se organizou nutrido mais pela obtusidade do que pelo bom senso, portanto sem diálogo, delineou-se, de forma cretina (porque sem negociação), uma área de guerra no território das "tarefas específicas".

Apoiadas na força legal do seu Conselho Federal e no poder fiscalizador dos seus Conselhos Estaduais, brandindo a lei e as multas, as entidades de Relações Públicas reclamavam, como específicas dos profissionais da área, tarefas que a regulamentação profissional oponente definia como dos jornalistas. E por mais de 15 anos se alongaram as rusgas, com fases de maior ou menor intensidade.

Entretanto, a evolução do mercado traçou caminhos à margem da lei e das rusgas. Ampliou-se, em ritmo crescente, a demanda por jornalistas competentes, dada a necessidade crescente de as instituições interagirem discursivamente com a sociedade pelas vias do discurso jornalístico. A mudança dos cenários socioeconômicos e político-culturais, que a revolução tecnológica acelerava, levou, naturalmente, a novos desenhos nos modelos gerenciais das organizações complexas, com a atribuição estratégica de espaços, funções e poderes às áreas de comunicação. Contra a visão estreita da obtusidade corporativa, expandiram-se, assim, conceitos e práticas pluri, inter e

* Professor Doutor e Livre-Docente da Universidade de São Paulo – USP, pela Escola de Comunicações e Artes – ECA. Jornalista e autor de vários livros, entre os quais *A Pragmática do Jornalismo*, Editora Summus.

transdisciplinares. Em paralelo, os ventos e costumes da redemocratização apaziguaram o ambiente, graças, em boa parte, à lucidez e à propensão ao diálogo de lideranças como as de Vera Giangrande e Audálio Dantas.

Na virada para o século XXI, porém, talvez devido ao desemprego, que se expandia também nos segmentos especializados da Comunicação, a insensatez corporativa voltou, com a edição de portarias que revigoram o velho poder regulador dos Conselhos de Relações Públicas. Só que os tempos são outros, de ajustamentos democráticos nas formas de conviver, inclusive nos espaços profissionais, hoje abertos à complementação interativa de conhecimentos, entre áreas afins.

Ousadias retrógradas já não acontecem sem o enfrentamento de uma discussão de razões, à luz dos valores sobre os quais se tenta erguer uma nova sociedade. Por isso aqui estamos, neste livro oportuno, em busca de "uma perspectiva conciliatória possível".

O volume reúne um respeitável naipe de estudiosos e profissionais da comunicação institucional, com idéias, análises e propostas que, em linhas de divergência e convergência, oferecem amplo painel pluralista, a solicitar leitura interessada. É obra, portanto, para desdobramentos críticos e criativos, na polêmica que há de gerar.

A riqueza e a diversidade dos textos recomendam que pouco se diga na apresentação, simples intróito. Mas, no pouco que me falta escrever, vale a pena resumir três idéias que podem ajudar a uma leitura crítica do livro. Ei-las:

1 – É um falso e inútil conflito esse confronto maluco entre profissionais de relações públicas e de jornalismo. Falso, porque o poder pretensamente em disputa não pertence nem pertencerá a qualquer das categorias em colisão. É o poder estratégico da comunicação dentro das organizações, situado em planos e esferas que os diplomas não alcançam, e impondo lógica multidisciplinar ao amplo diagrama das competências institucionais. Além de falso, trata-se de um conflito inútil, e é fácil dizer por quê: o atual perfil do mercado, bem como as suas tendências, resulta do caminhar construído pelos mecanismos culturais dos processos, não pelo balizamento regulador de decretos e portarias.

2 – Relações públicas e jornalistas vinculados profissionalmente à comunicação institucional precisam descobrir que atuam em campos e saberes reciprocamente solidários. As instituições produtoras de acontecimentos, aproveitando-se das modernas tecnologias de difusão, e a elas se adaptando, transformaram o jornalismo no grande espaço público das suas ações e interações

discursivas. Tornaram-se produtoras ativas de conteúdos jornalísticos, ou seja, de acontecimentos e falas noticiáveis. Há que organizar, dar consistência e coerência ao discurso institucional. Mas é também indispensável socializá-lo, dar-lhe expressão pública eficaz, confiável, pela linguagem jornalística. E na articulação de tão variados saberes está o poder discursivo das instituições e a sua capacidade de interferência nos processos jornalísticos – não na quantidade de press-releases redigidos e distribuídos, nem na freqüência ou brilharetes das entrevistas coletivas e almoços organizados, como ainda imaginam os guerreiros das "tarefas específicas".

3 – A elaboração de um Mundo Ético, em que as ações humanas e as transformações produzidas tenham a perspectiva dos valores fundamentais da cultura democrática, não pode ser dever exclusivo, maior ou menor, desta ou daquela carreira, mas compromisso essencial de todos os profissionais de comunicação envolvidos com a produção, o relato e o debate da atualidade. A Ética é uma só, sustentada em valores universais e por eles delineada. Na Ética, em seus códigos superiores (a Declaração Universal dos Direitos Humanos, por exemplo), devem os relações-públicas e os jornalistas encontrar as razões do seu pensar e do seu agir profissional. Não será coisa fácil, na dinâmica de conflitos em que vivemos e atuamos. Mas aí está a luta que vale a pena travar.

JORNALISMO E RELAÇÕES PÚBLICAS: DOS LIMITES FRONTEIRIÇOS PARA UMA AÇÃO INTEGRADA NAS ORGANIZAÇÕES

*Margarida Maria Krohling Kunsch**

A coletânea *Jornalismo e relações públicas: ação e reação – uma perspectiva conciliatória possível* surge num momento muito propício da história da comunicação organizacional no Brasil. Na atualidade, aquele debate corporativista do passado, que foi pauta de muitos fóruns em ambientes acadêmicos e profissionais, vem sendo substituído por um diálogo mais maduro e construtivo pelos agentes destas subáreas da Comunicação Social.

A reunião de artigos de professores, pesquisadores e profissionais de jornalismo e relações públicas com ampla vivência no meio universitário e no mercado profissional da comunicação organizacional do País, que compõe esta obra coletiva, sinaliza um esforço nesta direção e um amadurecimento das idéias sobre fronteiras, competências e limites do fazer comunicacional no âmbito das organizações e instituições.

Na minha trajetória acadêmica e profissional, desde 1985, quando defendi na Escola de Comunicações e artes da Universidade de São Paulo a dissertação de mestrado sobre o Planejamento das relações públicas na comunicação integrada, transformada em livro no ano seguinte, venho defendendo a necessidade da adoção de uma filosofia da comunicação integrada por parte das organizações e pelos profissionais envolvidos neste contexto.

Já entendia, desde então, que a área de Relações Públicas não poderia fechar-se em si mesma. Ela tem de interagir com as demais

* Professora e pesquisadora da Escola de Comunicações e Artes da Universidade de São Paulo (ECA-USP). Doutora em Ciências da Comunicação e livre-docência em Teoria da Comunicação Institucional: Políticas e Processos pela ECA-USP. Publicou os livros *Planejamento de relações públicas na comunicação integrada*; *Universidade e comunicação na edificação da sociedade*; *Relações públicas e modernidade: novos paradigmas na comunicação organizacional*; e a coletânea *Obtendo resultado com relações públicas*. É presidente da Alaic – Asociación Latinoamericana de Investigadores de la Comunicación.

subáreas da Comunicação Social e trabalhar numa perspectiva integrada. Com os mestres Cândido Teobaldo de Souza Andrade e Francisco Gaudêncio Torquato do Rego aprendi a avaliar o amplo espectro das relações públicas numa visão mais abrangente da comunicação aplicada às organizações.

Analisando os cenários e as novas tendências que se desenhavam no País à época, com a retomada da democracia, percebia que o paradigma de relações públicas então vigente era muito restrito e limitado. E preconizava que o caminho a ser seguido não deveria passar por uma "briga corporativista", mas que se fazia necessário pensar numa atuação conjunta das subáreas da Comunicação Social, respeitando-se as respectivas especialidades, em benefício das organizações e da sociedade. Ou seja, que as práticas comunicativas precisam acontecer de forma sinérgica e integrada.

Tudo leva a crer que houve aceitação desta proposta, embora com exceções. Estas, aliás, são muito produtivas, pois a contestação do saber e do conhecimento produzido, dentro de um debate plural, tanto na comunidade acadêmica quanto no mercado profissional, permite avançar nas teorias e na ciência, estimulando o estudioso a avançar na pesquisa e no aperfeiçoamento de suas idéias.

Analisar as relações públicas e a comunicação no contexto das organizações tem sido, a partir daí, uma constante preocupação ao longo da minha carreira acadêmica. Em 1991, com a tese de doutorado, tentei aplicar os conceitos e a filosofia da comunicação integrada à universidade, propondo uma forma estratégica de difusão de sua produção científica. Nesta tentativa ficava bem clara a necessidade de um trabalho sinérgico entre relações públicas, jornalistas e publicitários. A tese foi publicada pela Loyola em 1992, com o título de Universidade e comunicação na edificação da sociedade. Acredito que contribuí para que muitas instituições superiores revissem sua política de manter em sua estrutura comunicacional tão-somente um setor de assessoria de imprensa, que na época de minha pesquisa era predominante. Defendia então que, para se integrar com a sociedade, na socialização do conhecimento produzido, a universidade precisa se valer de serviços integrados de comunicação, sendo a participação do jornalismo científico fator decisivo nesse contexto. Minha maior satisfação é ver que a partir de minha tese têm surgido novos trabalhos de pós-graduação, inclusive de doutorado, em torno dessa temática.

Prosseguindo na caminhada, em 1996, com a tese de livre-docência, trabalhei as interfaces de relações públicas e da comunicação organizacional, analisando criticamente estas duas áreas no Brasil. Evidentemente, no bojo desse estudo não poderiam ter deixado de constar reflexões sobre o papel do jornalismo empresarial e a contribuição de Gaudêncio Torquato para sua sistematização no campo acadêmico e profissional. No trabalho, que foi publicado pela Summus em 1997, com o título de *Relações públicas e modernidade: novos paradigmas na comunicação organizacional*, tento apresentar justamente a contribuição tanto das relações públicas, quanto do jornalismo empresarial para o desenvolvimento e o estágio avançado em que se encontra hoje a comunicação organizacional no Brasil.

Depois desses registros, que objetivam apenas apresentar meu posicionamento sobre a questão central do presente livro, volto a insistir que a soma e a conjugação de conhecimentos e experiências geradas por acadêmicos e profissionais advindos dos campos do Jornalismo e das Relações Públicas, assim como das demais subáreas da Comunicação Social, só trará benefícios e possibilitará maior eficácia na prática da comunicação organizacional. Julgo oportuno propor algumas reflexões para o debate em questão.

Pela teoria e pela essência de suas atividades, Jornalismo e Relações Públicas são áreas "geneticamente" diferentes, como diz Wilson Bueno em seu artigo na presente obra. O que, então, sobretudo no Brasil, teria levado os jornalistas a ocupar mercados e espaços que, em tese, são específicos dos profissionais de relações públicas? Até que ponto o jornalismo empresarial se apropriou de teorias e paradigmas genuinamente jornalísticos? Quem não se lembra de que, no Brasil, nos anos 1970 e 1980, a assessoria de imprensa era rotulada de "prostituição do jornalismo"? Teria havido, então, um desvirtuamento da verdadeira função do jornalismo? Por que as escolas de Comunicação, na sua maioria, não assumiram que deveriam oportunizar uma preparação do jornalista para atuar no âmbito da comunicação organizacional? Por que não incluíram, e não incluem até hoje, em suas grades de ensino, também disciplinas de relações públicas, como se faz nos cursos desta área, cujo currículo é muito mais abrangente, visando à formação de um "gestor da comunicação", capaz de entender os conceitos das ouras subáreas e as suas ferramentas.

Ainda hoje nos deparamos com uma situação no mínimo curiosa. Os jornalistas têm atuado em funções típicas de relações públicas, sem que tenham uma formação adequada para tanto. Por sua formação universitária, geralmente se concentram apenas na produção de mídias impressas, eletrônicas e digitais, reportagens jornalísticas e assessoria de imprensa, não se achando aptos para envolver-se plenamente com a comunicação como um todo, no âmbito corporativo. Um grande contingente de egressos dos cursos de Jornalismo e mesmo um expressivo número de profissionais demitidos das redações, com as freqüentes crises do setor, são levados a atuar nesse mercado até por uma questão de sobrevivência, já que as empresas midiáticas ou as indústrias das comunicações não os absorvem.

Outro agravante é o nível de educação do povo brasileiro, que tem como conseqüência um reduzido número de leitores, e a quantidade de jornais impressos existentes, que é pequena se comparada à de países desenvolvidos e mesmo de outros países em desenvolvimento. Infelizmente, tal fato tem representado um retrocesso para o País. Em décadas passadas havia, proporcionalmente, muito mais jornais.

Poderíamos continuar elencando outros fatores para tentar compreender o desvio da função precípua do jornalismo. Mas não vou me alongar nessas considerações. Só quero registrar ainda, adicionalmente, que se formam muito mais jornalistas do que relações públicas no Brasil. Um certo número deles procura se aperfeiçoar em cursos de pós-graduação *lato* e *stricto sensu* em relações públicas e comunicação organizacional/empresarial espalhados pelo Brasil, tentando buscar fundamentos e capacitação para atuar como gestores e estrategistas de comunicação nas organizações.

Quais seriam os motivos que levaram a essa situação? Por que, ao invés de as duas áreas percorrerem caminhos separados, não têm procurado agir de forma politicamente integrada, para legitimar as profissões e consolidar o campo de forma mais construtiva? Faltou maior visão de futuro e de mundo das nossas lideranças? Alguns fatos históricos podem ilustrar certos equívocos em que incorreram nossas categorias profissionais e que talvez merecessem uma pesquisa mais aprofundada.

Em 1986, a Federação Nacional dos Jornalistas (Fenaj), juntamente com o Conselho Federal dos Profissionais de Relações Públicas (Conferp), editava o Manual de Assessoria de Imprensa, o qual apresentava até mesmo um organograma, estabelecendo divisores e limites de competência entre as atribuições de jornalistas, relações públicas e publicitários. Tal demarcação, equivocada, não só na minha opinião, mas também na de muitos colegas, trouxe grandes prejuízos para a definição da identidade da função de relações públicas nas organizações. O relacionamento destas com todos os seus públicos estratégicos (*stakeholders*) – entre os quais a mídia, sempre considerada como um dos públicos mais importantes – passou a ser apropriado pela assessoria de imprensa. Muitas organizações e instituições deixaram de inserir nas suas estruturas o setor de relações públicas, simplesmente substituindo-o pela assessoria de imprensa, sem base conceitual para tal mudança. Às relações públicas caberia apenas organizar eventos e cuidar do cerimonial, algo que ainda hoje se faz muito presente nos órgãos governamentais.

Quantas falhas percebemos na comunicação governamental pela ausência, na equipe de comunicação, de um profissional de relações públicas com visão estratégica e capaz de ter sensibilidade para fazer leituras de cenários e delinear prognósticos, sem o afobamento de decisões apressadas com o intuito de aparecer na mídia a qualquer preço?

O valor que se deu à assessoria de imprensa nos anos 1980 contribuiu para fazer prevalecer o corporativismo dos sindicatos dos jornalistas, que chegaram ao cúmulo de determinar que as redações midiáticas só poderiam receber releases se fossem assinados por jornalistas. E a tão apregoada competência, que seria o critério para o jornalista ou o relações públicas desempenhar a função, ou até dirigir a comunicação nas organizações, deu lugar a uma reserva de mercado que não tem sido respeitada nem pelo governo federal, responsável pela emissão das leis que regulamentaram as profissões de jornalismo e relações públicas.

Por outro lado, a categoria profissional e as lideranças das entidades de relações públicas, em vez de tentar reverter esse processo, mostrando a abrangência e as grandes possibilidades de atuação do campo, preferiram ficar lamentando a perda de espaços e criando portarias normativas, como se essas por si sós fossem capazes de resolver o problema, que era mais profundo do que se imaginava. E isto num momento em que o mundo passava e iria passar por grandes transformações sociais, políticas e econômicas, sendo a comunicação instada a ocupar um lugar estratégico nas organizações.

A categoria jornalística, muito mais numerosa e organizada do que a de relações públicas, apesar das divergências ideológicas internas sobre sua atuação em comunicação empresarial, soube perceber, por exemplo, como a área de *marketing*, que vinha despontando, poderia ser ocupada por ela, já que eram cada vez mais escassos os espaços para o jornalista trabalhar nos meios de comunicação.

Não quero com isto dar a entender que sou contra os jornalistas terem se inserido neste mercado de forma tão presente e agressiva, sobretudo na prestação de serviços de assessoria de imprensa ou ocupando cargos nos departamentos internos de comunicação. Acredito que a contribuição desses especialistas foi decisiva para o profissionalismo na produção de periódicos e publicações institucionais e o aperfeiçoamento conceitual e técnico dos produtos midiáticos corporativos.

O que defendo – e volto a insistir nisso – é a necessidade de se buscar uma formação adequada para o desempenho da função precípua de um executivo em comunicação com visão estratégica e de negócios, que certamente não prescindirá de conhecer as teorias, as técnicas, as estratégias e os instrumentos de relações públicas. Só conceitos, técnicas e teorias de jornalismo e mesmo de assessoria de imprensa não dão conta dessa perspectiva mais global da comunicação organizacional.

Jornalismo e relações públicas, nas suas práxis do cotidiano das organizações, têm muito mais para somar do que para dividir. Na realidade do mercado, sobretudo dos grandes centros, isto já é um fato consumado. Jornalistas e relações públicas trabalham em equipe, tanto dentro das empresas prestadoras de serviços de comunicação corporativa como nos departamentos internos das organizações em geral. O mundo ficou muito pequeno para mentes fechadas e presas a um corporativismo ultrapassado.

Congratulo-me com os idealizadores desta obra, Boanerges Lopes e Roberto Fonseca Vieira, pela concepção e por terem conseguido reunir aqui um pensamento plural, que certamente vai suscitar ou alimentar discussões construtivas. Sair dos guetos corporativistas e lançar o debate para toda a sociedade é uma forma democrática e salutar de configurar uma base mais sólida para o fazer comunicacional. Temos que batalhar por uma sociedade mais justa e pela construção, para as futuras gerações, de um mercado com mais responsabilidade, ética e consciência na comunicação das organizações. Nenhuma área poderá fazer isto sozinha. A filosofia da comunicação integrada deve nortear esta caminhada.

PROPOSTAS EM DEBATE: QUE PREVALEÇA O BOM SENSO!

*Audálio Dantas**

Esta coletânea organizada por Boanerges Lopes e Roberto Fonseca Vieira surge em momento mais do que oportuno. Ressalvadas as naturais diferenças de pontos de vista, os textos aqui reunidos apontam para a necessidade de um debate capaz de lançar luz sobre uma questão que ressurge de modo explosivo – a do exercício profissional na área de assessorias de comunicação.

Entidades representativas dos profissionais de relações públicas tratam de garantir reserva de mercado num setor hoje ocupado majoritariamente por jornalistas, por razões históricas cuja discussão não cabe neste espaço. Carlos Chaparro, um dos autores deste livro, resumiu a questão em artigo recente, ao considerar "inaceitáveis" as tentativas de se "dividir o mundo da comunicação institucional em fronteiras corporativas".

Neste momento – não há como negar – as relações entre profissionais de relações públicas e de jornalismo vivem um conflito que, se nunca deixou de existir, foi acirrado a partir de uma resolução normativa (a de número 43, de agosto de 2002) do Conselho Federal de Profissionais de Relações Públicas – Conferp, baseada num verdadeiro arsenal de instrumentos legais que definem as funções e atividades privativas das integrantes desse segmento da comunicação social.

As "fronteiras corporativas" tão bem delineadas na citada resolução do Conferp devem ser, senão eliminadas, pelo menos discutidas, examinadas à luz de uma realidade que exige, no campo das assessorias de comunicação, a atuação de profissionais de segmentos diversos. Em vez da divisão em compartimentos estanques, a atuação interdisciplinar.

* Jornalista com passagem por vários veículos como a *Folha de S. Paulo* e as revistas Realidade e *O Cruzeiro*. Autor de livros, entre eles *Os Repórteres*, da editora Senac. Deputado Federal por São Paulo em 1979. Presidiu a Fenaj na gestão 1983 – 1986, além da Imprensa Oficial de São Paulo e a Fundação Casper Líbero.

Mais do que a fixação de limites para quem pode ou não pode exercer esta ou aquela função na assessoria de comunicação, o importante é somar esforços para o aperfeiçoamento e a expansão das assessorias que, se há duas décadas constituíam um promissor mercado alternativo, hoje são o principal campo de atuação de jornalistas, relações-públicas, publicitários e outros profissionais da área de comunicação.

Se formos garimpar no balaio de leis, decretos e os respectivos artigos, parágrafos e alíneas que regem o exercício profissional da área de relações públicas, vamos encontrar instrumentos capazes de eliminar de vez a possibilidade de jornalistas trabalharem em assessorias. Eles não poderiam, por exemplo, redigir boletins informativos, produzir *house-organs*, escrever o mais inocente *release* ou, até, manter relacionamento com a imprensa.

Não é exatamente uma boa política proibir um jornalista de se comunicar com a área que, por formação, mais conhece.

Até bem pouco tempo havia a crença de que questões desse tipo estavam superadas. Em 1999, quando tive a honra de presidir o 2º Congresso Brasileiro de Jornalismo Empresarial, Assessorias de Imprensa e Relações Públicas, realizado em São Paulo, referi-me, no discurso de abertura, ao impacto positivo provocado pela expansão das assessorias de comunicação no mercado de trabalho. E não só para os jornalistas, que já então, segundo pesquisa da Federação Nacional dos Jornalistas, ocupavam 60% dos cargos nas assessorias de comunicação de São Paulo, Rio de Janeiro, Ceará e Distrito Federal.

A conclusão do discurso foi a de que a evolução do mercado levara à superação de problemas que em outros tempos prejudicavam o desenvolvimento do setor. E acrescentava: "A própria realidade do mercado levou à superação, por exemplo, de questões como a de quem devia chefiar a assessoria de comunicação, quem devia responder pelas publicações etc. A assessoria de comunicação é entendida hoje como a reunião do conhecimento específico dos profissionais dos diversos setores da comunicação social. A integração das atividades desses profissionais é um dos fatores de sucesso da moderna comunicação empresarial".

Parecia muito distante o tempo em que, em função de desencontros entre os profissionais de relações públicas e de jornalismo, a questão foi levada a debate no Sindicato dos Jornalistas de São Paulo, por mim então presidido. Estávamos na segunda metade da década de 1970.

A participação de Vera Giangrande, na época presidente do Conselho Regional de Relações Públicas de São Paulo, nas discussões, teve importância fundamental para que se chegasse ao entendimento de que os profissionais dos dois segmentos deviam buscar os caminhos para uma atuação integrada nas assessorias. Naquele tempo, a luta comum era pela superação do autoritarismo implantado pelo golpe militar de 1964.

Se tal entendimento foi importante para a época, quando as assessorias de comunicação apenas despontavam, imagine-se hoje.

Felizmente, ao mesmo tempo em que se invoca umas legislações restritivas, chegando-se ao rigor extremo da aplicação de multas a pequenas empresas de assessoria tocadas por jornalistas, há cada vez mais profissionais de relações públicas e jornalistas que pregam, digamos, o desarmamento, a busca de soluções que levem a convergências.

Há declarações de intenções conciliatórias de ambas as partes. E há inclusive quem pregue a "desregulamentação". Ou quem, como Nemércio Nogueira, ex-presidente do Conrerp de São Paulo e um dos ativos participantes dos debates no Sindicato dos Jornalistas, fale em "fim da especialização", o que significa que os profissionais de diferentes segmentos devem estar preparados para atuar de forma integrada nas assessorias.

As propostas estão colocadas para debate. Que prevaleça o bom senso.

Prefácio

RESPEITO MÚTUO

*Gaudêncio Torquato**

Não dá para esquecer. No final da década de 1960, um punhado de desbravadores começou a desvendar pequenos "mistérios" de uma faceta do jornalismo especializado. Alguns se postavam na vanguarda da "fazeção", outros, na retaguarda da formulação. Preferi atacar nos dois espaços. Na Proal, junto com Manoel Chaparro, profissional grande, de ideário e ação, passei a construir o primeiro arcabouço teórico, no Brasil, do jornalismo empresarial. Fizemos os Cadernos Proal, uma experiência pioneira de análise da fenomenologia jornalística, que, numa segunda fase, abriram a pauta para campos mais abrangentes da comunicação de massa. Na II Convenção Nacional da Aberje (naquela época a entidade restringia-se ao jornalismo empresarial), fiz a primeira incursão teórica no país a respeito de jornalismo empresarial, enquanto a Proal produzia jornais e revistas para uma gama de empresas e entidades. Na Universidade de São Paulo, sob nossa inspiração, surgia a disciplina de jornalismo empresarial. Estava lançada a semente de uma floresta que iria germinar árvores frondosas, frutos diversificados e muita discórdia.

Quem devia tomar conta do quê? Jornalistas eram enxotados por profissionais de Relações Públicas dos territórios das publicações de empresa. Mesmo o setor de Assessoria de Imprensa era motivo de polêmica entre profissionais da comunicação. Nos domínios do Sindicato dos Jornalistas e dos Conselhos de Profissionais de Relações Públicas, desenvolvia-se uma feroz disputa em torno do jornalismo empresarial. Confesso que, desde os primórdios, sempre fui direto na recorrente pergunta feita em salas de aula e em simpósios

* Professor Titular e Livre-docente da Escola de Comunicações e Artes da Universidade de São Paulo. Autor de vários livros, entre os quais *Comunicação Empresarial/Comunicação Institucional* e *Jornalismo Empresarial*.

de jornalismo e relações públicas, a respeito do comando da área do jornalismo empresarial nas empresas: "quem tem competência se estabelece". Procurei relativizar a questão, por considerá-la adjetiva. Substantiva, mesmo, devia ser a tarefa de ampliar os limites da comunicação empresarial. Por isso, decidi ir adiante nas trilhas da formulação teórica. Em 1973, apresentei a primeira Tese de Doutoramento na América Latina no campo do jornalismo e da comunicação empresarial e, em 1983, a primeira Tese de Livre-Docência, que esboçava um modelo sistêmico para abrigar as áreas da comunicação empresarial. Dois livros sobre os temas foram produzidos. Um pouco depois, avançando na terminologia, abandonei a expressão "comunicação empresarial" para adotar o termo mais adequado "comunicação organizacional", na esteira de uma lógica pela qual nem todas as ferramentas da comunicação especializada pertenciam a empresas, mas todas elas, sem exceção, configuravam a existência de uma organização, aí incluindo a própria estrutura empresarial.

E os caminhos foram sendo ampliados. Em 1986, acompanhando o clima ambiental e a abertura do universo da locução (grandes reportagens de denúncias de surgiram nessa época), fiz questão de atuar em mais um campo da comunicação especializada, na onda de novas motivações e integração ao espírito do tempo. Escolhi o universo da comunicação governamental, até então desprovido de mapas conceituais e carente de formulação. Passei a elaborar planos diretores de comunicação para Ministérios. Foi um período interessante.

Durante a primeira fase do governo Sarney, Fernando César Mesquita decidiu criar uma Comissão de Comunicação Estratégica, composta por 25 nomes de peso na área de comunicação, para dar as diretrizes da comunicação governamental. Como secretário-executivo daquela Comissão, acabei sugerindo, depois de algum tempo, sua própria dissolução por constatar que não havia clima para se praticar as sugestões oferecidas pelo colegiado. Esgotando a experiência – não sem concluir que a produção da comunicação era maior que a capacidade da tuba para dar ressonância aos fatos – chegou a vez do *marketing* político. Sempre amparado na prática de campanhas políticas para governo de três Estados, lancei meu terceiro livro, desta feita sobre Comunicação Governamental e *Marketing* Político, editado pela Summus.

Por que relatar esses fatos? Para poder emoldurar o contexto em que se apresenta o livro que tenho a honra de prefaciar. As análises e depoimentos aqui expostos, para compreensão mais adequada, certamente estão a carecer de um rápido pano de fundo, que propicie um entendimento sistêmico sobre a evolução da comunicação especializada no Brasil. Relatar esses fatos significa, de certa forma, descrever a teia de relações e interesses, as ênfases de cada ciclo, as notas de cada tempo. A partir daqueles marcos traçados, desenvolveram-se dissertações de mestrado ampliaram-se espaços, fundiram-se setores e áreas e certa confraternização passaram a coroar as relações entre profissionais de Relações Públicas e jornalistas. Hoje, com exceção de uns poucos que teimam em conservar o bolor dos velhos baús, profissionais de todas as correntes se integram e se reforçam. Percebo que a velha lição dos primórdios da profissionalização do jornalismo empresarial produziu efeitos: o jogo de forças é sempre ganho pelo valor da competência. É o que vemos atualmente. Em algumas áreas, há mais jornalistas cuidando da comunicação. Explica-se: o jornalismo, desde os tempos da sístole e diástole (ciclo do presidente Geisel e de seu braço direito, o general Golbery do Couto e Silva), passou a ter mais importância para o universo de dirigentes empresariais. As empresas supervalorizaram as notas para a imprensa e os textos patrocinados. Verdade é que os profissionais de Relações Públicas, em determinado momento, fecharam-se numa redoma, estratégia que acabou se voltando contra os próprios, a partir da preferência das organizações por assessores de imprensa, vistos como pessoas que poderiam plantar o nome de dirigentes e empresas nos espaços midiáticos. Hoje, a disputa está mediada pela divisão mais ou menos uniforme de tarefas. O respeito é mútuo. Há, claro, pequenas divisões que não afetam os espaços da comunicação organizacional.

Se há algo a pensar e a realizar no curto prazo – e esse é um movimento que deve unir os profissionais – trata-se da adoção de uma nova abordagem para a comunicação organizacional. Infelizmente, profissionais e mestres de comunicação, por acomodação, preguiça e mesmo insensibilidade, não perceberam que novas fronteiras estão sendo abertas, todos os dias, pela comunicação organizacional. Refiro-me aos amplos, densos e estratégicos limites que estão sendo ocupados pela comunicação administrativa, responsável pela folheteria à disposição dos padrões e normas da hierarquia organizacional, e pela comunicação gerencial, que compreende os fenômenos das relações interpessoais e intergrupais, e cuja importância se mostra nos fluxos das comunicações descendentes, ascendentes e laterais. Trata-se de formas de comunicação que os profissionais não dominam por inteiro, tanto pela ausência de escopo conceitual nas escolas, quanto pela dispersão dos setores que cuidam dessas ferramentas nas organizações. Apresentei estas formas de comunicação em meu último livro "Tratado de Comunicação Organizacional e Política". Ao lado dos canais de interação imediata (internet, intranet), este ferramental tende a ganhar importância no cenário organizacional.

Estas lembranças, a título de prefácio, se inserem no espírito de análise e discussão a que se propõem os autores da presente obra. Um livro de jornalistas e profissionais de relações públicas tem seguramente lugar garantido na bibliografia da comunicação organizacional no Brasil.

INTRODUÇÃO

RELAÇÕES PÚBLICAS: UM ILUSTRE DESCONHECIDO PARA O JORNALISTA

*Boanerges Lopes**
*Roberto Fonseca Vieira***

A consolidação das atividades de assessoria de imprensa e de comunicação no Brasil é inquestionável. Nos últimos cinco anos, 23 dos maiores grupos empresariais aumentaram em até 70% seus investimentos na área de comunicação, segundo a revista *Exame*. Os dados do Guia Exame 100 Melhores Empresas para Você Trabalhar mostram que as organizações têm grande preocupação em manter um canal permanente de informação com seu pessoal. Um dos quesitos do *ranking* era "Clareza e abertura na comunicação interna". Apenas quatro entre as listadas não obtiveram a maior pontuação nesse item, as cinco estrelas.

O segmento de assessoria, em expansão, apresenta-se hoje como um dos principais blocos de referência para o exercício das práticas jornalísticas, ao lado dos meios impressos, da TV e à frente do rádio. Segundo o professor Gaudêncio Torquato, avançamos muito nas últimas décadas com o crescimento dos negócios, a abertura do universo de locução e com o fenômeno da globalização. Dados consolidados dão conta de que o faturamento das 10 maiores empresas de assessoria atingiu em 2001 o patamar de 500 milhões de reais, o triplo de 1997. Já há duas brasileiras entre as 12 maiores empresas do mundo no ramo. A Casa Branca – sede oficial do governo americano – gasta por ano 3,5 bilhões de dólares com estratégias de comunicação, sendo 1,5 bilhão de dólares destinados ao relacionamento com os meios.

* Doutor pela UFRJ, Jornalista e professor da UFAL, autor de *O que é assessoria de imprensa* e *Abaixo o Nada a Declarar!*

** Mestre pela ECA/USP, Relações Públicas e professor da UESA e UGF, autor de *Relações Públicas: opção pelo cidadão* e *Comunicação Organizacional: gestão de Relações Públicas*.

Imagem institucional

Apesar de perspectivas bem interessantes, ainda existem divergências por parte de alguns estudiosos do segmento de assessoria envolvendo suas origens e seu desenvolvimento. Também se sucedem problemas na utilização equivocada de determinadas ferramentas, que acabam superpostas por falta de conhecimento ou por procedimentos incorretos de alguns profissionais. Pesquisa denominada "Papel e atuação de jornalistas e relações-públicas em uma organização, segundo jornalistas", deixa claro que ainda existe muita desinformação por parte dos jornalistas sobre as atividades de relações públicas nas organizações. Realizada pelo jornalista Jorge Duarte e pela relações-públicas Márcia Duarte, com 262 profissionais de imprensa em quatro capitais brasileiras, a partir de respostas prestadas em concursos públicos para núcleos de assessoria em estruturas governamentais federais, a pesquisa conclui que, para o jornalista, o relações-públicas é um ilustre desconhecido.

O estudo demonstra que, na opinião do jornalista, o relações-públicas assume a tarefa vaga de "cuidar da imagem" e para isso utilizaria, particularmente, a promoção de eventos, entre outras ações não claramente especificadas, mas que permitem a visualização (e não visibilidade) da instituição. Trata-se de uma imagem externa, para "ser vista", para garantir a "boa aparência" e obter a "boa aceitação" da sociedade, do público consumidor, dos demais públicos de interesse.

Segundo Jorge Duarte, fica nítida a preocupação dos jornalistas em diferenciar o papel dos dois profissionais, enfatizando-se que jornalistas "cuidam da informação" e os relações-públicas "cuidam dos relacionamentos". Na opinião do autor da pesquisa, há convicção entre os jornalistas de que o papel do relações públicas está mais vinculado à questão da criação e manutenção de uma imagem institucional, embora eles não saibam definir com maior rigor e precisão as tarefas do relações-públicas e suas formas de operacionalização.

Atribuições e responsabilidades

"Embora não fique claro como isto é feito, o relações-públicas é considerado ponte, elo entre a empresa e seus públicos, exceto a mídia. É quem realiza ações objetivando a interação da empresa com seus vários públicos, promovendo o 'bom relacionamento', a harmonia, a mobilização e a cooperação entre todos, em prol da defesa dos interesses da instituição", destaca Duarte.

Na concepção dos autores fica evidente um outro problema na pesquisa: os textos não permitem identificar o reconhecimento de que a natureza do trabalho desenvolvido nas assessorias é diferente daquela adotada tradicionalmente pelo "jornalismo das redações", na qual neutralidade e independência são conceitos-chave. Ao revelar suas posições, os profissionais esboçam tentativas de explicar como o jornalista pode manter seu compromisso de servir ao público, de primar pela verdade e pela objetividade da informação, estando ao mesmo tempo servindo aos interesses de uma instituição à qual está subordinado e por cuja imagem é responsável. Mas não são muito bem-sucedidos, pois, paradoxalmente, defendem o papel de compromisso com a informação, mas a partir e conforme as diretrizes da empresa e sua necessidade de manter uma imagem positiva. Fica claro para os pesquisadores, neste caso, um impasse não-resolvido e uma certa dificuldade em estabelecer sua própria identidade, resultado da crença no jornalismo autônomo, imparcial e crítico, mas submetido, pelas novas circunstâncias profissionais, à dependência e à parcialidade, características de seu agir nas organizações não-jornalísticas.

A ocupação desordenada das assessorias de comunicação nos últimos anos, uma legislação ultrapassada e de certa forma aberta a "interpretações dúbias", além de um processo de formação que ainda engatinha nas escolas de Comunicação estão entre outros fatores que provocam tantas confusões nos profissionais atuantes e naqueles que almejam ocupar espaços nas estruturas organizacionais. É preciso que se superem estes obstáculos para que tenhamos o reconhecimento definitivo de que cada uma das áreas que compõem a estrutura de comunicação das empresas reúne suas respectivas atribuições e responsabilidades e que administradas adequadamente evitam serviços improdutivos e desrespeito ético e técnico. E podem contribuir para que o empresariado de médio e pequeno portes – base econômica do país – e as autoridades governamentais se conscientizem da importância da comunicação em seus empreendimentos.

Os depoimentos reunidos nesta obra não são defesas de teses, mas, sim, pontos de referência estabelecidos por alguns profissionais mais atuantes nas duas áreas no país. É um estímulo para que um amplo debate se estabeleça em fóruns e organizações e seja ampliado para todas as escolas de Comunicação. Temos a plena certeza de que as sementes estão lançadas. Os frutos? Quem se engajar, poderá saboreá-los.

JORNALISMO E RELAÇÕES PÚBLICAS: A GENÉTICA EXPLICA ESTA BRIGA

*Wilson da Costa Bueno**

Embora ainda incipiente, a literatura em Comunicação Empresarial tem primado pela profusão de conceitos e de expressões, muitos deles pouco identificados, seja com a realidade brasileira, seja com a área de comunicação em geral, considerada ela em qualquer tempo ou em qualquer lugar.

Basta uma leitura rápida de muitas obras recém-publicadas sobre Comunicação Empresarial (Assessoria de Imprensa, Imagem Empresarial etc.) ou mesmo de boa parte dos artigos que integram as revistas acadêmicas ou profissionais (ou das centenas de telas sobre o tema que pululam nos *websites*) para se dar conta de que a "síndrome do modismo", doença que assola a moderna teoria da administração e do *marketing*, pouco a pouco ganha corpo também entre nós, comunicadores empresariais. Palavras desconhecidas, muitas delas de origem estrangeira, servem, quase sempre, apenas para mascarar fragilidades de análise e para ocultar desvios éticos ou ideológicos.

Podemos enumerar aqui, sem muita dificuldade, a insistência em apontar, com a cumplicidade da mídia, exemplos de organizações socialmente responsáveis (só falta alguém sugerir o Prêmio Ethos para a Souza Cruz, Philip Morris, Monsanto, CBC ou Taurus!); a ingenuidade em proclamar a ética inabalável das empresas nacionais (a maquiagem de produtos, o preconceito contra os profissionais mais velhos, trocados por jovens mal remunerados, mostram que estamos muito longe disso!) e a tentativa de convencer pessoas (certamente incautas) de que as organizações brasileiras estão trilhando, gradativamente, o caminho da transparência e da pró-atividade. Como bem acentua o malandro, "me engana que eu gosto".

---

* Jornalista. Professor do Programa de Pós-Graduação em Comunicação Social da UMESP. Mestre e doutor em Comunicação pela USP. Consultor em Comunicação Empresarial. Autor de *Comunicação Empresarial: Teoria e Pesquisa*. Diretor da Comtexto Comunicação e Pesquisa.

Com raras exceções, o que estamos assistindo é a propagação barulhenta de um discurso que soa vazio porque descolado da realidade. As empresas continuam autoritárias, a comunicação interna permanece sob controle da alta e, especialmente, da média administração (preocupadas, ambas, em manter a todo o custo sua autoridade e sua indiscutível "liderança"), as publicações empresariais são um arremedo de comunicação participativa e os sites na Internet mantêm-se estáticos, como meros folhetos institucionais formatados em html. (A empresa que quiser vestir a carapuça esteja à vontade: terá a companhia da maioria das organizações brasileiras!)

Não é também verdade, como propalam os gurus de plantão, que a propaganda tradicional está prestes a desaparecer e que o relacionamento entre empresas e mídia está se pautando pela ética e pelo compromisso com o interesse público. Nada disso já aconteceu ou está preste a acontecer. A propaganda tradicional, a televisão, e a Rede Globo ainda continuam monopolizando os investimentos em comunicação, apesar das novas alternativas (muito promissoras) que estão sendo disponibilizadas para as organizações. E quem se dispuser a dar uma andadinha por aí (vale a pena porque o Brasíl é belíssimo!), verá que a relação promíscua entre a imprensa e o poder (econômico, político, empresarial etc.) está mais intensa do que nunca, em todos os rincões onde o "caciquismo político" permanece pujante, como em Alagoas, na Bahia, no Mato Grosso do Sul, no Pará, no Maranhão etc. Ver o Brasil a partir de terraços envidraçados de São Paulo e Rio de Janeiro (da cobertura executiva de uma empresa multinacional ou da Editora Abril) é arriscado, porque é uma característica intrínseca do vidro a capacidade de estar embaçado e, portanto, turvar a realidade.

Provavelmente, os arautos deste mundo imaginário estão contemplando desejos reprimidos e não realidades. Isso é o que acontece quando se postula à comunicação integrada, que é algo que muita gente defende e que almeja (vale a pena sonhar, convenhamos), mas que está muito longe de se concretizar em nossas plagas. Não há, nem poderá haver comunicação integrada, enquanto as organizações não assumirem uma efetiva cultura de comunicação. Não se pode acreditar em comunicação estratégica, enquanto as organizações e os profissionais permanecerem privilegiando a intuição em vez da pesquisa e buscando acomodar os dados e informações (e, portanto, a própria realidade) aos seus interesses. Talvez alguém acredite (sejam louvados os que têm fé!) que basta acreditar em comunicação estratégica, em comunicação integrada, em transparência, na ética ou em responsabilidade social para que estas entidades se materializem, pomposas, à nossa frente.

A verdade é que, embora haja um movimento em direção a novas formas de relacionamento entre as organizações e seus públicos de interesse, o caminho a ser trilhado é enorme. Parece apropriado comparar esta possibilidade àquela imaginada, secularmente, pelos comunistas, de que o capitalismo iria sucumbir um dia, sufocado pelas suas próprias contradições. Os empresários inescrupulosos, os políticos corruptos, os executivos autoritários continuarão buscando formas de mascarar suas mazelas e, se possível, dividirão os prejuízos (os lucros, nem pensar!), de maneira mesquinha, com toda a sociedade. As empresas têm a capacidade de avacalhar o conceito legítimo de responsabilidade social, assim como festejam selos de qualidade, criados para a sua autopromoção. As montadoras anunciam *'recall'* de seus veículos todos os dias e, ao que parece, não se sentem envergonhadas de continuar vendendo tecnologia, qualidade e segurança. Sacrossanta responsalidade social!

A experiência demonstra que os sonhos não se transformam, magicamente, em realidade. É preciso que trabalhemos sobre eles, com inteligência, suor, espírito crítico e coragem, muita coragem. O muro de Berlim não caiu sozinho, mas foi destruído a marretadas. Se os profissionais de comunicação empresarial continuarem acreditando que os empresários e os chefes de plantão, movidos por alguma benevolência divina, jogarão em seus colos esta Comunicação de que tanto se fala, com certeza ficarão decepcionados. Almoço grátis só na casa da mamãe e, mesmo assim, é de bom-tom elogiar sempre a comida porque, caso contrário, o convite pode não vir da próxima vez.

Viva a diversidade!

Para não ficarmos amarrados a um pessimismo incurável, talvez tenhamos que admitir que estamos dando os primeiros passos em direção a esta Comunicação Empresarial ética e cidadã, mas, antes de gritarmos vivas à luz que se vislumbra no fim do túnel, talvez seja razoável verificar, como indicava Joelmir Betting em uma de suas antigas colunas, se a luminosidade, tão festejada, não é simplesmente o "farol" do trem que caminha celeremente em nossa direção. Opa! será que não vale a pena sair da frente?

Admitir que o mundo tem mudado efetivamente e de maneira acelerada não implica em aceitar que ele naturalmente caminha para a supremacia do bem, o que significaria, para nós de Comunicação Empresarial, que os nossos sonhos e desafios (viva a comunicação integrada, estratégica, participativa, que têm a cidadania e a ética como atributos fundamentais) estão prestes a serem resolvidos. Um desses desafios (ou problema, e o termo empregado não é apenas um jogo de palavras), tema central deste livro, é a necessária (e desejada) aproximação entre Jornalismo e Relações Públicas, atividades importantes, basilares mesmo da Comunicação Empresarial.

Precisamos ser contundentes: nada indica que os profissionais de Jornalismo e de Relações Públicas, em nome desta nova Comunicação, estejam, na verdade, se aproximando e que, amanhã, poderemos contemplá-los de braços dados, dividindo, generosamente, os espaços no mercado de trabalho, como gêmeos univitelinos (como filhos legítimos da Comunicação Empresarial moderna), cada um exibindo exatamente a cara do outro.

É ingênuo e absolutamente equivocado imaginar que jornalistas e relações-públicas diferem apenas em competências e habilidades, embora esta seja a leitura habitual, inclusive de quem está há muito tempo na área. Estou tentado a admitir que eles fazem perto do gênero humano (ou mais apropriadamente do mesmo gênero profissional – a Comunicação Empresarial), mas tenho sérias dúvidas de que eles pertençam à mesma espécie.

Um olhar mais atento indicará, com grande clareza, que estes profissionais encarnam perfis distintos, representam duas culturas profissionais com diferenças importantes e que estão umbilicalmente coladas à sua identidade, enquanto seres humanos ou cidadãos.

Um professor de comunicação, acostumado com estes dois perfis, não terá dificuldade, ao interagir com uma sala de aula desconhecida, em perceber se está diante de um grupo de futuros jornalistas ou profissionais de RP. Esta diferença cultural está manifesta tanto na forma de se vestir, de se expressar (falas ou textos) ou de se relacionar com a autoridade, como na proposta para a solução das questões sociais e políticas ou na perspectiva com que cada um desses profissionais contempla a importância das organizações no mundo moderno. O jovem (ou a jovem) jornalista, ainda nos bancos da faculdade, provavelmente se imaginará, no futuro, num veículo de renome, investigando as mazelas da sociedade, cutucando políticos ou empresários; o jovem (e, mais adequadamente, a jovem) relações-públicas se imaginará, também no seu idealismo, numa organização de prestígio, contribuindo para uma comunicação interna mais eficiente ou orientando a empresa para o cumprimento de sua função social. O (a) jornalista, quase sempre, tem uma perspectiva mais individualista (qual jovem jornalista não ambiciona ser um colunista, ter um programa num canal ou emissora de prestígio, ser âncora de um telejornal, assinar seu próprio texto, ter identidade própria?). O (a) relações-públicas, provavelmente, mais se enxerga numa equipe e não há dúvida de que sua ambição maior será, na maioria dos casos, ser o (a) chefe desta equipe. Quem sabe, não estará, hoje em dia, se preparando para, em breve, ter a sua própria empresa, sua agência de comunicação (se seguir o modismo, de comunicação integrada, é claro!).

Jornalistas e relações-públicas são, geneticamente, diferentes. Mas, como ensina a ciência moderna, o comportamento tem também uma componente ambiental e o mercado ajuda a reforçar os traços que já estão potencialmente presentes no seu DNA.

É fundamental inclusive destacar que as escolas de comunicação, fragmentadas em cursos específicos (Jornalismo, Relações Públicas, Publicidade e Propaganda, Rádio e TV, Editoração etc.), mais uma herança dos chamados "anos de chumbo", estimulam esta separação e maximizam os preconceitos e estereótipos ("jornalista é pentelho, vê chifre em cavalo", "relações-públicas é pelego, almofadinha").

A aproximação entre Jornalismo e Relações Públicas não se fará, portanto, a partir de uma perspectiva e de uma ação externa, seja como resultado da implantação da chamada comunicação integrada, que, num passe de mágica, remove diferenças e harmoniza corações e mentes, seja pela exigência de maior produtividade (ou outras querelas economicistas tão a gosto dos executivos modernos).

A complexidade do moderno processo de Comunicação Empresarial, aliás, como já acontece também em outros processos desenvolvidos em outras áreas, como a Medicina, a Física, exige uma perspectiva multidisciplinar, com a convergência de olhares, competências e identidades distintas. Sob este prisma, da importância da diversidade cultural, é que, acreditamos, Jornalismo e Relações Públicas deveriam aproximar-se. Mas a Comunicação Empresarial só será efetivamente recompensada se estes profissionais mantiverem intactas as suas identidades. Se a tal integração anular estas diferenças, a aproximação terá representado um prejuízo incalculável para a Comunicação Empresarial. Jornalistas e relações-públicas têm que se ver diferentes porque seus DNAs lhes impelem a isso. Com inteligência (aquela que vê vantagens na diversidade), sem estereótipos tolos (jornalista é quem faz melhor o release ou o jornal da empresa!; não há como relações-públicas para organizar eventos e comandar a comunicação interna!), seria bom que esta aproximação ocorresse no futuro (e que não fosse muito distante). Em nome da excelência (outro tipo ideal como diria o velho Max Weber, porque as organizações, como as pessoas, serão sempre imperfeitas) da Comunicação Empresarial, estes profissionais deverão buscar outros embates que os motivem. Só nos resta torcer para que as disputas continuem, ainda que em outro nível, inspiradas pela diferença de olhares e de perfis. Que jornalistas e relações públicas sejam sempre diferentes porque a diversidade (e só ela!) contribuirá enormemente para que os problemas atuais e futuros da Comunicação Empresarial, complexos, inter e multidisciplinares, possam ser solucionados. A disputa, essa disputa sadia entre jornalistas e relações públicas (do tipo Palmeiras x Corintians, Flamengo x Fluminense) deve continuar. A Comunicação Empresarial já tem uma tendência atávica à conformidade, à obediência, sem questionamentos, à hierarquia, à assepsia nos sentimentos e relações. Seria triste, se nos empenharmos, agora, para reduzir ainda mais a saudável divergência entre *backgrounds* profissionais e perfis sociopsicológicos tão distintos, como os que tipificam os jornalistas e os relações públicas. Da minha parte, até reservei um camarote para curtir esta importante disputa. A comunicação integrada não superará (felizmente) estas diferenças. E que fique claro: não contem comigo para apartar esta briga.

ASSESSORIA DE IMPRENSA OU RELAÇÕES PÚBLICAS. MELHOR DITO: OS INTERESSES EM JOGO

*Sidinéia Gomes Freitas**

Introdução

Como resultado de experiência profissional no mercado de trabalho e principalmente na formação de bacharéis, mestres e doutores na área, o artigo discute a formação dos profissionais da área no Brasil, analisando os conceitos básicos e a postura ética enquanto balizadores do exercício profissional de Relações Públicas.

A formação do profissional de Relações Públicas

Durante a formação dos primeiros profissionais brasileiros, os professores ensinavam e descreviam os passos para se trabalhar com a imprensa. Deixavam bem claro que seríamos fonte. Fonte com seriedade que não deveria jamais atrapalhar o trabalho da imprensa e alertavam: a imprensa tem importante papel na sociedade e vive da crítica, da denúncia. São, os jornalistas, formadores de opinião. Assim, devemos procurar sempre a imprensa e fornecer-lhes as notícias positivas e negativas. Não esconder nunca a verdade, a não ser por motivos de genuína segurança. Não se iludam, ensinava Teobaldo: a notícia negativa sempre receberá mais destaque. Nunca se recusem a receber os jornalistas. Assim agi quando solicitada e com uma certeza: relações-públicas está do "outro lado do balcão". Sempre representará os interesses da organização. A comunicação é meio e não fim de nossa atividade. O jornalista trabalha no veículo, na "mídia" e geralmente cumpre muito bem o seu papel. Tínhamos que preparar o "kit de imprensa", elaborar as importantes notas de imprensa (*press releases*) que o professor Torquato ensinava em sala de aula. Ensinava mais: o jornalismo empresarial que caracterizava o jornalismo interpretativo, e eu estudava normas estilísticas, cor, clareza, tipologias,

* Professora Titular na especialidade Relações Públicas pela Escola de Comunicações e Artes da Universidade de São Paulo. Doutora e Mestre em Ciências da Comunicação pela Escola de Comunicações e Artes da Universidade de São Paulo.

planejamento editorial, etc. etc. Com estes conhecimentos atendi à York S/A Indústria e Comércio em várias edições do Noticiário York.

Surpresa! De repente começo a ouvir que não competia ao relações-públicas fazer o tal jornal interno. Estávamos na década de 1970. Não se distribuía mais os bem elaborados e didáticos Cadernos Proal, até hoje existentes na Biblioteca da ECA/USP e eu não podia fazer o jornal, posto não ser jornalista. Continuei, pois caso fosse questionada encontraria na Lei 5.377, Art.2°, respostas para a minha angústia. Obviamente que a York S/A Ind. e Comércio não pagaria um "free" mensal para que um jornalista denunciasse os problemas com o sindicato, as greves ou outras questões que se caracterizassem como denúncia. E naquela época o executivo lia antes o jornal e só publicava o que de fato fosse considerado institucional (leia-se de interesse da empresa). Certa vez tentei colocar no noticiário uma crítica contra a empresa. Resposta recebida: os funcionários têm o jornal do sindicato, onde externam sua versão dos fatos. Comecei a desconfiar de alguns conceitos que me foram transmitidos, a exemplo de incluir no tal jornal as insatisfações, até mesmo as justas, dos empregados. Claro, prestava serviços pagos pela organização, mas poderia também fazer o jornal do sindicato. Seguramente o faria, até com mais satisfação, foi o que concluí.

Passaram-se os anos e recebi uma ligação, em Brasília, no Conselho Federal, de uma empresa aflita dizendo que o Sindicato dos Jornalistas exigia a demissão de uma relações-públicas, pois a tarefa de planejar, executar e distribuir um jornal interno era privativa de jornalista. Expliquei como agia cada profissional e recorri ao texto de lei (Lei 5.377, Art.2°). Perguntei se já haviam tido um(a) jornalista atendendo. O interlocutor disse que sim, mas que a relações -públicas estava sendo mais competente para a tarefa.

O fato é que a disciplina Jornalismo Empresarial não existe mais como disciplina específica, mas em Comunicação Empresarial ou Organizacional, o jornal de empresa aparece. Hoje, com o avanço tecnológico, muito mais fácil de fazer. A Intranet facilita tudo. Mas obviamente a Comunicação é muito mais abrangente e não se restringe a publicações.

Há também uma outra questão a se levantar, Comunicação para os RP's (como somos chamados popularmente) é meio e jamais fim da atividade. Administramos, por meio da comunicação, os relacionamentos das organizações com seus públicos.

Veículos para os RP's são importantes, mas trabalhamos com a Comunicação Organizacional, Comunicação Empresarial, Comunicação Institucional, Comunicação Corporativa. Assessoria de Imprensa, para os RP's, faz parte desse conjunto de termos e conceitos muito mais amplos e usados de forma indiscriminada por profissionais de comunicação (jornalista, publicitários e áreas afins), quando desejam analisar a comunicação de forma mais ampla, ou para fugir da realidade inegável de que Relações Públicas existe, é concreta, é válida e vem construindo com muito esforço seu campo de atuação. E não é nada fácil ser um bom profissional de Relações Públicas, pois o que temos com nossos pares e até mesmo com a sociedade é o diálogo de surdos.

Alguns falsos "coleguinhas" espionam os RP's e colocam nos veículos nossas discussões como descobertas deles. A Universidade é um celeiro de discussões bastante observada e copiada nos temas propostos em Seminários, Congressos, Work Shops e eventos que disseminam as novas demandas. Gestão de pessoas e gerenciamento de crises são as demandas mais recentes. Discutir a situação de crise nas organizações ou empresas ou preocupar-se com o clima e cultura organizacional para trabalhar melhor sempre foi tema na formação dos bacharéis em Relações Públicas de hoje ou de ontem. Nós sempre estudamos o que se chamava público interno, e Relações Humanas no Trabalho é disciplina ou conteúdo de disciplina e espinha dorsal de nossa formação. As auditorias, hoje mais aperfeiçoadas e organizadas, chamavam-se pesquisa institucional, portanto, são os RP's que vêm avançando de forma consistente no campo da Comunicação que está se profissionalizando junto a empresas e organizações, mas que não prova claramente o retorno no investimento feito. Preocupados com a questão de mensuração do intangível, são os R'Ps que vêm estudando e analisando métodos para a mensuração de resultados em Relações Públicas. Na verdade é assim que acabamos por contribuir para com a vida profissional do Comunicador. Isto é absolutamente concreto e necessário, quero dizer mensurar o intangível, o estratégico e não simplesmente defender a postura corporativa e bastante ridícula de que um jornalista atende melhor um jornalista. Esta é uma visão reducionista da Comunicação que não deve sequer ser considerada.

Há momentos ou fases da vida de uma organização em que a divulgação ou o aparecimento na mídia não atende aos interesses do negócio de uma organização ou empresa, pois a comunicação é meio e não fim de nossa atividade, repito.

Ser de uma atividade estratégica significa ter função política voltada para os negócios de nossos clientes ou das empresas para as quais trabalhamos. As dúvidas quanto a nossa atividade e nossas funções estão claras. Se fortaleceram com o Código de Defesa do Consumidor e com a globalização, que trouxe para o Brasil as parcerias, os clientes internacionais e, no seu bojo, a visão ampla que Relações Públicas apresenta em seus princípios.

O avanço tecnológico determinou novas formas de processar a comunicação, fazendo transparecer o tonal *versus* o modal, o formal *versus* o informal.

O novo cenário favorece a comunicação com cada público. Tudo depende do programa, dos objetivos, das prioridades, do planejamento da comunicação, onde a assessoria de imprensa é apenas uma parte do planejamento. Assim não faço Assessoria de Imprensa, mas necessito de um bom profissional que cumpra com o planejamento de comunicação aprovado pela organização ou empresa.

O problema é que as Assessorias de Imprensa vêm materializando a apropriação indébita das atividades de Relações Públicas. A ética, as legislações de ambas as áreas, a filosofia da Comunicação Integrada (que busca garantir a unidade do processo de comunicação, mas não assegura o emprego para todos e muitas vezes se constitui em mais um discurso para nos alijarmos do mercado de trabalho). Os abusos estão ficando cada vez mais evidentes. Posições que serão observados mais adiante.

Os motivos que determinam o cenário conturbado estão claros: a tecnologia provocou o enxugamento nos veículos, ocasionando o desemprego para um número de profissionais formados que precisam sobreviver. Por outro lado, as parcerias que trouxeram investimentos de espanhóis, americanos, enfim de outros países onde o assessor de Imprensa não é jornalista e relações-públicas começam a merecer outra forma de tratamento. Não como desejam aqueles que nunca perceberam a formação ampla de que dispomos. Estabeleceu-se a famosa "saia justa" e de minha parte sabia que um dia o problema iria transparecer, quando se sabe que os interesses do público estão acima dos interesses dos dirigentes que consideram fundamental carregar um assessor de imprensa debaixo do braço. Pior ainda quando pago com o dinheiro dos cofres públicos. Como RP faço a análise de cenário.

Para comprovar as afirmações feitas socorrer-me-ei de um caso concreto em recente banca da qual participei e que foi elaborado por uma assessora de imprensa.

O "case" analisado foi o da Caixa Econômica Federal que teve defesa pública, portanto o trabalho é de domínio público. Em breve estará disponível para consulta na Biblioteca da ECA/USP.

Elaborado por Marizilda Dias Rosa com o título "Interferentes do relacionamento com a imprensa e opinião pública em empresas governamentais federais", é possível recorrer das 62 até a 68 para perceber a situação. A autora se posiciona e reconhece o problema.

As normas para o exercício da Assessoria de Imprensa da Caixa

A assessoria de imprensa insere-se no Manual Normativo da empresa sob o tomo Atividades Especializadas, com título Comunicação Social, subtítulo Assessoria de Imprensa e Comunicação Interna, no capítulo Assessoria de Imprensa.

Apenas com a finalidade de complementar a informação e de fornecer subsídios para melhor compreensão de como são tratadas as outras áreas relacionadas de alguma forma à comunicação, informamos que sob o mesmo tomo, o banco insere os títulos Feiras e Exposições, Patrocínios, Promoção, Relações Públicas, *Marketing* — Comunicação Interna, *Marketing* de Incentivos, Promoções Culturais, *marketing* — Promoções e Eventos Caixa, Comunicação para o público externo e Identidade Corporativa.

No organograma, essas atividades especializadas estão ligadas ao Gabinete da Presidência da Caixa, por meio da Superintendência de *Marketing* e são desempenhadas pelas Gerências de *Marketing* Corporativo, de Comunicação e de Relacionamento. Também ligadas a esse gabinete estão as áreas Assessoria Parlamentar e Cerimonial.

À luz das normas que regem a assessoria de imprensa, na Caixa, o órgão ordena em oito tópicos os princípios pontos sob os quais devem se desenvolver a atividade na empresa.

O primeiro deles apresenta a finalidade da assessoria de imprensa como "conjunto de processos de difusão de informações da empresa aos meios de comunicação externos, que compreende a elaboração, acompanhamento, distribuição e análise de notícias relativas à Caixa".

O segundo aborda a linha de atuação. Normativamente, os profissionais da área devem divulgar atos administrativos, características e benefícios dos produtos, serviços, programas sociais e bens culturais e históricos da Caixa, considerados de interesse público ou jornalístico. O objetivo é informar os diversos públicos e fortalecer a imagem institucional da empresa.

A atuação deve se dar de maneira estratégica e planejada, com a finalidade de garantir o posicionamento do banco nos veículos de comunicação.

É atribuição do mesmo profissional, manter os subsistemas central, negocial e logístico informados sobre o perfil e as tendências das redes de comunicação, quanto à abordagem de temas de interesse da Caixa.

O Manual prevê a mensuração e a análise das notícias veiculadas na imprensa sobre a Caixa, mantendo estatísticas quantificadas por veículo, assunto e tipo de abordagem, proporcionando à empresa subsídios de uma conseqüente gestão de informação.

O comunicador deverá antecipar-se às demandas dos veículos de comunicação, adotando postura pró-ativa que minimize repercussões para a imagem da empresa e confira maior qualidade ao trabalho da Área de Comunicação Social.

A assessoria deverá aproveitar oportunidade de comunicação e de mercado para expor positivamente a Caixa nos veículos de comunicação, visando à maior qualidade à imagem da empresa.

Deverá, igualmente, manter política de relacionamento com os veículos de comunicação.

No terceiro tópico, a publicação apresenta as atividades que devem ser exercidas pela AI:

- Prospectar, selecionar e produzir informações relativas à Caixa, divulgando-as aos veículos de comunicação por meios tecnológicos disponíveis;
- Orientar a postura das áreas operacionais e administrativas, bem como das autoridades do banco quanto ao tratamento e à oportunidade de divulgação das informações da empresa, considerando o enfoque estratégico dos assuntos;
- Agendar e acompanhar a realização de entrevistas concedidas pelas autoridades do banco e pelo segmento gerencial;
- Atender tempestivamente à demanda dos veículos de comunicação com relação aos assuntos pertinentes à empresa, bem como preparar e analisar o conteúdo de informações a serem divulgadas, de forma a resguardar a imagem da Caixa;
- Assessorar diretamente a Presidência e autoridades da Caixa no relacionamento com a imprensa e na organização de atos destinados a promover o envolvimento da administração com representantes de veículos de comunicação;
- Manter intercâmbio de relacionamento com as diversas áreas da empresa, visando prospectar informações para difusão aos veículos de comunicação, conforme orientação;
- Esclarecer dúvidas, questionamentos e informações equivocadas publicadas nos veículos de comunicação; e
- Acompanhar e avaliar a repercussão, nos veículos de comunicação, da atuação da Caixa.

O quarto tópico aborda a assessoria de imprensa prestada ao segmento gerencial da Caixa.

Conforme o manual do banco, a Área de Comunicação Social mantém os subsistemas central, negocial e logístico informados sobre o perfil e as tendências das redes de comunicação, quanto à abordagem de temas de interesse da Caixa.

O mesmo setor agenda e acompanha a realização de entrevistas concedidas pela Diretoria e pelo segmento gerencial, informa ao entrevistado o nome do repórter que vai entrevistá-lo, o nome do veículo, o assunto a ser tratado e, quando for possível, a pauta preliminar da entrevista.

No momento da gravação ou da concessão de entrevistas, a autoridade da Caixa é acompanhada por técnico da Área de Comunicação Social ou por responsáveis regionais pelas atividades de Comunicação Social, em sua jurisdição.

O treinamento de autoridades para concessão de entrevistas, quando necessário, pode ser feito por técnicos da própria Caixa ou mediante a contratação de serviços técnicos de terceiros.

O quinto tópico refere-se ao atendimento a veículos de comunicação.

A Área de Comunicação Social mantém política de relacionamento com os veículos de comunicação, aproveitando oportunidades de comunicação e de mercado para expor positivamente a Caixa nos veículos de comunicação, visando à maior qualidade.

O setor atende aos veículos de comunicação prestando as informações solicitadas, dentro do prazo negociado, desde que não firam o sigilo bancário ou as estratégias mercadológicas da Empresa.

O atendimento é feito mediante o preenchimento de formulário específico, contendo assunto, veículo, nome do repórter, etc., para elaboração e fornecimento de informação ou da entrevista solicitada.

Os assuntos sigilosos são tratados com veículos de comunicação, exclusivamente, pela Diretoria Colegiada da Empresa, pela Área de Comunicação Social.

Entende-se por assuntos sigilosos aqueles que fazem parte do planejamento estratégico da empresa e que, se divulgados, representam prejuízos mercadológicos ou institucionais.

Assuntos sigilosos, confidenciais ou estratégicos internos não devem, em hipótese alguma, ser divulgados à imprensa, sob pena de enquadramento no Regulamento de Pessoal.

Os assuntos estratégicos são tratados com veículos de comunicação, pela Diretoria ou, por delegação, por executivos dos diversos níveis da empresa, pela Área de Comunicação Social.

Entende-se por assuntos estratégicos aqueles relativos à política e diretrizes da Caixa e às do Governo Federal relacionadas com a empresa.

Os assuntos táticos são tratados pelos executivos dos subsistemas negocial e logístico, no seu âmbito de atuação, com assessoramento técnico do responsável regional pela Área de Comunicação Social.

Entende-se por assuntos táticos aqueles relativos à linha de atuação da empresa.

Os assuntos técnico-operacionais são tratados por integrantes do nível gerencial, do subsistema negocial, no âmbito de sua atuação, com assessoramento técnico do responsável regional pelas atividades de Comunicação Social.

Entende-se por assuntos técnico-operacionais aqueles relativos ao: desempenho, características, benefícios, índices e números administrativos dos produtos e serviços, dos fundos e programas sociais geridos pela Caixa.

A Área de Comunicação Social e os responsáveis regionais pelas atividades de Comunicação Social podem informar os veículos de comunicação de forma direta, quando se tratar de assuntos técnico-operacionais.

A atuação jornalística dos responsáveis regionais pelas atividades de Comunicação Social deverá atender às demandas dos Escritórios de Negócios, Unidades de Logística e Pontos-de-Venda (Agências), apoiando ou complementando a atuação da Área de Comunicação Social.

Integra o planejamento da Área de Comunicação Social e dos responsáveis regionais pelas atividades de Comunicação Social, em sua jurisdição, a promoção de encontros periódicos com jornalistas e editores, em ambiente interno, preferencialmente.

Essas ações são desenvolvidas em conjunto e de acordo com o planejamento elaborado pela Área de Comunicação Social.

Os encontros são utilizados para melhorar o relacionamento da empresa com a imprensa, aproximando as autoridades da Caixa dos jornalistas em confraternização por datas especiais como, por exemplo: Dia da Imprensa, aniversário da Caixa, comemoração de final de ano.

Os encontros são aproveitados, ainda, para distribuição de material informativo aos convidados.

A verba alocada para essa atividade é de responsabilidade da área de Programas de Divulgação, controlada pela Área de Comunicação Social.

A Área de Comunicação Social e os responsáveis regionais pelas atividades de Comunicação Social podem autorizar gravação de cenas ou cobertura fotográfica em unidade da Caixa aos veículos de comunicação, observando-se as normas de segurança e sigilo bancário.

O sexto tópico refere-se ao *clipping*.

Os responsáveis pelas atividades de Comunicação Social, em sua jurisdição, acompanham o noticiário sobre a Caixa e os assuntos a ela relacionados.

A Área de Comunicação Social e os responsáveis regionais pelas atividades de Comunicação produzem e/ou coordenam o serviço de clipagem efetuado internamente ou por empresa contratada, analisando e mantendo em arquivo o *clipping* diário de jornais e, sempre que possível, o de mídia eletrônica.

A seleção dos veículos de comunicação, ou orientação para a composição do *clipping*, como também do seu conteúdo, é de responsabilidade da

Área de Comunicação Social e dos responsáveis regionais pelas atividades de Comunicação Social, em sua jurisdição.

O *clipping* diário serve como base para a produção de *clipping* analítico mensal, que apresenta resumo das principais notícias veiculadas nos meios de comunicação impressos relacionadas com os atos da Empresa.

A Área de Comunicação Social e os responsáveis regionais pelas atividades de Comunicação Social coordenam a confecção de *clipping* analítico mensal, mesmo que o serviço seja terceirizado.

O sétimo tópico aborda o retorno que deve ser dado a respostas a cartas e questionamentos.

Neste item, o manual esclarece que as reclamações, dúvidas, denúncias, notícias e opiniões equivocadas ou inconsistentes veiculadas na imprensa são respondidas tempestivamente, com o objetivo de esclarecer a questão em foco com dados precisos e oficiais, obedecendo à política e diretrizes da empresa e respeitando os princípios elementares da ética e da boa educação.

A resposta é preparada e encaminhada pela Comunicação Social, em Brasília, em conjunto com a área envolvida, quando o assunto for ligado a questões gerais, política e diretrizes da Empresa.

Quando o assunto for vinculado a questões específicas do âmbito regional ou local, a resposta é preparada e enviada pelos responsáveis regionais pelas atividades de Comunicação Social, em conjunto com a área a que o assunto estiver afeto.

A Área de Comunicação Social controla mensalmente, em nível nacional e regional, as respostas enviadas.

Os responsáveis regionais pelas atividades de Comunicação Social encaminham à Área de Comunicação Social, até o quinto dia útil do mês posterior, o levantamento mensal das respostas efetuadas para clientes/leitores.

O oitavo tópico informa sobre a produção de "releases" e notas.

A Área de Comunicação Social mantém intercâmbio de relacionamento com as diversas áreas do banco, visando prospectar informações para difusão aos veículos de comunicação, conforme orientação. Prospecta, seleciona e produz informações relativas à Caixa, divulgando-as aos veículos de comunicação pelos meios tecnológicos disponíveis.

A difusão de informações jornalísticas para veículos de comunicação é feita, preferencialmente, por *press-release* ou nota, podendo dar-se, também, pessoalmente ou por telefone, em situações de urgência ou que justifiquem essa atitude.

O *press-release* é utilizado para disseminação de informação aos veículos de comunicação em geral. A nota é utilizada para esclarecimento ou informação aos veículos de comunicação, programas, colunas ou jornalistas, em caso específico.

Os textos do *press-release* e da nota, são apreciados, quanto ao conteúdo das informações neles contidas, pela área operacional/administrativa relacionada ao assunto de que trata, anteriormente à sua divulgação.

O *press-release* e a nota são impressos ou datilografados em papel ofício da Caixa, identificando-se, ao final, a unidade responsável, seus telefones, nome do técnico, local e data de distribuição.

Os *press-releases* produzidos pela Área de Comunicação Social são encaminhados aos responsáveis regionais pela Comunicação Social para reprodução na mídia local e enriquecidos com dados próprios, quando necessário.

Os responsáveis regionais pelas atividades de Comunicação Social adotam o mesmo procedimento em relação à Área de Comunicação Social, quando se tratar de fato ou informação gerada em sua jurisdição, com o objetivo de aproveitamento em ações de comunicação de âmbito nacional.

Após cada divulgação recomenda-se realizar checagem com as redações e outros pontos de remessa, para verificação do recebimento e do aproveitamento do material.

Observamos que, normativamente, não existe uma estrutura de assessoria de imprensa e sim de uma área de comunicação social que norteia as atividades de AI.

Longe de ser uma área de gestão de relacionamentos, pelas definições do banco, as atividades são desenvolvidas mais no plano tático do que estratégico, inexistindo uma estrutura física e de recursos humanos voltada para o gerenciamento de crises.

A posição atual detectada é de que a assessoria de imprensa está calcada no pilar de defesa da imagem da instituição, tal qual a forma de atuação das AI quando surgiram há mais de trinta anos.

O manual normativo faz alusão à manutenção de política de relacionamento, propondo a promoção de encontros periódicos com jornalistas. Na prática, esses encontros ocorrem quando há fatos que gerem notícia na mídia, pois como levantamos bibliograficamente, o jornalista "não tem tempo" para encontros sociais.

Em centros maiores, como São Paulo, onde a dificuldade de locomoção é grande e com as redações enxutas, esses encontros tornam-se inviáveis.

Ainda na década de 1990, a Caixa promoveu um seminário dirigido aos jornalistas que cobriam habitação que não obteve grande adesão e, pelos resultados obtidos, não houve uma segunda edição.

O banco mantém em seu "site" na "*Internet*" um "*link* Imprensa". Como na maior parte dos órgãos públicos, o jornalista interessado pode receber, em primeira mão, as últimas notícias da Caixa diretamente na caixa postal eletrônica, mediante um cadastro e ter acesso aos "releases" divulgados pelo banco, divididos por área de atuação: habitação, transferência de benefícios, cultura, geral, comercial, fome zero, etc.

A consulta diária feita por jornalistas à assessoria de imprensa do banco gira em torno de 300 por dia, considerando o atendimento feito pelos profissionais da área em todos os escritórios de negócios no país.

A natureza das consultas é tão diversificada quanto o leque de atuação do banco. Geralmente, elas resultam em matérias nos veículos, que podem incluir personagens e entrevistas de executivos da instituição. Pela abrangência do interesse público por produtos e serviços do órgão, "a Caixa é hoje a empresa com maior cobertura da mídia, perdendo para a Presidência da República".

Interessante notar que nós, os RP's, sempre nos sentimos como Marizilda quem nem RP é de formação. Mais, que sabemos que dependemos da visão daqueles que nos empregam. Ampliar-se. Todos os RP's reconhecem nas tais normas muito de Relações Públicas, mas em nenhum momento a profissão é citada.

Há também um trabalho bem orquestrado de profissionais que odeiam as Relações Públicas e que colocam na mídia comentários que estão longe das preocupações da opinião pública hoje premida pelo desemprego, pelos juros catastróficos, pela violência que cresce assustadoramente e pela corrupção evidente na super e na infra-estrutura social. Refiro-me ao da novela Celebridade, um imbecil que diz não poder se intitular relações-públicas porque o pessoal do Conselho é meio chato, mas que ele será "*Public Relations*" da revista sensacionalista "Fama". É um apelo ridículo que reflete o "*non sense*" e denigre os bons jornalistas que temos no Brasil e que têm sensibilidade para com as questões que verdadeiramente afligem os cidadãos em solo brasileiro.

A imagem do Comunicador Social

Faz-se necessário o uso de uma linguagem comum entre os Comunicadores e uma preocupação de como somos vistos pelos nossos dirigentes e empregadores. Conforme o gosto e a preferência do Comunicador, ele utiliza termos, defende seus pontos de vista e alguns escrevem e verbalizam discursos, dependendo da ocasião. Isso se denomina oportunismo e se fosse eu a contratar já teria a certeza de que eles, os tais comunicadores, não conseguem dizer com clareza a que vêm. Recorrem ao e/ou, criam novas terminologias e seguem modas. O *marketing* é um sucesso. Pronto: analista de *marketing* e comunicação.

Aprendi que a falsidade ideológica é crime previsto na Constituição. Sou profissional de Relações Públicas e nada mais posso ser.

O Conselho Federal dos Profissionais de Relações Públicas, preocupado com o cenário e buscando uma posição clara para nossos profissionais, baixou uma Resolução Normativa, a de número 43/02, de 24 de agosto de 2002, que, entre outras medidas, define termos e conceitos na busca de uma linguagem comum.

A resolução é didática, e todos os profissionais de Relações Públicas devem usar com firmeza os termos comuns, que não confundem de forma atabalhoada comunicação estratégica com comunicação dirigida ou integrada. Comunicação Institucional com Comunicação Corporativa ou Organizacional ou o conceito de empresa com o de organização.

A Resolução 43/02 é contestada pela FENAJ – Federação Nacional dos Jornalistas, mas deixa claro que nossa atuação é mais ampla e que elaboramos o planejamento para o relacionamento com a imprensa citando inclusive o Regulamento de nossa profissão, que foi baixado pelo Decreto 63.283 em setembro de 1968 e disciplina o exercício da Profissão de Relações Públicas. Foi com base em um decreto de 1968 e de uma lei de 1967 que o Conselho Federal dos Profissionais de Relações Públicas detalha o que nos compete na elaboração do planejamento para o relacionamento com a imprensa.

Caro leitor compare as definições do Conselho com o "case" da Caixa Econômica Federal:

- definir estratégia de abordagem e aproximação;
- estabelecer programas completos de relacionamento;
- manter contato permanente e dar atendimento aos chamados e demandas;
- elaborar e distribuir informações sobre a organização, que digam respeito às suas ações, produtos, serviços, fatos e acontecimentos ligados direta ou indiretamente a ela, na forma de sugestões de pauta, *press releases* e *press kits*, organizar e dirigir entrevistas e coletivas;
- criar e produzir manuais de atendimento e relacionamento com a imprensa;
- treinar dirigentes e executivos para o atendimento à imprensa, dentro de padrões de relacionamento, confiança e credibilidade.

Como se não fosse suficiente, busquem na literatura da área e encontrarão em obras de mais de 30 (trinta) anos de existência os programas de relações com a imprensa enquanto atividade dos profissionais de Relações Públicas.

A ética dos RP's

Como profissional de Relações Públicas eu nunca:

a) coordenei a habilitação em Jornalismo em qualquer curso de Comunicação Social no Brasil ou no exterior;

b) montei estruturas curriculares para a formação de jornalistas, ao contrário, sempre sugeri títulos de disciplinas ou conteúdos que favorecessem o conhecimento de minha profissão;

c) apropriei-me dos princípios e técnicas do Jornalismo mudando a nomenclatura da atividade para Relações de qualquer espécie;

d) disse que um profissional de Relações Públicas é bom só porque é Relações Públicas;

e) declarei que a Lei que regulamenta a profissão de Jornalista é fruto do autoritarismo. Foi promulgada em 1969;

f) deixei de atribuir valor intelectual ou profissional a um bom jornalista. Fato é que participei e participo na qualificação de mestres e doutores Jornalistas que admiro e incentivo;

g) acusei de forma desairosa os jornalistas de fazedores de eventos, de sensacionalistas, de usurpadores, de "menores".

Apenas uma vez ministrei uma disciplina intitulada Jornalismo Empresarial (durante um semestre) avisando a Universidade que iria atender, mas que o ideal era que um jornalista ministrasse a disciplina (isto aconteceu na Universidade de Mogi das Cruzes). Fiz com bastante sucesso, graças aos ensinamentos do Torquato (jornalista) e de minha experiência profissional na YORK S/A Indústria e Comércio que agregou valor aos ensinamentos.

Cumpro com o meu Código de Ética Profissional que conheci nos bancos escolares e que me diz que devo respeitar meus pares.

Para finalizar pergunto: Os RP's têm recebido o mesmo tratamento? Os jornalistas serão fonte; mídia; selecionadores; telejornalistas; radialistas ou radiojornalistas; especialistas em gestão de pessoas, via comunicação; estrategistas; profissionais de *marketing*; assessores do *marketing* político; analistas de comunicação; enfim...

É fato que a comunicação é fonte ou instrumento de poder. Seu controle absoluto por uma habilitação da Comunicação chama-se autoritarismo.

Sem dúvida que os resultados do Parlamento Nacional de Relações Públicas e a aplicação imediata da Carta de Atibaia permitirão o reconhecimento do presente com um salto de qualidade para o futuro. Possibilitará que Assessores de Imprensa (Jornalistas ou não) submetam-se a um exame comprovando e atendendo a todos os requisitos já previstos no Conselho Federal e, se aprovados, obtenham o registro profissional no Conselho Federal (CONFERP). Idem para os mestres e doutores que defenderam monografias e teses dedicadas a Relações Públicas. A Federação Nacional dos Jornalistas deve ajudar para que o fato se materialize. Mas que não continue a incentivar professores jornalistas a pedir uma Comissão no MEC exclusiva para Jornalismo (foi o que fizeram, sem assumir formalmente), enquanto o mundo mudou, a sociedade idem e a formação do Comunicador na especificidade está errada. As habilitações, as especializações, deveriam vir "a posterior" e não *a priori* como vem acontecendo. Colocar na mesa os interesses em jogo, com ética e humildade é um bom começo para a mudança necessária.

Referências Bibliográficas

Resolução Normativa no.43/02, de 24 de agosto. Define as funções e atividades privativas dos profissionais de Relações Públicas.

Lei 5.377 de 11 de dezembro de 1967.

Decreto 63.283 de setembro de 1968.

Documentos do Parlamento Nacional de Relações Públicas que discutiu as interfaces de Relações Públicas no campo da Comunicação Social e áreas afins, considerando o cenário internacional por meio da Carta de Atibaia.

ROSA, Marizilda Dias. Interferentes do relacionamento com a imprensa e opinião pública em empresas governamentais federais. Monografia orientada pela Profa. Dra. Heloisa Gomes de Matos. Curso de Especialização em Comunicação Organizacional e Relações Públicas da ECA/USP. São Paulo, 2003.

TEMPOS MODERNOS NAS RELAÇÕES PÚBLICAS E NA ASSESSORIA DE IMPRENSA (POR UMA NOVA RELAÇÕES PÚBLICAS)

*Paulo Nassar**

Para entendermos as divisões fratricidas (Relações Públicas, Assessoria de Imprensa, Publicidade e Propaganda, entre outras) a que foi submetido, em seus processos de trabalho, o mundo da Comunicação Organizacional[1], proponho primeiramente uma breve incursão ao mundo do cinema e da Administração.

No filme "Tempos Modernos", de 1936, é apresentado pelo genial Charlie Chaplin, em forma de uma crítica feroz, um modo de produção de bens que separa materialmente e mentalmente os trabalhadores daquilo que produzem. O filme, que foi financiado pelos sindicatos norte-americanos da época, revela a face de um capitalismo cruel, que é encarnado na forma de administrar do taylorismo. Modelo de administração que posiciona e separa os trabalhadores manuais na linha de produção pelas funções que cada um executa, com a meta suprema de alcançar o sonho da produtividade máxima. Aqui, já vale uma primeira comparação com o que acontece no ambiente da comunicação organizacional, onde se fala muito na importância de processos integrados de comunicação ("comunicação integrada"), mas o que predomina é a visão taylorista da separação de funções: assessoria de imprensa, relações públicas, publicidade, propaganda,...

A ideologia taylorista no mundo da comunicação organizacional se expressa nos organogramas das organizações, que colocam em caixinhas pessoas e processos que deveriam estar juntos. A arquitetura das empresas/instituições e agências (de imprensa e relações públicas,...) e seus mobiliários reafirmam o que os organogramas determinaram.[2]

O sistema de esteiras móveis (implantado por Ford em suas fábricas[3]), satirizado por Chaplin em seu filme, fixava os trabalhadores em seus postos

* Mestre e doutorando em Ciências da Comunicação pela ECA/USP. É escritor, jornalista e presidente-executivo da ABERJE – Associação Brasileira de Comunicação Empresarial.

de trabalho: a esteira se encarregava de trazer "o que o operário deveria fazer" até ele. O novo sistema produtivo, que diminuía o tempo de montagem de componentes, eliminava (tal qual acontece entre os trabalhadores da comunicação organizacional) também a integração entre os trabalhadores e a visão acerca daquilo que produziam. Os trabalhadores das esteiras móveis tinham como objeto final de seu trabalho apenas o que era restrito ao território que ocupavam na linha de produção ou prescrito nos manuais pensados e escritos pelos que ocupavam o topo da pirâmide organizacional. Richard Donkin analisa esse sistema produtivo com as seguintes palavras: "Os primeiros Model Ts, produzidos pela montagem estacionária, foram fabricados na fábrica da Piquette Avenue, em Detroit. A produtividade aumentou e os custos começaram a cair quando a Ford foi ampliada, montando uma nova fábrica em Highland Park. Porém a produção continuou envolvendo trabalho intensivo, até que os engenheiros da empresa começaram a testar um sistema de esteiras.

A idéia era manter os trabalhadores em seus lugares e deixar que o maquinário se encarregasse dos movimentos. Willliam Klann, um dos engenheiros da Ford, vira algo similar no mercado de empacotamento de carne em Chicago, onde grandes carcaças penduradas em uma linha móvel eram trinchadas progressivamente, conforme avançavam. Se eles conseguem matar porcos e vacas assim, podemos construir carros do mesmo jeito", disse Klann. Uma linha de montagem móvel foi instalada no departamento de magnetos de Highland Park na primavera de 1913. Um homem tirava um componente de um cesto, acrescentava-o ao magneto e o deslizava por um balcão na altura da cintura até o outro homem a seu lado, que acrescentava um segundo componente. Enquanto anteriormente cada trabalhador estava familiarizado com a montagem inteira e com todos os seus vinte e nove componentes, agora o envolvimento pessoal de cada homem se restringia a um ou dois estágios do processo. Os trabalhadores podiam aprender rapidamente essas tarefas simples e, em pouco tempo, estavam habilitados a realizá-las.

O serviço se tornara menos especializado e poderia ser feito em um intervalo de tempo menor".[4] No mundo da comunicação organizacional[5], inserido, cada vez mais, no cotidiano dos planejamentos estratégicos de empresas e instituições, predomina ainda uma visão e uma operação de índole mecanicista. Situação que cria uma contradição com os movimentos das empresas e instituições em direção a modelos de administração mais flexíveis e integrados, e sinaliza que o modelo de gestão das áreas e das agências de comunicação está atrasado em relação ao cotidiano da gestão organizacional.

Nesse ambiente, os trabalhadores da comunicação organizacional – oriundos de universidades, defasadas da realidade material e mental das empresas e das instituições, administradas também com ênfase nas funções, na divisão de trabalho, na valorização de símbolos de poder e da burocracia – são denominados, direcionados e agrupados de acordo com as tarefas mais simples que executam: "jornalistas são aqueles profissionais que elaboram notícias para veiculação em jornal, revista, rádio e televisão"; "relações públicas são aqueles profissionais que trabalham para promover relacionamento favorável com o público em geral". A visão miserável e míope das instituições escolares é amplificada pela quase inexistência nessas organizações de processos administrados de comunicação interdepartamentais ("Os professores de Comunicação Social não conhecem o que se ensina na Escola de Administração.") e de comunicação com a comunidade de gestores empresariais e institucionais ("Empresa é coisa do demônio").

O quadro, descrito com alguma ironia, agrava a incompreensão dessas instituições e de seus professores em relação ao campo da comunicação organizacional, que se caracteriza por ser extremamente complexo em suas temáticas. E, por isso mesmo, multidisciplinar principalmente no que tange aos profissionais que nele atuam.

Comprovando essa multidisciplinaridade do campo da Comunicação Organizacional, o Instituto Aberje de Pesquisa, em parceria com a Ideafix Estudos Institucionais, realizou, em 2002, uma pesquisa sobre Comunicação Interna que assinalou as áreas de formação dos profissionais responsáveis pela Comunicação Interna das empresas. As origens profissionais mais assinaladas, pela ordem, foram o Jornalismo, Relações Públicas, Administração de Empresas, Marketing, Publicidade e Propaganda, Psicologia, Economia, História, Sociologia, Antropologia e Direito. "Vários dos profissionais que responderam à pesquisa da Aberje têm mais de uma formação acadêmica, sendo comum a dupla jornalismo e administração, e relações públicas e *marketing*. Foram encontradas cinco ocorrências de profissionais com formação acadêmica em até três áreas".[6]

Com certeza, o mundo real da comunicação organizacional e da gestão exige e demanda um profissional com sólida formação em comunicação e também em áreas tidas tradicionalmente como funções estratégicas organizacionais. Nas últimas quatro décadas, o mundo real da comunicação organizacional e da gestão brasileira não perdeu tempo com os *nhenhenhém* e brigas por posições no mercado de trabalho, encabeçadas infelizmente por entidades de jornalistas e relações públicas, e se posicionou de forma multidisciplinar em suas respostas às questões, quase sempre complexas, colocadas pelo mundo da produção e pela sociedade. Como exemplo disso, examinemos algumas dessas respostas multidisciplinares. No campo das entidades profissionais da Comunicação Organizacional, temos o caso da Aberje[7] (denominação que atualmente engloba a Associação Brasileira de Comunicação

Empresarial e a Associação Brasileira de Comunicação Organizacional), fundada em 8 de outubro de 1967, que tem entre os seus associados gestores empresariais e institucionais independentemente da origem profissional. No mesmo segmento, apresenta-se também a Abracom – Associação Brasileira das Agências de Comunicação, fundada em 2002, que posiciona as atividades das agências de comunicação no planejamento e na operação das atividades de relações públicas e de assessoria de imprensa, entre outras. A Aberje e a Abracom já colocam seus posicionamentos muito além da visão taylorista do trabalho.

No mundo das empresas vale destacar o histórico Plano de Comunicação Social da Rhodia. "Foi em 1985, no ambiente da Nova República, que a Rhodia brasileira divulgou o seu Plano de Comunicação Social, que levava em consideração a possibilidade de conflitos iminentes daquela organização com os mais diferentes públicos brasileiros e, em conseqüência disso, a necessidade permanente de atender de forma integrada às demandas de comunicação desses agentes sociais. O documento questionava a forma como eram operadas dentro das organizações as tradicionais ferramentas de comunicação: Publicidade, Pesquisa Mercadológica, Assessoria de Imprensa e Relações Públicas."[8].

O Plano da Rhodia se destacava pela proposta de um planejamento de comunicação integrada e não fragmentada nas cabeças e nas mãos de profissionais defensores de áreas localizadas anos-luz do planejamento estratégico das empresa e das mudanças que ocorriam na sociedade. A integração das áreas comunicacionais existentes naquela empresa é a palavra de ordem, como podemos ler na abertura do seu Plano: "O Plano de Comunicação Social da Rhodia resulta no acompanhamento dessa realidade (a transição da Ditadura para a Nova República) e de seus reflexos sobre a Empresa, que necessita adequar-se aos novos tempos, em que o Assessor de Relações Públicas deixa de ser um promotor de festas; o Assessor de Imprensa não pode limitar-se a redigir e remeter *releases*; e os especialistas em serviços mercadológicos (publicidade, pesquisa de mercado e contatos com o consumidor) devem abandonar os seus "guetos" limitados aos grupos de produtos com que trabalham para integrar nos seus objetivos globais da Organização. Todos passam a ser instrumentos políticos na prática de estratégias destinadas a permitir que a Empresa participe, também, do processo de formação da opinião pública".[9]

As melhores práticas de comunicação organizacional das organizações no ambiente da Nova República têm, como é o caso da Rhodia, ênfase em uma comunicação integrada que forme uma opinião pública favorável à empresa. É isso que explica a importância que a Rhodia dá em seu Plano de Comunicação Social às práticas cotidianas de relacionamento com a imprensa. O seu Plano é pródigo em "prever regras práticas de como atender, passo a passo, no dia-a-dia, as demandas dos jornalistas. A imprensa, para os comunicadores da Rhodia, era os olhos e os ouvidos da sociedade e também a principal interface entre a organização e a sociedade".[10]

No entanto, essa ênfase das organizações no bom relacionamento com a imprensa, no ambiente dos anos 1990, não garantiu a formação de uma opinião pública favorável e de mercados compradores de produtos e serviços. Nesse período, a garantia de boa imagem das empresas e instituições passou pela extensão, em nível internacional, das práticas de bom relacionamento com os outros públicos estratégicos organizacionais, entre eles, os trabalhadores, acionistas consumidores, fornecedores, distribuidores, autoridades, sindicados, organizações não-governamentais e comunidade.

O fim do ciclo dos governos militares, a volta da hegemonia civil e a reestruturação produtiva que atravessou os anos 1990 geraram fatos macro e microeconômicos que impactaram os relacionamentos públicos das organizações. Entre eles, destaco a instauração do Código do Consumidor, a mudança do perfil do Estado na economia, a abertura comercial, o processo de privatização das empresas estatais, a desregulamentação de inúmeras atividades econômicas, as reestruturações patrimoniais (fusões e aquisições empresariais), a preocupação com o meio ambiente, a formação de blocos econômicos regionais e continentais. Ainda no âmbito dos fatos que deram um novo *status* aos relacionamentos das organizações com os seus públicos, lembro também as novas tecnologias de comunicação, com destaque para a Internet, que trouxe maior velocidade, conveniência, interatividade e convergência a esses relacionamentos.

Um conjunto de mudanças comportamentais acontecidas, nesse período, no ambiente dos públicos, obrigaram as organizações a integrar em seus quadros profissionais de comunicação organizacional que tinham como desafio entender e interagir com essas mudanças. Entre elas, ressalto as mudanças dos modelos familiares (de nuclear para informal), os novos tipos de conflitos (étnico, gênero e culturais) e a busca pela diversidade.

É nesse contexto histórico, no ambiente da gestão da Comunicação Organizacional, que a especialização funcional (relações públicas, jornalista, publicitário, gestores de Recursos Humanos, Marketing e Administração), resíduo das práticas da Administração Científica do Trabalho e do racionalismo, se chocou com as necessidades de construção de uma imagem organizacional integrada. Morgan, ao criticar as práticas mecanicistas organizacionais, assinala que "a especialização funcional fragmenta os elementos da missão global da organização, fazendo com que a responsabilidade de pessoas ou departamentos separados crie uma estrutura que supostamente seria de cooperação, mas que regularmente se transforma num sistema de competição".[11]

O momento atual é o da consolidação de uma Comunicação Organizacional, que tenha uma forte intersecção entre o foco de estudo da Teoria Geral da Administração (que são as teorias voltadas à administração das organizações) e a Teoria da Comunicação Humana.[12] É o momento de afirmação, acima dos guetos corporativistas e interesseiros, de uma Comunicação Organizacional, cuja plataforma teórica e profissional agrega competências multiprofissionais e leva em consideração o desafio político permanente das organizações: conquistar e manter relacionamentos excelentes com os seus inúmeros públicos estratégicos. É o momento de fundarmos uma Nova Relações Públicas.

Notas

[1] Se nas décadas de 1960 e 70, a denominação comunicação organizacional se identificava com atividades ligadas "puramente aos processos de comunicação direcionados aos empregados, ou aos gestos de boa vontade da empresa com a comunidade, às visitas e recepções a autoridades", atualmente, a expressão tem a ver com a forma como as empresas e instituições agregam valores, por intermédio de sua história, comportamento e retórica, aos seus produtos e serviços e, conseqüentemente, para os seus públicos. Em um ambiente onde concorrentes capitalizados econômica, tecnológica e intelectualmente produzem bens quase sem diferenciais entre si, nada é mais importante do que isso". Nasssar, Paulo. *Jornalismo e Comunicação Empresarial.* Anuário de Jornalismo. São Paulo, Faculdade de Comunicação Social Cásper Líbero, 2000, pág. 132.

[2] S A Martino, Luís Mauro e Nassar, Paulo. Arquitetura empresarial e Pensamento Capitalista – Um estudo sobre o poder invisível da comunicação. *Revista de Pesquisa Communicare,* vol. 2 – número 2 – segundo semestre 2002. São Paulo, Faculdade de Comunicação Social Cásper Líbero, pp. 125 a 134.

[3] "Ford cria "linha de montagem" – 7 de outubro – O industrial norte-americano Henry Ford inaugurou hoje nas instalações de Highland Park, Michigan, a "linha de montagem", uma nova técnica que deverá acelerar consideravelmente a fabricação de seus veículos. "Trata-se de uma esteira que leva os carros aos operários e não o contrário", explicou Ford ao Jornal do Século XX. Ford imagina que a novidade possa reduzir para três horas o tempo de fabricação de cada modelo T". Brener, Jayme. Jornal do Século XX. 1998 – São Paulo – Moderna, p. 68.

[4] Donkin, Richard. Sangue, Suor & Lágrimas – *A Evolução do Trabalho.* 2003 – São Paulo – M.Books do Brasil Editora Ltda, pp. 163 e 164.

[5] Nassar define a atividade como "o somatório de todas as atividades de comunicação de uma organização. Elaborada de forma multidisciplinar – a partir de técnicas de relações públicas, recursos humanos, jornalismo, *lobby*, propaganda, publicidade, promoções, pesquisa e *marketing* – e direcionada à

sociedade, formadores de opinião, consumidores, sindicatos, autoridades e colaboradores (trabalhadores, fornecedores e parceiros). Elaboração que tem sempre como referência básica o planejamento estratégico da empresa ou instituição. Nassar, Paulo. *O que é comunicação empresarial*. São Paulo, Editora Brasiliense, 2000, p.19.

[6] Nassar, Paulo (org.). *Comunicação Interna: a força das empresas*, volume 1. São Paulo: Aberje, 2003, pp. 12 a 23. A pesquisa, coordenada por Suzel Figueiredo e Paulo Nassar, ouviu 100 empresas, colocadas entre as 500 Maiores e Melhores Empresas, de acordo com levantamento da revista *Exame*. "Juntas elas empregam mais de 800 mil funcionários e os grupos aos quais elas pertencem faturaram acima de US$ 170 bilhões no ano de 2001, o que representa cerca de 14% do Produto Interno Bruto do País".

[7] "A maior entidade representativa da comunicação empresarial e organizacional brasileira, fundada em 8 de outubro de 1967, congrega mais de 1000 organizações entre empresas, instituições públicas e privadas. A Aberje tem como missão discutir e promover numa perspectiva local e global a comunicação organizacional e empresarial como função administrativa, política, cultural e simbólica de gestão estratégica das organizações e de fortalecimento da cidadania. A Aberje trabalha a responsabilidade social no contexto da responsabilidade histórica das organizações". Estatuto Social da Aberje, de 23 de julho de 2002.

[8] Nassar, Paulo. Comunicação Organizacional e as Novas Relações Públicas, texto incluído em Estado, mercado e interesse público: a comunicação e os discursos organizacionais (organização Alberto Dines, Paulo Nassar, Waldemar Kunsch) – Brasília: Banco do Brasil, 1999. Edição de palestras do III e IV Seminários de Comunicação do Banco do Brasil, p. 47.

[9] Plano de Comunicação Social da Rhodia. Gerência de Comunicação Social, 1985.

[10] Nassar, Paulo. Comunicação Organizacional e as Novas Relações Públicas, texto incluído em Estado, mercado e interesse público: a comunicação e os discursos organizacionais (organização Alberto Dines, Paulo Nassar, Waldemar Kunsch) – Brasília: Banco do Brasil, 1999. Edição de palestras do III e IV Seminários de Comunicação do Banco do Brasil, p. 48.

[11] Morgan, Gareth. *Imagens da Organização*. São Paulo: Atlas, 1996, pág.40.

[12] Nassar, Paulo. Comunicação e organizações brasileiras nos anos 1970. Dissertação de mestrado. São Paulo: ECA-USP, 2001, p. 36.

QUESTÕES SOBRE A MÍDIA CONTEMPORÂNEA

*Heloiza Matos**

Informação e democracia

Notícias via satélite e pela rede, a explosão da informação em nossa vida cotidiana, a crescente autonomia comunicacional do cidadão, a diminuição da prestação de serviços públicos e o crescente envolvimento da mídia com o mercado, enfim, tudo parece indicar que o jornalismo tradicional, ou seja, crítico, reflexivo, está desaparecendo.

Essa suspeita parece estar minando os papéis tradicionais da mídia na democracia. No século anterior, foi uma tarefa da imprensa assegurar que os cidadãos fossem bem informados e capazes de participar ativamente da vida pública, a fim de submeter políticos e governantes a uma avaliação constante. A imprensa tradicional reunia condições de expressar sentimentos públicos e fornecer uma plataforma de idéias à opinião pública.

A situação atual vem comprometendo as noções de "comunidade" e de "debate público". Daí a tendência do jornalismo contemporâneo de se deslocar da busca de informações para a orientação do fluxo social de informações e do debate público. Podemos pressupor que essas transformações do jornalismo se localizem nas formas de distribuição da notícia, como resultado de novas tecnologias da mídia.

Essa discussão começou a tomar forma na teleguerra do Golfo, especialmente pelo papel exercido pela CNN. No caso, a CNN e outras redes televisivas buscavam captar os fatos o mais rapidamente possível pelas conexões via satélite, por meio de seus correspondentes em várias partes do mundo.

Além de captar, o satélite pode, também, ser usado para agilizar a distribuição do noticiário. Elihu Katz, analisando o papel da CNN naquele período, ressaltava que, à primeira vista, essa prática soava como o ideal distributivo

* Professora doutora da Escola de Comunicações e Artes da USP e professora do programa de pós-graduação da Cásper Líbero.

da tecnologia da nova mídia. No entanto, esta rotina limitava o papel do editor. O ideal de simultaneidade da CNN resultava no fato de o noticiário ser editado praticamente ao vivo.

Estes fatos provocaram inúmeras discussões nos meios profissionais e acadêmicos da comunicação. Houve praticamente um consenso de que a noção de jornalismo que até então conhecíamos havia sido profundamente alterada pela cobertura da Guerra do Golfo. A pergunta que ficou no ar foi a seguinte: os noticiários televisivos da CNN "venceram" a guerra jornalística ou perderam a capacidade e o desejo de interpor um juízo editorial entre o fato e o público?

Em seguida, com o surgimento da comunicação interativa (Internet, serviços de comunicação *on-line*) e a presença dos internautas, criou-se uma expectativa de que, no futuro, a intervenção jornalística na comunicação política não seria mais necessária.

A partir do primeiro pronunciamento interativo do vice-presidente Al Gore em 1984, o *New York Times* comparou o fato com a ida de Roosevelt à televisão quando do início da II Guerra Mundial. Esses avanços tecnológicos levantaram diversas questões sobre o impacto das novas tecnologias de informação sobre a função tradicional do jornalismo.

Mais recentemente, com a guerra no Iraque, onde os jornalistas se valeram de recursos tecnológicos avançados, tal como o videofone, o espaço entre o acontecimento e sua divulgação ainda ficou mais estreito; outras questões – relacionadas com a confiabilidade da informação produzida em ritmo veloz e da ética da notícia – ocuparam espaço na mídia e nos textos acadêmicos.

E a pergunta continua a se apresentar: o avanço do registro direto, *on-line*, das notícias, vai restringir o jornalismo que procura explicar o *background* dessas notícias? O público vai perder a sua mídia de nível crítico e vai sentir falta de uma orientação jornalística?

Ao debate recente sobre as novas funções do jornalismo, juntou-se um grupo de 25 jornalistas, reunidos em Harward, para analisar a era Clinton e seus efeitos no jornalismo contemporâneo. Mais tarde foi formado o "Committee of concerned journalists", buscando definir os valores da profissão.[1]

E aí as questões se ampliaram:

O jornalismo é uma forma de comunicação específica? O que mudar e o que manter como princípios centrais?

Mídia impressa e mídia eletrônica

Não se trata aqui de pensar apenas nas mudanças da rotina de trabalho do jornalista, mas na ampla missão que é atribuída a esse profissional com relação à democracia política e à integração social. Neste sentido, ao citar a tarefa de comentar e criticar os fatos, estamos nos referindo tanto à mídia impressa quanto à eletrônica.

A crítica e ao comentário somam-se outros problemas aos já citados acima. Muitas vezes, oficialismo e elitismo se coadunam na elaboração das informações, pouco contribuindo para o debate público. Como frisa Kucinsky, referindo-se ao caso do jornalismo econômico, "os padrões ideológicos do jornalismo (...) são moldados em boa parte pelos seis grandes jornais do mundo ocidental e duas ou três revistas de circulação mundial (...) O traço ideológico mais geral e permanente desses padrões tem sido o da defesa da livre empresa na esfera econômica e o da democracia liberal na esfera política".[2]

Essa predominância ideológica, aliada ao imediatismo das notícias exposto mais acima, contribui para que acontecimentos e medidas econômicas assumam uma explicação unívoca, unilateral e pouco suscetível ao debate. Conforme exemplos do autor, foi assim que o jornalismo econômico criou o vocábulo "petrodólares" durante a "crise do petróleo" dos anos 70, ressaltando a alta de 3 para 7 dólares no preço do barril de petróleo, mas omitindo "que isso era ainda mais barato que água mineral, e que metade do preço final do combustível eram impostos apropriados pelos países ricos".[3] Foi assim que, no Brasil, a campanha pelas privatizações alcançou a concordância de todos os veículos de comunicação de massa, apesar de a sociedade civil se mostrar dividida.

Barros[4], em estudo do discurso sobre a privatização na *Folha de S. Paulo*, mostra que mesmo esse veículo, onde o pluralismo de opiniões políticas surge como um objetivo editorial, combateu a "anti-racionalidade" econômica das estatais pela construção de um arcabouço retórico que atacou a estatização em suas dimensões política, ideológica, econômica e cultural.

Segundo Matos[5], a revista *Veja* é outro exemplo de como o discurso privatista adquire *status* de racionalidade única e de verdade indiscutível. Em 1994, com o incômodo Collor já totalmente fora de cena, nem mesmo os processos de privatização podem ser discutidos em sua lisura, e qualquer venda de estatal é comemorada como um passo rumo à modernidade: por exemplo, em matéria indecisa quanto aos seus objetivos, se narrar a venda da Embraer, o estilo pessoal de Júlio Bozano, ou servir uma taça de champanhe a todos os brasileiros por esta iniciativa que urgia no peito de cada cidadão: "... a Embraer rasgava a surrada farda estatal e vestia a camisa do setor privado", nos conta a reportagem do fato.

A discussão do papel da mídia na atualidade aborda também as diferenças entre as duas mídias (eletrônica e impressa) na rotina de produção das notícias e no impacto no debate público. O crescimento das modalidades midiáticas gerou uma diferenciação na abordagem dos temas pela mídia, assim como as suas funções políticas estão dispersas em vários tipos de mídia. Hoje, as tarefas da comunicação política estão distribuídas mais ou menos da seguinte forma: a mídia impressa elabora os relatos mais amplos dos eventos, atua como crítica e favorece ao engajamento em crenças políticas. A TV e o rádio são vitrines para personalidades e veículos para o planejamento publicitário. A palavra escrita, por seu nível de abstração e seletividade, é invocada para explicar a excelência jornalística da velha mídia impressa. A televisão prefere abordar questões corriqueiras, pequenos *sound bites*. Imagens de impacto causam maior impressão que o debate profundo sobre temas sérios.

Portanto, quando pensamos na televisão como um meio de comunicação política, estamos muito provavelmente pensando-a como um meio de *marketing* político, um meio no qual a manipulação é possível. Não a pensamos como uma participante valiosa no processo democrático.

Vejamos os políticos: eles têm sua aparência preparada para a televisão, jornalistas são cortejados e adulados, as atividades de campanha são coordenadas para se ajustarem à programação televisiva. Eles costumam utilizar o recurso privilegiado da televisão para atingir o eleitorado diretamente, desviando-se da imprensa (crítica). Exemplos: Bill Clinton, Berlusconi, Maluf, Collor e inúmeros outros. Estas ascensões fulminantes, auxiliadas pelo *marketing* político e pela televisão, têm sido chamadas de "democracia televisiva".

O Impacto das tecnologias da informação

Tão importante quanto as mudanças na mídia atual é o impacto das tecnologias de informação e comunicação. Há uma crescente produção de informações e uma maior acessibilidade às novas fontes de informação. No entanto, a maior parte das inovações na tecnologia comunicacional, ao menos no início, serviu primeiro a uma minoria privilegiada do que à grande massa da população.

Esses avanços não são promovidos visando ao avanço da democracia, não incrementam o papel da mídia e do jornalista dentro do jogo democrático, apenas se adaptam a um novo potencial econômico. As novas redes de comunicação que estão se desenvolvendo freqüentemente ultrapassam os velhos limites de lugar, de cultura, de classe e de organização política, e se inclinam mais a corroer do que a preservar os antigos laços políticos e a tradicional função social do jornalista. Socialmente, a nova mídia tende à fragmentação, não à coesão. Gera uma quantidade vertiginosa de informações, mas esta pressão comunicacional, ao mesmo tempo em que reduz o escopo jornalístico, reduz também a acessibilidade do cidadão:

a) A quantidade de informação é crescente, enquanto a quantidade de tempo disponível para a recepção é mais ou menos constante. O *zapping* é o símbolo mais claro do comportamento comunicacional na atualidade.

b) A velocidade da informação é progressiva. Para o jornalista, fazer a matéria rapidamente significa menos tempo para a seleção. O tempo entre o fato e a notícia é cada vez menor. Isto provoca um menor espaço para as reações ao fato e, por conseqüência, cada vez mais a opinião pública é expressa pelas pesquisas de opinião.

c) Com as oportunidades de comunicação telemáticas e interativas, há uma maior concentração e densidade de informação disponível. Teoricamente, cada mensagem poderia ser recebida por todos.

Dentro desse espaço superpovoado, os jornalistas estão encontrando uma dificuldade crescente para atrair a atenção do público. Daí um crescimento paralelo dos profissionais "captadores de atenção", tais como porta-vozes, relações-públicas e publicitários. Uma pesquisa recente na Holanda mostrou que os relações-públicas já excederam aos jornalistas na proporção de 2 por 1.

No Brasil, não existem dados comparativos do crescimento das duas profissões citadas. A observação desse universo tem apontado para uma migração de funções. Por serem as Relações Públicas mais abrangentes, cada vez mais os jornalistas, especialmente aqueles que exercem funções de consultoria e assessoria, estão assumindo tarefas antes desempenhadas pelos profissionais de R P.

O traço mais característico da comunicação interativa é o deslocamento da ênfase da alocução para a consulta, da disseminação indireta para a busca direta da informação.

Cada vez mais é sobre o receptor que recai a tarefa de seleção da informação que ele vai consumir. Entretanto, o número de receptores desse novo tipo de informação ainda é nebuloso. Há previsões discrepantes sobre o cálculo do total mundial de pessoas plugadas.

É que desta forma fica difícil calcular o número de usuários conectados a cada servidor. Embora se deva reconhecer que apenas um público limitado fará uso de tais oportunidades interativas, em termos de princípios é uma mudança significativa, já que esse público existe, é crescente, e infringirá um acesso exclusivo a muitas fontes que antes eram disponíveis apenas aos jornalistas.

Porém, essa nova mídia só consegue funcionar de modo ativo, até o momento, quando envolvida com minorias ou pequenos grupos organizados, pouco fazendo pela coesão social. Ela também parece ser desenvolvida de acordo com um modelo apolítico, não dando perspectivas de vir a servir a finalidades coletivas. É essencialmente individualizada em seu uso, utilitária e hedonista em sua predisposição. Apesar de sua liberdade relativa, ela ainda não foi consagrada a qualquer ação revitalizante para a política.

De qualquer forma, os serviços interativos incentivam o aumento da comunicação entre os cidadãos, a comunicação horizontal, transformando as práticas da comunicação vertical, entre Estado-jornalismo-sociedade. Segundo Abramson (1988)[6], está havendo uma tendência de desmediatização da mídia. A combinação de computadores e redes oferece oportunidades de comunicação em áreas da vida social até então inexploradas pela mídia. A *media gap* entre a comunicação interpessoal e a comunicação de massa está sendo gradualmente fechada.

Pode-se admitir que a sociedade civil está mediatizada (Bardoel, 1996)[7] com pouca ou nenhuma intervenção jornalística nessas novas e diretas formas de comunicação da mídia.

Novas tecnologias e democracia

Por outro lado, a comunicação vertical entre o Estado e o cidadão está tendendo a se desviar dos intermediários tradicionais, como partidos políticos e jornalistas, propiciando oportunidades de interação direta entre governos e cidadãos. Os otimistas estão dizendo que a mídia eletrônica aperta o botão da democracia.

A posição da mídia atual não está sendo discutida apenas como resultado direto das tendências tecnológicas, como o avanço da televisão via satélite, a explosão de informações e o advento da mídia interativa. Esse debate é também provocado por outros fatores.

A tecnologia reforça tanto a tendência de descentralização, pela comunicação horizontal, como de centralização, na forma de um fluxo de informações globalizado. Tanto a nova como a velha mídia estão interligadas numa rede global onde o jornalista é um dente da engrenagem.

A globalização da informação já começou há muito tempo, com as agências de notícias que operam internacionalmente. Mas agora, com as redes mundiais de TV, cabo e databases, a separação entre a mídia e o jornalista é cada vez maior. Munch compara o jornalista moderno com um *disc-jockey* tocando a música de sua escolha para um público dançante. O material é produzido em outros lugares, o trabalho do *disc-jockey* é selecionar e apresentar. O resultado é uma proliferação de fontes de informação de curto alcance e personalizadas, causando declínio nas programações tradicionais. Nos EUA essa realidade já é palpável: os cidadãos gastam seu tempo livre captando informações que os interessem pessoalmente, mas isso se desenvolve em detrimento da comunidade. Os indivíduos estão menos propensos a compartilhar um conjunto comum de informações, ou a se unirem em torno da mesma idéia sobre quais eventos e tendências realmente importam.

As mudanças do papel do jornalista na sociedade

Outro problema que afeta diretamente o papel tradicional do jornalismo é a erosão do conceito de Estado-nação, antes ligado aos conceitos de classe social e identidade. Até então, isto representou um ponto de sustentação para a profissão do jornalista. E, como sustenta Tourraine, o Estado não está mais no centro das decisões políticas. Seu papel é muito mais no nível internacional. Na cultura atual, pós-modernista (que se opõe à noção tradicional de uma cultura fixa e hierárquica), há o favorecimento de formas de cultura transitórias, superficiais, que apelam mais aos sentidos do que à razão. Isto favorece a mídia audiovisual em detrimento da impressa.

Na cultura de nossos dias, a política ocupa um lugar secundário ou menos proeminente; o significado das normas e valores é mais relativo, e as fronteiras entre os domínios outrora divididos – informação, entretenimento – estão sendo diluídas (infotainment). Ao mesmo tempo, há objeções quanto ao caráter mercadológico da notícia não estar sendo tão controlado. As soluções baseadas em idéias liberais e na conformidade do mercado aparentemente estão preparando o terreno para um "novo consenso" quanto às políticas da mídia, tanto nos EUA quanto na Europa.

Não é mais possível pensar no jornalismo como uma profissão unificada. Como já dissemos, o ambiente fragmentado da mídia, o advento de novos formatos da mídia baseado na multimídia e na interatividade, não permitem essa classificação unitária. Podemos observar hoje a existência de um jornalismo de orientação (com análise, *background*, crítica) e de um jornalismo instrumental, que visa oferecer informações especializadas para públicos interessados.

Entre esses setores especializados, podemos citar o jornalismo econômico. Teoricamente, ele deveria se dirigir não somente aos especialistas, profissionais do mercado, grandes empresários e executivos. Deveria ser voltado também para o grande público. E, como frisou Kucinsky, "o grande público e os pequenos empresários sentem-se permanentemente agredidos pela linguagem técnica inevitavelmente usada no jornalismo econômico".[8]

Na atual explosão da informação, a função do jornalismo se expande da mera disseminação de mensagens para a oferta de orientação, e assim a ênfase da notícia se deslocará do conteúdo para o contexto. Dentro da profissão, a ênfase ainda recai sobre a apuração da informação. Mais do que isso, a tarefa do jornalismo será filtrar as questões relevantes, surgidas pela explosão da informação em um domínio público superpovoado e segmentado. O jornalismo evolui do fornecimento de fatos para o fornecimento de significados.

Kovach e Rosenstel acrescentam, no entanto, que o novo jornalista não define mais o que o público vai acessar, mas ajuda a ordenar os fatos, sem necessariamente analisar os acontecimentos. Os autores admitem, porém, a mistura de jornalismo e interpretação: "o jornalista converte-se numa espécie de moderador de discussões e não em um narrador. Os públicos se convertem não em consumidores, mas em promidores, um híbrido de consumidor e produtor".[9]

No entanto, existe uma tradição: a de que o jornalista influi na direção da opinião pública. A sociedade enfraquecida confere ao jornalismo funções e responsabilidades que ele não está bem equipado para assumir. Definir agendas, agregar interesses, correlacionar necessidades cívicas (do Estado) e racionalidade. Segundo esta tendência, o jornalismo não será, como na era dos *mass media*, guiado, controlado pelo debate público, mas pode se incumbir da função de definir e dirigir a agenda pública.

Na mídia instrumental devem surgir os novos *informations brokers*, os jornalistas não especializados, um faz-tudo: conhecimento de tecnologia, de computação gráfica e da apresentação compacta do noticiário, controle da informação e acesso ao database. Aí então, o usuário "paga pela flauta e escolhe a música", agradecendo a utilização direta via técnicas interativas e pagando pela unidade utilizada.

O trabalho jornalístico está cada vez menos limitado pela mídia, fonte única, mídia múltipla, parece ser a tendência. Isto certamente pode ameaçar a cultura coletiva da editoria, tanto em termos de qualidade de informação como de proteção ao espaço editorial contra os interesses políticos e comerciais.

a) A esfera de ação do jornalismo responsável – na prática isso se refere especialmente à imprensa escrita – no setor de mercado é crescentemente dependente de um número decrescente de proprietários. Há um risco de que a mídia "ilustrada", dona do passado, com sua compreensão da posição específica do jornalismo seja remanejada pelos proprietários dos meios de comunicação. O risco aumenta consideravelmente à medida que "novos atores", vindos de fora, entrem nesse fluxo, como um resultado da convergência da mídia e da telecomunicação, por natureza carente de afinidades com a cultura média. Por esse ângulo, seria necessário criar novas garantias ou desenvolver uma nova ética da mídia (Dennis McQuail, 1995)[10]. Isso sem dizer que o treinamento e a educação dos jornalistas deveriam assumir aqui um papel de destaque.

b) No início do século XXI, o jornalismo deve mais uma vez procurar seu lugar numa sociedade em mutação. Uma sociedade que é secular, aberta, mais dependente da mídia, transnacional e cujos membros são relativamente bem informados. Isso implica que a profissão pode ser transgredida mais facilmente, porém isso faz com que o jornalismo seja mais valioso. Existe uma reportagem televisiva mais direta do que nunca, desmediatizada, tanto local como mundialmente. Existem mais meios de comunicação interativos do que nunca. A disseminação social de informações é crescentemente individual e é crescente a dificuldade de se organizar fóruns de opinião pública. O "Jornalismo" – se ainda existe como tal – está ficando dividido. De um lado há a necessidade de *informations brokers* e, de outro, de diretores incentivadores do debate público.

A função do jornalismo clássico se deslocará provavelmente para a última posição, inclusive porque a profissão é um dos últimos bastiões da generalidade numa sociedade crescentemente especializada e fragmentada (Bardoel, 1988).[11] A maior liberdade individual dos cidadãos produz, mais do que nunca, a necessidade de uma orientação comum. Porém, para assumir essa orientação, a atividade jornalística precisará definir e divulgar questões coletivas, objetivos e problemas da sociedade e da comunidade internacional. Como frisou MacQuail, há algo de muito familiar nas prioridades acima mencionadas. Essa missão dos jornalistas renova a expectativa de que a mídia deveria auxiliar na construção da agenda política pública, expressar opiniões e crenças diversas, reforçar fidelidades e laços sociais, atuar como crítica do poder. Esses objetivos evocam o papel tradicional da mídia, já que pressupõe uma contínua necessidade (e demanda) de um profissionalismo jornalístico e autonomia editorial.

Essa deve ser a mais importante missão dos jornalistas no futuro: uma missão que evoca responsabilidades e habilidades que vão além da prática jornalística atual.

Notas

[1] Kovach, Bill e Rosenstiel, Tom, *op. cit.*, pp. 10 e 11.

[2] Kucinsky, Bernardo – "Jornalismo Econômico", EDUSP, São Paulo, 1997 p. 174.

[3] *Op.cit.* Kucinsky, Bernardo p. 183.

[4] Teixeira de Barros, Antonio – *O discurso da Folha de S. Paulo sobre a privatização do Brasil.* Intercom, São Paulo, 1996.

[5] Matos, Heloiza. *Imagem pública do empresariado brasileiro: interfaces com imprensa e o governo.* Intercom, 2000.

[6] *Apud* Bardoel (1988), p. 37.

[7] Bardoel, Jo – "Para além do jornalismo – uma profissão entre a sociedade de informação e a sociedade civil" – European Journal of Communication, 11/3, set/1996.

[8] Kucinsky, Bernardo, *op. cit.* 171.

[9] Kovach, Bill e Rosenstiel, Tom. *Os elementos do jornalismo*. São Paulo, Geração Editorial, 2003 (p. 48).

[10] McQuail, Dennis – "New roles for new times", Media Studies Journal, vol.9, no 3, Columbia University Press, 1995.

[11] *Op. cit.* Bardoel, p. 46. 4 Kovach, Bill e Rosenstiel, Tom, *op. cit.* p. 10.

Referências Bibliográficas

BERTRAND, Jean Claude. *A deontologia das mídias*. Bauru, Edusc, 1999.

BARDOEL, Jo – "Para além do jornalismo – uma profissão entre a sociedade de informação e a sociedade civil" – European Journal of Communication, 11/3, set/1996.

KOVACH, Bill e Rosenstiel, Tom. *Os elementos do jornalismo*. São Paulo, Geração Editorial, 2003.

KUCINSKY, Bernardo – "Jornalismo Econômico", EDUSP, São Paulo, 1997.

MATOS, Heloiza. *Imagem pública do empresariado brasileiro: interfaces com imprensa e o governo*. Intercom, 2000.

MCQUAIL, Dennis – "New roles for new times", Media Studies Journal, vol. 9, nº 3, Columbia University Press, 1995.

SILVERSTONE, Roger. *Por que estudar a mídia?* São Paulo, Loyola, 2002.

TEIXEIRA DE BARROS, Antonio – *O discurso da Folha de S. Paulo sobre a privatização do Brasil*. Intercom, S.Paulo, 1996.

"The New's War" – Revista *Time*, 21/10/1996.

JORNALISTAS E RELAÇÕES-PÚBLICAS: UMA RELAÇÃO DE PARCEIRA EM PROL DA COMUNICAÇÃO INTEGRADA

*Maria José da Costa Oliveira**
*Graça Caldas***

A complexidade do mundo moderno formado por teias de relações políticas, econômicas e sociais, estabelecidas no espaço público, dá uma nova dimensão à área de Comunicação. Neste cenário da Sociedade do Conhecimento — onde as instituições públicas e privadas, bem como as de Terceiro Setor articulam suas ações —, espera-se dos profissionais de Comunicação (Relações Públicas, Jornalismo e Publicidade e Propaganda) mais do que uma mera disputa por espaço de trabalho, mas o exercício competente da área, numa perspectiva cooperativa de Comunicação Integrada, mais recentemente ampliada a outras esferas.

Independentemente das regulamentações e das especificidades das profissões, que buscam por meio de seus sindicatos ou associações de classe delimitar ou ampliar suas funções, estimulando uma disputa estéril entre os profissionais, o mercado segue alheio ao jogo das corporações. Contrata pela competência de gestão, visão estratégica do setor, capacidade de liderança, planejamento, assim como pelas condições técnicas para o exercício crítico e criativo indispensáveis numa sociedade altamente competitiva, onde o gerenciamento eficaz e responsável da comunicação se traduz em imagem corporativa e em benefício para a sociedade como um todo.

* Relações-Públicas, especialista em administração de Marketing, mestre e doutora em Ciências da Comunicação pela ECA-USP. Atua na área de Relações Públicas desde 1982, sendo professora da PUC Campinas, desde 1989. Atualmente é, também, coordenadora dos cursos de graduação em Relações Públicas e Publicidade e Propaganda além de coordenadora do curso *Lato Sensu* em Comunicação Pública da Metrocamp – Faculdades Metropolitanas de Campinas.

** Jornalista desde 1969. Doutora em Ciências da Comunicação pela ECA-USP. Trabalhou em diferentes veículos, entre eles *Jornal do Brasil* e *Folha de S. Paulo*. É especialista em Comunicação Integrada. Atualmente é professora de Comunicação do Pós-Com da Umesp, do Labjor Unicamp e do *Lato Sensu* da PUC–Campinas.

Problema de origem?

Parte da confusão do trabalho de jornalistas e relações públicas pode ser creditado às formações específicas desde que as profissões foram regulamentadas, no final da década de 1960, além da estrutura curricular dos próprios cursos de Comunicação Social. Nas origens dos cursos, no Brasil, havia o denominado Ciclo Básico de dois anos, congregando inicialmente estudantes das três áreas (Jornalismo, Relações Públicas e Publicidade e Propaganda). Havia, então, uma separação para especialização nos dois últimos anos — prática que ainda persiste em algumas escolas do país. Hoje, predominam os cursos específicos, quando não faculdades.

Entre as vantagens e desvantagens dos modelos do passado e os do presente, o que se vê, nos currículos atuais é a tendência de disciplinas comuns nos três cursos, como Assessoria de Imprensa ou Comunicação, Comunicação Empresarial, Comunicação e Marketing, Planejamento em Comunicação, Pesquisas de Opinião, Administração, entre muitas outras. Apesar disso, os currículos trazem suas particularidades, mantendo suas identidades e deixando clara a maior ou menor preparação básica do profissional de cada subárea para determinadas ações, mas isso não significa que os profissionais devem abrir mão da visão geral do campo da Comunicação, em todas as suas vertentes, necessária aos que atuam em área tão complexa e interdependente.

Na prática, alunos, professores e coordenadores dos cursos, com uma visão mais ampla, já perceberam a necessidade de formação mista, porém os sindicatos e associações de classe continuam brigando por reservas de mercado. Um olhar mais acurado nas recentes reformas curriculares propiciadas pelas Novas Diretrizes Curriculares da área de Comunicação, de 1999, evidenciam aquilo que o mercado já vem praticando há muito, que é a busca de profissionais polivalentes, independentemente de suas formações de origem.

Com a demanda crescente de profissionais de Comunicação em áreas de Assessorias e a conseqüente ampliação do mercado tradicional de jornalistas e relações públicas para funções estratégicas, a tendência vem sendo a busca por cursos de aprimoramento, aperfeiçoamento, vivência profissional ou ainda no âmbito da pós-graduação, em áreas complementares à formação de origem, para o preenchimento de eventuais lacunas de formação, o que de fato vem ocorrendo.

Comunicação Integrada: um conceito em evolução

Jornalismo, Relações Públicas, Publicidade e Propaganda, são todas subáreas da Comunicação, que hoje, mais do que nunca, deveria ser integrada. Entretanto, essa integração tão necessária ainda encontra, com muita freqüência, inúmeras barreiras. Barreiras relativas ao desconhecimento, ao preconceito, ao corporativismo, aos estigmas, que comprometem a efetivação da comunicação integrada.

A visão de muitos profissionais, limitada à conquista de seu espaço de atuação no mercado, compromete, sobremaneira, a atuação da área de Comunicação, em prejuízo de sua eficácia.

A instituição do paradigma da Comunicação Integrada decorre da necessidade de os profissionais de cada subárea reconhecerem o seu papel no processo de construção da cidadania, com a promoção do ser humano e da educação que leve à transformação social, papel que os profissionais da área não podem se omitir, independentemente do setor em que atuem.

É evidente que cada subárea tem suas especificidades e deve, obrigatoriamente, conhecer o seu campo de atuação, bem como reconhecer o campo de atuação da outra, visando, justamente, entender como as diversas subáreas podem e devem atuar integrada e estrategicamente. A comunicação integrada não é mais uma opção do profissional, é uma demanda do mercado diante das necessidades sociais.

Inicialmente definida por Kunsch como uma atuação conjunta e interdisciplinar das áreas de Comunicação (Jornalismo, Relações Públicas e Publicidade e Propaganda), o conceito foi posteriormente ampliado pela própria autora. Ao defini-lo como "arma estratégica", que "pressupõe uma junção da comunicação institucional, da comunicação mercadológica e da comunicação interna, que formam o composto da comunicação organizacional" (Kunsch,1997:115), reconhece a ampliação de seu conceito a partir da própria prática do mercado. O conceito de Comunicação Integrada já havia sido sistematizado no Brasil em 1986 pela autora, em seu clássico livro *Planejamento de Relações Públicas na Comunicação Integrada* e atualizado na edição de 2003.

Hoje, ante as novas tecnologias de informação e a complexidade dos processos de comunicação em diferentes organizações, o conceito foi definitivamente ampliado, por diferentes autores. Como defende Casali (2002), após revisão de literatura, os modelos tradicionais de comunicação integrada focados unicamente num mix de ações de profissionais oriundos da área de Comunicação não atendem mais às necessidades do mercado, seja ele público, privado ou Terceiro Setor. Isto porque, a inserção de novas tecnologias de informação formula novos modelos de comunicação nos quais o que se verifica são "intervenções integradas de comunicação" (Gayeski, 2001, *apud* Casali).

Na visão de Casali (2002), "a comunicação integrada pode referir-se não apenas à integração de ações comunicativas, mas também à integração de informações organizacionais (...), que envolvam outras formas de comunicação tais como "via voz, imagem, texto ou transmissão de dados, videoconferências, *sites*". Essas ferramentas tecnológicas, que se transformaram em instrumentos essenciais e rotineiros no cotidiano das organizações, envolvem o planejamento integrado de comunicação em seu conteúdo, formato e múltiplas tecnologias para o gerenciamento e difusão da informação.

Essas ações, para se tornarem eficazes e competitivas no mundo corporativo ou compartilhadas com a sociedade em geral, não podem mais prescindir de profissionais de diferentes áreas da Comunicação, assim como de outras áreas que trabalham com gerenciamento de dados e tecnologias da Informação e Telecomunicações.

O ideal, como é possível depreender da análise deste artigo, é que toda ação de comunicação deve ser planejada e executada a partir dos diferentes olhares de cada subárea. Quando necessário, deve contar com a cooperação de profissionais de outras áreas, entre elas Recursos Humanos e Marketing, que interagem e compõem a comunicação integrada, ainda que representem subáreas da Psicologia e da Administração, além de outras.

Para que haja efetividade da comunicação integrada cumpre o estabelecimento de uma relação norteadora entre as subáreas e áreas afins pautada no respeito, confiança, conhecimento recíproco, na valorização daquilo que cada subárea pode oferecer de melhor, numa perspectiva ética e de responsabilidade social.

Assessores: jornalistas ou relações-públicas?

Diante do cenário traçado anteriormente, em que a tendência e a prática na área de Comunicação vêm sendo a de Comunicação Integrada, numa perspectiva ampliada dos conceitos tradicionais da área, a discussão sobre a atuação com limites ou não de profissionais de Jornalismo ou de Relações Públicas em Assessorias de Comunicação e ou Imprensa, parece totalmente anacrônica, a exemplo do debate sempre "requentado" dos jornalistas que atuam em Assessoria de Comunicação e nas redações.

A grande pergunta é: a quem interessa este tipo de discussão? A quem interessa este tipo de divisão dos profissionais de Comunicação, que brigam ora pelo exercício específico da profissão regulamentada, ora pelas "tarefas" específicas de cada área ou ainda pela coordenação da área de Comunicação?

É bem possível que as ações e reações entre os profissionais de Relações Públicas e Jornalismo, que trabalham em Assessorias de Comunicação e redação, com inúmeros artigos veiculados em diferentes '*sites*', devam-se aos profissionais que vêm atuando em Assessorias de Comunicação exercendo funções previstas para as duas áreas, sem uma abordagem de Comunicação Integrada.

Não queremos aqui entrar na outra discussão também estéril de que jornalista que trabalha em Assessoria de Comunicação não é jornalista, mas relações-públicas, a exemplo da percepção da profissão por outros países. O fato é que, no Brasil, jornalistas também trabalham em Assessorias de Comunicação e nem por isso deixam de ser jornalistas.

Da mesma forma, afirmar que o Jornalismo é a única área independente da Comunicação é, no mínimo, ingenuidade ou desconhecimento do processo de produção da informação e de que o mundo da Comunicação é regido pelo capital como ocorre em qualquer outra empresa. O fato de as empresas de Comunicação prestarem serviço de interesse público em regimes democráticos não significa, porém, que em momentos específicos, de interesses econômicos ou políticos, não prevaleça a voz do dono. Jornalismo independente e apartidário não existe. Mesmo nos chamados veículos alternativos, comunitários, há interesses envolvidos, mesmo que sejam de interesse público.

Atualmente os profissionais de Relações Públicas têm conquistado maior reconhecimento dentro da área de Comunicação Integrada. Isto porque, como assinalamos anteriormente, os cursos da área contam com um currículo que contempla claramente a abordagem da Comunicação Integrada.

Entretanto, conforme Flávio Smidth, ex-presidente do Conferp – Conselho Federal dos Profissionais de Relações Públicas –, apesar de ser uma atividade legalizada, a profissão carece da devida legitimidade. Falta o reconhecimento da sociedade e do mercado quanto à complexidade e à abrangência de suas ações, que contemplam a promoção de relacionamento entre as organizações e seus diversos públicos.

No entanto, a falta de legitimidade ameaça a atividade profissional, que muito avançou, mas ainda carrega o estigma de ser uma atividade subserviente ao poder.

A discriminação de outras subáreas de Comunicação, em especial, a de Jornalismo, acerca das Relações Públicas está presa e enraizada ainda ao período de Regime Militar, com a AERP – Assessoria Especial de Relações Públicas do Governo Federal, quando era porta-voz do sistema. Para muitos jornalistas as Relações Públicas não avançaram e a AERP é o modelo predominante da área. Tal imagem mostra o desconhecimento em relação à área, conforme relata trabalho de DUARTE & DUARTE (2002), em que comenta as diferenças da percepção entre a sociedade americana e a brasileira com relação às profissões de jornalistas e relações-públicas. Destacam, também, a má fama que o período da ditadura militar trouxe à profissão de Relações Públicas, no Brasil.

Nos Estados Unidos, muitos relações-públicas têm formação em jornalismo, mas, ao atuarem na divulgação jornalística, são considerados relações-públicas ou 'publicists'. No Brasil, as profissões de jornalista e de relações públicas possuem uma sobreposição, uma região de sombras. As duas profissões foram regulamentadas, no Brasil, na década de 1960 e passaram a exigir diploma de curso superior. Se no jornalismo a regulamentação serviu para garantir mercado aos profissionais oriundos das faculdades, em relações públicas limitou as possibilidades de expansão do exercício e do aprimoramento da atividade pela precariedade do ensino e pela má fama que o Regime Militar, particularmente trouxe à profissão.

Embora os cursos de Relações Públicas, a exemplo das demais subáreas da Comunicação Social, tenham reformulado radicalmente seus currículos, ainda permanecem visões estereotipadas dos cursos pelos próprios profissionais do mercado. Isto ocorre tanto em Jornalismo, como em Relações Públicas. Acabou-se com a tradicional dicotomia entre teoria e prática, inseriu-se disciplinas compatíveis às necessidades do mercado, além de ampliar a formação cultural e empreendedora das profissões. Dessa forma, o que se verifica, na prática, são profissionais que saem dos cursos e procuram criar suas próprias empresas de comunicação, em lugar de limitar-se apenas aos tradicionais mercados empresariais.

Visão holística e competência

A realidade atual tem demonstrado que as organizações, sejam elas públicas, privadas ou integrantes do Terceiro Setor, quando utilizam de uma comunicação estruturada, fazem a opção para cargo de coordenação pelo profissional que tenha a visão holística da organização e de sua relação com os diferentes públicos, numa abordagem integrada da área de Comunicação. E quem tem essa visão?

De acordo com os profissionais de Relações Públicas, seus currículos são os que contemplam essa visão integrada, envolvendo desde disciplinas voltadas para a comunicação propriamente dita, em suas diferentes vertentes, até disciplinas sobre a gestão de negócios e de pessoas. Porém, ainda falta compreensão das organizações quanto ao real significado de Relações Públicas e dos próprios profissionais das outras subáreas da Comunicação. Além disso, lamentavelmente, muitos profissionais de Relações Públicas ainda sofrem de problema de auto-estima, assumindo posturas e atuações não condizentes com a profissão, reforçando assim os estigmas das outras subáreas.

Os jornalistas, por sua vez, terminam por ocupar os espaços, ampliando suas esferas de competência, em função do fetiche da mídia e de sua importância para a construção da imagem empresarial. Por este motivo, são os jornalistas que ocupam a maior parte dos espaços em organismos públicos como revela artigo de Chaparro, divulgado no e-grupo de Comunicação Pública, em setembro de 2003, intitulado "O Xis da Questão", ao comentar o lançamento do '*site*' da Secretaria de Imprensa e Divulgação (SID), em 11/09/03.

O perfil profissional da SID sintetiza, de alguma forma, o que se vê nas áreas de comunicação do governo, em plano nacional. Sabem quantos profissionais de comunicação trabalham nas equipes dos diversos órgãos federais de administração direta em indireta, em Brasília e espalhados pelo país? São 2.215. Foi o que me informaram na Secom (Secretaria de Comunicação de Governo e Gestão Estratégica), quando fiz a consulta. E me disseram mais: em maioria esmagadora são jornalistas. Profissionais de Relações Públicas e de outros segmentos? Só em raros casos pontuais.

A ampliação do papel dos jornalistas na Comunicação Empresarial pode ser atribuída ao fato de que muitos dirigentes de organizações acreditam que o trabalho de Comunicação se restrinja aos espaços conseguidos na mídia, em detrimento de outras importantes ações de Comunicação com diferentes públicos e em prejuízo da efetivação da Comunicação Integrada.

Os publicitários, por sua vez, também são chamados a administrar a comunicação de organizações, porque os dirigentes reconhecem a importância da criação e veiculação de peças publicitárias na mídia, ainda que muitas vezes este tipo de ação comunicacional seja desenvolvida isoladamente e sem a eficácia desejada.

Sem dúvida, o espaço gratuito ou pago na mídia tem sua importância, mas a capacidade para entender a comunicação em sua complexidade, envolvendo diferentes ações, a partir do levantamento de dados, análise e diagnóstico de cada situação e contexto requer ações de Comunicação Integrada. Essa visão ainda é limitada a poucos profissionais e tem a ver não apenas com formação, mas principalmente, com percepção e competência, que podem estar ou não associadas à formação básica.

Há de se reconhecer, também, que muitos profissionais de comunicação, independentemente de sua formação específica, vêem suas ações de forma muito restritas, sejam eles jornalistas, relações-públicas ou publicitários.

Dessa forma, tudo o que foi dito reforça a noção de que os embates entre Relações Públicas e Jornalismo, que nos propomos a analisar neste artigo, visando a um caminho para a intersecção entre as subáreas, são descabíveis. São enormes os desafios que se apresentam com a complexidade da comunicação no atual cenário socioeconômico e político e na sua perspectiva futura, para ficarmos na eterna discussão das fronteiras de áreas e limitações de atribuições. É hora de somarmos esforços para desenvolvermos, de forma cooperativa e competente, nossa função estratégica na Sociedade do Conhecimento.

Discutir a delimitação de espaços das subáreas e seus conseqüentes embates é, no mínimo, um retrocesso em relação à sociedade, que precisa da união das competências desses profissionais para a promoção social do ser humano e da humanidade. Resta saber se a comunicação será praticada de maneira integrada e comprometida com a construção de uma nova sociedade, ou se testemunharemos recorrentemente os mesmos conflitos resultantes de uma visão míope em relação à área de Comunicação, cuja importância e influência na formação da opinião pública estão além das questões corporativas.

O futuro da Comunicação, de sua inserção na sociedade e legitimação como área estratégica nas organizações públicas, privadas e no Terceiro Setor, vai depender diretamente da capacidade e maturidade de seus profissionais no gerenciamento deste processo desgastante de disputa entre as duas áreas. Se não percebermos as mudanças operadas na sociedade, em que o acesso à informação e à tecnologia é essencial, não conseguiremos entender que o conhecimento é vital para todas as organizações. As ações comunicativas não dependem mais unicamente de formações específicas, mas de ações integradas de competências que podem estar ou não na área de Comunicação.

Referências Bibliográficas

CASALI, Adriana Machado. Comunicação Integrada e novas tecnologias de informação. Trabalho apresentado no GT de Comunicação Organizacional na ALAIC, na Bolívia, em 2002.

CHAPARRO, Carlos. O Xis da Questão. Artigo publicado no e-grupo de Comunicação Pública, em 14 de setembro de 2003.

DUARTE, Jorge e DUARTE, Marcia Y. M. Papel e atuação de jornalistas e relações públicas em uma organização, segundo jornalistas. Trabalho apresentado no GT de Comunicação Organizacional na ALAIC, na Bolívia, em 2002.

KUNSCH, Margarida Maria Krohling. Planejamento de Relações Públicas na Comunicação Integrada. SP, Summus, 1986.

____________________ Planejamento de Relações Públicas na Comunicação Integrada. Edição revista, ampliada e atualizada. SP, Summus, 2003.

____________________Relações Públicas e Modernidade: novos paradigmas na comunicação organizacional. SP, Summus, 1997.

SOBRE ASTROS E GALÁXIAS

*Jorge Duarte e Graça França Monteiro**

São antigas, recorrentes e, muitas vezes acirradas, as discussões sobre a ocupação de espaços por egressos de campos acadêmicos distintos, esforçados em manter monopólio sobre áreas específicas. A competição, na comunicação organizacional, é estabelecida particularmente por representantes das áreas de jornalismo e relações públicas e ocorre numa época em que a liderança se dá por competência e não apenas por diploma; a eficácia está na criação, decisão e atuação coletiva e cooperativa; mais do que faixas de atuação exige-se multidisciplinaridade; além das especialidades, requer-se visão ampla e diversidade. A elaboração deste ensaio busca colaborar para a compreensão da situação e sugerir soluções que levem a uma atuação conjunta, com mais integração entre profissionais de diferentes formações.

Os antecedentes

A origem dos debates sobre ocupação do mercado pode ser obtida nas legislações de relações públicas e jornalistas, elaboradas na década de 1960 e na organização de cursos universitários da área de Comunicação Social. Originalmente os graduados deveriam ter formação polivalente, mas, com o decorrer dos anos, estabeleceram faixas de atuação específicas no mercado profissional, fortalecendo uma concepção fragmentada da comunicação, acentuada por disputas corporativas posteriores. Estes modelos, úteis para a atuação especializada em veículos de comunicação de massa ou agências de propaganda, são inadequados para as demandas mais recentes do mercado comunicação organizacional.

A consolidação de um novo arranjo ainda hoje esbarra não apenas no corporativismo como nas diretrizes da comunicação do Poder Executivo Federal, que baliza as estruturas dos outros Poderes e a formatação dos cursos superiores oferecidos pela maioria das instituições de ensino públicas e pri-

* Graduados em Jornalismo e Relações Públicas. Mestres em Comunicação; professores de graduação e pós-graduação. Atuam na Assessoria de Comunicação Social da Embrapa, em Brasília.

vadas. O Decreto nº 4.799, de agosto de 2003, em seu artigo 2º, mantendo o formato tradicional, estabelece que as ações de comunicação de governo compreendem as áreas de: I – imprensa; II – relações públicas e III – publicidade. Dessa maneira, reproduz um modelo abandonado no setor privado.

Exemplo das mudanças ocorridas no período é a área de assessoria de imprensa. Sua falta de relevância na época fez com que nenhuma das duas corporações (jornalistas e relações públicas) a incluísse explicitamente em sua própria regulamentação. A partir dos anos 1980, entretanto, bom relacionamento com a imprensa torna-se fundamental para as organizações de todos os tipos e é ponta-de-lança para outras atividades de comunicação organizacional, o que a tornou foco de disputas. O mercado cresceu tanto que mais de 60% dos graduados em jornalismo passaram a atuar nesta área, muitos deles executando atividades previstas pela legislação de relações públicas, mesmo sem saber ou admitir. Ainda assim a assessoria de imprensa continua solenemente ignorada por ambos os cursos universitários e pesquisadores produzem poucos estudos sobre o tema. Mesmo a edição mais recente do *Dicionário de Comunicação* (RABAÇA & BARBOSA, 2002) não possui o vocábulo Assessoria de Imprensa em suas 778 páginas.

O desconhecimento das possibilidades da comunicação organizacional foi acentuado com o domínio do mercado por parte de jornalistas, uma profissão de enorme visibilidade e sedução e com excelente capacidade técnica para obter, editar e distribuir informação. Sem formação original na área, mas descobrindo suas possibilidades no dia-a-dia, jornalistas brasileiros foram competentes em valorizar e qualificar a comunicação nas organizações. Também criaram um modelo único de campo profissional, com atuação vinculada às fontes de informação. Como efeito colateral foi estabelecido forte privilégio à divulgação via imprensa, em detrimento do planejamento estratégico e estabelecimento de programas de interação com outros públicos. A divulgação sobrepujou a comunicação e, por isso, boa parte das organizações tornou-se mais eficiente em lidar com a imprensa do que em manter programas adequados de relacionamento com empregados, por exemplo.

Paralelamente, ao longo dos últimos anos, apesar da notória importância que ganharam em todo o mundo, os relações públicas viram sua área de atuação original (prevista na literatura e na regulamentação) ser ocupada por profissionais de outras formações, particularmente egressos de jornalismo, publicidade e *marketing* (BRANDÃO, 2001; DUARTE, 2003). A boa notícia é que, mais recentemente, com a qualificação dos cursos e da literatura, aumento da importância da área, surgimento de agências e multinacionais de comunicação (muitas lideradas por publicitários), o conceito original de relações públicas parece estar saindo do limbo e ganhando renovada força.

Desde a década de 1990, quando a percepção da comunicação como algo mais amplo que divulgação jornalística se fortalece nas organizações, há tanto imbricação como erosão das habilidades originais. Neste momento surge a necessidade de articulação da comunicação interna, mercadológica e institucional (KUNSCH, 2003), exigindo não apenas o envolvimento de diferentes profissionais e habilidades, como atuação integrada. E quem percebeu e valorizou demandas, importância e exigências de qualidade em comunicação organizacional não foram corporações e universidades, mas empresas, entidades, ONGs, profissionais com visão ampla e pesquisadores atentos como Gaudêncio Torquato, Wilson Bueno, Manoel Chaparro e Margarida Kunsch.

O momento

A visão segmentada criada a partir dos cursos superiores e de uma legislação defasada é agravada pela falta de compreensão entre diferentes profissionais, que, em larga medida, contaminam a percepção sobre a riqueza de possibilidades da comunicação nas organizações. O que se constata é que, apesar dos 20 anos de exemplos bem-sucedidos, ainda é comum o desconhecimento, tanto dos profissionais quanto de quem os contrata, do que efetivamente fazem (ou podem fazer) jornalistas e relações públicas e, particularmente, pelo que podem realizar *juntos*.

Estudo realizado por DUARTE & DUARTE (2002) tomando por base textos de 262 jornalistas de quatro capitais brasileiras (Rio de Janeiro, Belém, Goiânia e Brasília) analisou respostas à questão "discorra, em aproximadamente 20 linhas, sobre a atuação e o papel do jornalista e do relações públicas em uma empresa pública" em concurso para a função de assessoria de imprensa. Se 96% das respostas permitem identificar papel atribuído ao jornalista, a maioria (60%) nem tentou definir um papel e/ou atuação para as relações públicas. Entre os 40% que abordaram relações públicas, o que se constatou é que faltou clareza e "foi comum a tentativa de tergiversar, ser vago, pouco afirmativo".

As atribuições, em geral, referem-se à "organização de eventos não-jornalísticos, destinados à promoção da empresa e do seu bom conceito" junto aos públicos de interesse (exceto imprensa), incluindo-se "realização de festas para os funcionários da empresa, congressos, seminários, cursos, palestras, visitas à instituição, campanhas de cunho social, eventos culturais, artísticos e esportivos, apresentação de corais, festas de confraternização, maratonas, aniversários etc." Observam DUARTE & DUARTE que, dos 262 respondentes, apenas dois registraram entre as atribuições do relações públicas a realização de pesquisas de opinião; quinze, o atendimento à direção da organização, mesma quantidade daqueles que propuseram auxílio a jornalistas como atividade. Menos que dez citaram a elaboração de políticas e estratégias de comunicação.

O desconhecimento também ocorre com gestores. BRANDÃO *et al.* (2002) realizaram pesquisa com dirigentes de 75 órgãos públicos federais no Distrito Federal sobre as habilidades técnicas exigidas de um profissional de comunicação. Foram identificadas, por importância: planejamento de estratégias de comunicação; elaboração de jornais, boletins e impressos em geral; informática; publicidade e propaganda e pesquisa. Quanto à formação profissional mais adequada para realizá-las, os entrevistados apontam o jornalista. Note-se que, das cinco habilidades mais exigidas, apenas uma – elaboração de jornais, boletins e impressos em geral – está originalmente relacionada ao jornalismo. As demais estão diluídas entre relações públicas, publicidade e propaganda e novos campos como *webdesigner*. Os resultados confirmam o que muitos identificam no dia-a-dia: diante da necessidade de profissionais com perfil amplo e desconhecendo as diferentes competências originais, a tendência do gestor é optar pelo jornalista.

A formação original de nível superior é importante, pois pressupõe determinado conjunto de habilidades e visão de mundo, mas, cada vez mais, se tornará pouco relevante. Importa é saber se tem competência para resolver problemas que limitem o desenvolvimento das organizações. Não é mais possível se escudar apenas em diploma para garantir acesso ao mercado. À formação original se exige capacidade de gerar e administrar diferentes produtos informativos ou programas de relacionamento, atuar em equipe, saber planejar, ter comprometimento, iniciativa, relacionamento interpessoal, criatividade. Mais do que divulgação jornalística, boletins internos e eventos, o tripé típico da comunicação "empresarial" na década de 1980, as organizações exigem cada vez mais soluções sofisticadas quanto ao uso de tecnologias, segmentadas quanto ao público receptor, estratégicas quanto aos objetivos, mensuráveis quanto aos resultados – menos massivas e mais cirúrgicas.

Neste momento, a gestão da comunicação passa a ser percebida como a administração de fluxos dinâmicos e complexos de informações e interações entre os ambientes interno e externo de uma organização. Mais do que entrega de produtos (físicos) e serviços (ação) de comunicação, o objetivo é propiciar ambientes e oportunidades de diálogo, interação e compreensão com diferentes públicos (imprensa, clientes, funcionários, parceiros etc.). As oportunidades se ampliam com a redescoberta da comunicação interna, a ênfase na comunicação mercadológica, a gestão da informação e do conhecimento e aumento das oportunidades em organizações de pequeno porte. Diante deste ambiente, o que temos nós, profissionais de comunicação, a oferecer?

O futuro

A prática da chamada comunicação integrada com o envolvimento de profissionais de todas e quaisquer áreas é bem-sucedida em várias organizações. Para Elena Moreira, responsável pela comunicação interna da Fiat, "no mundo da comunicação quem trabalha sozinho atrapalha. Não dá para pensar na atividade de comunicação como feudos isolados e auto-suficientes. A comunicação integrada é o caminho para fazer eficiência de custos, maximizar ações, potencializar resultados".[1] Não há lugar para feudos nem para senhores feudais. Como observa Mafra Merys,[2] assessora de comunicação do município de Paulo Afonso (BA), "o que é comunicação estratégica e que profissional faz esse tipo de trabalho? Não está em discussão se é o jornalista, o relações-públicas, o publicitário. Comunicação estratégica é assunto amplo, de uma macroárea, e precisa desses três tipos de profissionais, desses subsistemas". O fator mais importante, afirma Robson Fontenelle,[3] não é a denominação, "mas o conceito de trabalho criativo, de concepção coletiva em que a comunicação é pensada e planejada como um todo com a participação efetiva de cada profissional que, dentro da sua especialidade ou com os conhecimentos adquiridos sobre as outras áreas, pode propor, opinar, conceber e realizar, coletivamente, ações de comunicação muito mais eficazes".

Sem dúvida o trabalho integrado tem se mostrado eficiente e bem-vindo. Prova disso são empresas de *marketing*, publicidade e assessorias de imprensa que, atentas, hoje se autodenominam agências de comunicação, incorporando em seus quadros enorme diversidade de profissionais de (ou ligados à) comunicação.

Apesar dos casos bem-sucedidos, ainda é comum identificar o termo *integração* sobrevivendo apenas em documentos e discursos. Em parte isto ocorre porque qualquer planejamento integrado não sobrevive com execução isolada. Atuar integrado pressupõe pensar a comunicação como processo que envolve diferentes necessidades, públicos e produtos. Exige atuação planejada, coordenada, cooperativa e focada. Elaborar planos e políticas reunindo ações e profissionais apenas no projeto, sem estimular a atuação conjunta, é ficar na metade do caminho. Quem não tem experiência com evento divulgado, mas mal organizado; da publicidade que funcionava maravilhosamente até o momento em que o atendimento fracassou; a TV informando um projeto da empresa que o empregado desconhece? O atacante faz seu papel, mas o time é goleado. Quantas vezes a seleção brasileira colocou 11 craques em campo e o jogo terminou com derrota para equipes sem relevância. Habilidades individuais estavam lá, mas havia treino suficiente, coordenação, interesse, energia, ação coletiva? No quadro-negro o planejamento funciona, mas e se no jogo é cada um por si?

Nossa experiência mostra ser tão difícil aproximar profissionais de diferentes áreas para atuar em conjunto quanto separá-los depois que o convívio se estabelece. Algo como astrônomos que abandonam a competição pelo telescópio mais reluzente e de maior alcance, em que cada um enxerga muito bem determinado astro na imensidão do espaço para, juntos, discutir, compreender e admirar a complexidade e beleza da galáxia.

A atuação conjunta é um caminho sem volta, assim como a evolução da comunicação nas organizações não admite retrocesso, até porque novas possibilidades de coexistência e aprendizagem estão surgindo. Se, no momento, não parece haver perspectiva de cursos de graduação de formação mais ampla, ofertando conhecimentos dispersos por várias disciplinas (inclusive administração), em âmbito da pós-graduação há o saudável e impetuoso surgimento de cursos de gestão em comunicação organizacional. A literatura da área tem sido renovada, superando a fase de livros do tipo dicas para análises mais elaboradas e profundas dos fenômenos da comunicação nas instituições. Há cada vez melhores exemplos em congressos. Na Internet, grupos de discussão e *sites* tornam-se comunidades para troca de informações e experiências e saudável aprendizagem coletiva. Mesmo acirrados debates entre corporações profissionais, mantido o clima amigável, têm a vantagem de permitir a descoberta mútua.

Para encerrar, propomos sintetizar a discussão em três alternativas para viabilizar o melhor relacionamento e integração entre profissionais de diferentes áreas:

a) **Conhecimento mútuo**: superação da desconfiança e preconceito por meio do diálogo, troca de informações e identificação do potencial e características de diferentes profissionais e atividades. Para isto há necessidade do desarme ideológico e da superação de preconceitos. Em nível corporativo, reuniões, debates, eventos e publicações conjuntas (como esta) são boas ocasiões para começar.

b) **Planejamento de Comunicação e não por áreas.** O planejamento integrado pressupõe definição de objetivos e visão sistêmica da organização dos processos. O envolvimento de profissionais de todas as áreas para pensar a partir da comunicação e não de seus fragmentos abre perspectivas novas para todos.

c) **Formação de equipes de Comunicação** com interação permanente de profissionais de todas as áreas, substituindo a lógica de grupos de especialistas. A execução conjunta (que não significa troca de papéis profissionais) permite compartilhamento de conhecimento, de responsabilidades e de ações. Por que jornalistas não podem ajudar a planejar pesquisas, comunicação interna ou eventos e discutir campanhas?

Por que relações públicas não podem atender à imprensa, participar de reuniões de pautas, sugerir alternativas para um *press-kit*?

A atuação cooperativa exige que os profissionais estabeleçam lógica de desprendimento, partindo do reconhecimento das diferentes habilidades originais para o estabelecimento de formas dinâmicas de interação. O planejamento de rotinas de trabalho que pressuponham e estimulem a troca de experiência individual e compartilhamento de conhecimento não apenas vai permitir a viabilização da integração como a aprendizagem individual dos envolvidos.

O fundamentalismo corporativista (com recaídas momentâneas e localizadas) é cada vez mais sobrepujado pela exigência de competência em estabelecer comunicação eficiente, não importando a formação original dos envolvidos. Sintoma são profissionais bem-sucedidos que observam disputas por faixas de atuação com indisfarçável enfado. Seu silêncio retumbante revela que muito da disputa é artificial e que boa parte do mundo real está à frente das discussões. Vamos ou ficamos?

Notas

[1] O depoimento está na publicação RP em Revista, editada pelo curso de Relações Públicas do Centro Universitário Newton Paiva, em Belo Horizonte, nº 17, de maio 2003, que trata do tema comunicação integrada.

[2] Mafra Merys é autora do livro "A Comunicação como causa e conseqüência do sucesso". O trecho foi retirado de palestra sobre "As ferramentas da comunicação estratégica que fizeram a cidade de Paulo Afonso virar vitrine nacional", durante o Congresso de Comunicação no Serviço Público, realizado em São Paulo, em 2002.

[3] Robson Fontenelle é editor da RP em Revista.

Referências Bibliográficas

BRANDÃO, Elizabeth P., O desafio das relações públicas no Brasil. In: BARROS, Antonio; DUARTE, Jorge; MARTINEZ, Regina. Comunicação: discursos, práticas e tendências. São Paulo: Rideel; Brasilia: Uniceub, 2001.

BRANDÃO, Elizabeth P., MARTINEZ, Maria Cecília e COSTA, Francisco de Assis Silva. Perfil do Comunicador Social sob a ótica do empregador. ALAIC 2002. VI Congreso Latinoamericano de Ciencias de la Comunicación, Bolivia, Santa Cruz de la Sierra, 5-8 de junho de 2002. GT Comunicación Organizacional y Relaciones Públicas.

DUARTE, Jorge. Assessoria de imprensa no Brasil. In: DUARTE, Jorge (Org.) Assessoria de Imprensa e Relacionamento com a mídia. São Paulo: Atlas, 2003.

DUARTE, Márcia Yukiko M. & DUARTE, Jorge. Papel e atuação de jornalistas e relações públicas em uma organização, segundo jornalistas. ALAIC 2002. VI Congreso Latinoamericano de Ciencias de la Comunicación, Bolivia, Santa Cruz de la Sierra, 5-8 de junho de 2002. GT Comunicación Organizacional y Relaciones Públicas.

KUNSCH, Margarida K. Planejamento de relações públicas na comunicação integrada. Ed. rev. e at. São Paulo: Summus, 2003.

RABAÇA, Carlos A. & BARBOSA, Gustavo G. 2 ed. rev. e atualizada. Dicionário de Comunicação. Rio de Janeiro: Campus, 2001.

UNIR PARA CHEGAR LÁ

*Sonia Miranda**

Os núcleos iniciais de comunicação social, embriões das atuais assessorias de comunicação, começaram a se expandir a partir do regime militar instalado no País em 1964, tanto no setor público como no setor privado. Recebiam denominações variadas, o que revelava a falta de um perfil estruturado para as funções que deveriam exercer. Na verdade, eram muito mais núcleos de informação do que comunicação, com características bastante diferentes daquelas das atuais assessorias de comunicação social.

Sua presença se intensificou sob a égide do Ato Institucional nº 5, com o objetivo de controlar a informação oriunda dos centros de poder. Em tempos de Guerra Fria, o governo militar brasileiro não podia correr o risco de se descuidar em relação à máxima "informação é poder". Esses núcleos comportavam-se como porta-vozes de um projeto político-militar de base positivista e, como tal, autoritário, cujo discurso pretendia manter a *ordem social*, para que a sociedade pudesse alcançar *organicamente* o *progresso* preconizado no "milagre brasileiro". Por um processo psicológico de contaminação metonímica, os profissionais em assessorias de comunicação durante o período da ditadura militar passaram, então, a ser considerados, literalmente, como porta-vozes do regime instituído.

No setor público, as assessorias de comunicação desenvolviam um discurso de propaganda ufanista e valorização nacionalista, com extremo controle da informação a circular através dos veículos de comunicação de massa, o que levou à criação de revolucionárias produções alternativas, criadas por jornalistas descontentes com o modelo político vigente. No setor privado, as assessorias de comunicação centralizavam as estratégias e as ações lobistas desenvolvidas pelo *patriciado,* representado pelas grandes empresas, especialmente aquelas então denominadas multinacionais. O controle governamental era exercido por meio da censura oficial e, no âmbito privado, o *lobby* defendia interesses empresariais junto à mídia e ao governo.

* Jornalista e Mestra em Comunicação e Cultura pela ECO/UFRJ. Professora de Jornalismo do Departamento de Comunicação Social da PUC-RIO.

Geralmente sob a chefia de um profissional de relações públicas, as assessorias de comunicação contavam com jornalistas agregados, nem sempre oficialmente, por compartilhamento de ideário, ambições pessoais de poder, ou cooptação financeira. Paralelamente, as redações dos jornais impressos consistiam em verdadeiras trincheiras de oposição ao regime, o que fazia com que o relacionamento entre jornalistas e RPs fosse conflituoso, basicamente em decorrência das posições fortemente antagônicas: antagonismo que se revelava nos ideários políticos e nas ideologias; nos compromissos éticos, e nas práticas profissionais. Se jornalistas tinham ideais progressistas e democráticos, RPs atuavam com uma postura conservadora, baseada na filosofia de um sistema militarista de características positivistas. Era a luta pelo Estado de *direito,* contra o Estado do *dever* a que todo adepto da filosofia *comtiana* está submetido.

Tais procedimentos ocasionaram uma ruptura entre as duas áreas profissionais de Comunicação Social, gerando comportamentos que chegaram, muitas vezes, às raias da hostilidade pessoal por parte dos jornalistas mais radicais, que repudiavam o trabalho então exercido pelos profissionais de relações públicas em assessorias de comunicação. Tal atitude era totalmente desprovida de bom senso, já que esses jornalistas eram os mesmos que pugnavam por um sistema político em que a *liberdade de consciência* fosse um *direito.* Apesar disso, a intransigência é, atualmente, explicável, embora não endossada, já que podemos entender as trocas profissionais então obrigatórias entre os dois grupos como *fatos sociais totais,* que convergiam não apenas no *simbólico,* mas no *político* e no *econômico,* simultaneamente.

Entretanto, com a decretação da Anistia, em 1979, o cenário político brasileiro foi gradualmente se modificando, o que exigiu também modificações na atuação profissional de ambas as categorias. À medida que o País se democratizava de fato, e adotava outros modelos político e econômico, redirecionando o centro do poder, o mercado profissional começou a demandar que os relações públicas se afastassem das idéias e posturas positivistas anteriormente adquiridas. A partir daí, o relacionamento entre RPs e jornalistas começou a se abrandar.

As assessorias de comunicação social, já assim denominadas em sua maioria, também passaram a sofrer grandes mudanças em seu perfil, para se adequarem às exigências do mercado. Na trajetória, a necessidade de consolidar a assessoria de imprensa como um dos elementos do tripé formador da assessoria de comunicação levou, gradativamente, à incorporação de maior número de jornalistas ao setor. Diante das denúncias que pipocavam diariamente nos jornais e da necessidade de recompor a imagem democrática do governo, o espaço na mídia necessitava ser conquistado palmo a palmo, proativa e reativamente. Mas a convivência ainda era difícil, devido aos preconceitos profissionais anteriores, construídos por ambas as partes, e à falta de clareza patronal em relação ao exercício das diferentes funções.

A Federação Nacional dos Jornalistas – Fenaj – se viu, assim, obrigada a elaborar um manual de assessoria de imprensa, publicado em 1985, onde estão claramente explícitas as tarefas e as responsabilidades das duas categorias profissionais. Adaptando-se também à nova realidade do mercado, as faculdades formadoras de profissionais de relações públicas deixaram de lado a formação de base positivista, adotando, pouco a pouco, conteúdos menos conservadores, e incorporando a seus corpos docentes professores de mentalidade progressista, mais "afinados" com as exigências do mercado, o que veio a determinar novas características profissionais para as atuais gerações de RPs.

Por outro lado, o lento processo que culminou com a morte do presidente Tancredo Neves, também em 1985, deu destaque à figura do jornalista Antônio Brito, na verdadeira função de porta-voz. Sua presença constante na tela da TV, entretanto, foi determinada pela emissora onde trabalhava e não pela assessoria de comunicação da Presidência da República. O momento, porém, permitiu à sociedade brasileira visualizar com mais clareza o papel profissional do jornalista como intermediário entre o fato oficial e a notícia. Antônio Brito se elegeu deputado federal e as assessorias de comunicação da área política aprenderam uma grande lição: era necessário abrir mais espaço para jornalistas, que deveriam passar a conviver com os profissionais de relações públicas, com atuações em campos de ação diferenciados.

Com a abertura do mercado e a implantação do modelo neoliberal, a partir de 1992, aumentou significativamente o número de empresas estrangeiras no Brasil. Na bagagem institucional, trouxeram a valorização da assessoria de comunicação social como elemento organizador, unificador e implementador do discurso de sustentação do poder empresarial na sociedade, abrindo consideravelmente o mercado nesta área. Contudo, os modelos de organização e gestão comunicacionais apresentados por estas empresas não demonstraram eficácia plena ante a realidade do mercado brasileiro. A linha americana privilegiava os profissionais de *marketing;* a linha européia dava maior destaque aos profissionais de RP, ambas relegando o trabalho do jornalista ao segundo plano.

A avaliação contínua dos resultados do trabalho desenvolvido e o reconhecimento das especificidades culturais brasileiras no contexto da comunicação globalizada incorporaram adaptações que resultaram em um novo modelo, mais adequado à realidade nacional. Nesse novo modelo, jornalistas, relações-públicas, publicitários e profissionais de *marketing* trabalham integrada e sinergicamente, sem conflitos entre as diferentes áreas. Resguardamse, entretanto, as especialidades técnicas, como a produção de jornais e boletins, e peças publicitárias e de propaganda.

Tal atuação interdisciplinar potencializa os resultados finais, com benefícios para a empresa e seu público-alvo, que se aproximam por meio da informação. Ao tornar públicas sua ação e informações, a empresa conquista uma identidade social e enriquece o processo de democratização da sociedade, que a incorpora como um agente transformador, participante ativo das possibilidades do exercício de cidadania da população.

UM CASO

Petrobras 50 anos: caminhos percorridos através da comunicação

Ao completar 50 anos, a Petrobras é, sem dúvida, a grande empresa do coração dos brasileiros. Não há cidadão no país, por mais simples que ele seja, que não identifique o BR sobre o verde e amarelo tão nacionais. A Petrobras é também uma senhora intrometida. Quando menos se espera, ela está lá: no posto de gasolina da esquina, no gramado dos estádios de futebol, nas pistas de corrida de alta velocidade, nas areias do vôlei, nas telas do cinema ou nos intervalos da novela das oito. Mas isto não acontece por acaso. É o resultado de um trabalho sério de profissionais de Comunicação Social, que conduziu com competência o desenvolvimento da imagem empresarial junto à sociedade brasileira, e também no exterior. Um trabalho de equipe, em que a sinergia de ação potencializou a força do desempenho, para traduzir o espírito e o *corpus* da própria empresa: a energia do Brasil.

A história da comunicação da Petrobras reflete os caminhos percorridos pela comunicação empresarial no Brasil nas duas últimas décadas do século passado, quando o Brasil retomou seu caminho democrático e os rumos da História abriram novos destinos para o petróleo brasileiro. Com a anistia decretada em agosto de 1979, o Brasil vivia um período de transição política ainda cheio de incertezas, o que gerava comportamentos inesperados de vários grupos sociais. A mídia explodia em denúncias, liberando o que estava guardado no peito desde 1964 e havia sido calado pela censura oficial. Afora alguns exageros desnecessários, jornais e revistas consolidavam seu papel democrático na sociedade, apontando erros governamentais acumulados durante 15 anos. Mas o direito à transparência da informação oficial ainda estava longe, muito longe, de ser conquistado.

A Petrobras já era, então, a estatal nacional de grande porte que mais sensibilizava o brasileiro. Sua comunicação social era gerida e administrada pelo Serviço de Relações Públicas – Serpub. Em 1980, recém-chegado à frente do setor, estava Carlos Alberto Rabaça, relações-públicas oriundo da Assessoria Especial de Relações Públicas – Aerp – do governo federal, de quem era homem de confiança. Veio substituir o general Barros Nunes. A seu lado, como contraponto, estava o jornalista Gustavo Barbosa. Com uma história profissional peculiar, já tendo passado pela Shell e pela Editora Codecri, de *O Pasquim*, Gustavo era o braço direito de Rabaça. A dupla funciona afinadamente até hoje, como prova a qualidade do *Dicionário de Comunicação*, que produziu com tanto sucesso.

Os tempos eram, no mínimo, delicados para a função que ambos passaram a exercer na Petrobras. Foi com a difícil tarefa de enfrentar este momento que Rabaça assumiu o Serpub. O então presidente da Petrobras era Shigeaki Uéki, homem de ouro do coração do ex-presidente Ernesto Geisel, também um ex-presidente da empresa. A filosofia era tentar controlar a informação, sem propriamente censurá-la. Possível? Foi. As boas notícias estavam sempre à disposição dos jornalistas, mas era grande o esforço para evitar que as outras, exatamente aquelas que eles mais procuravam, vazassem. Quando isso acontecia, o empenho era grande para minimizar a repercussão. A luta dos repórteres setoristas para conseguir notícias mais detalhadas ou mesmo algum esclarecimento especial para questões controversas, que geralmente circulavam à boca pequena nas redações, era em vão. O precioso furo era praticamente impossível. Tudo igual para todos.

Com a consolidação do processo de abertura, Helio Beltrão assumiu a presidência da empresa, durante o período de 1985 a 1986. Trouxe, com ele, o advogado Guilherme Duque Estrada para a chefia da Comunicação Social, desde o início da abertura política comandada apenas por relações públicas. Iniciou-se, então, um processo gradual de mudanças, visando a uma estrutura mais progressista de comunicação com os diferentes públicos da empresa, especialmente os jornalistas. Considerado um liberal histórico, Beltrão foi o primeiro presidente a reconhecer a necessidade de se estabelecer uma comunicação integrada, gerando um processo em que profissionais de relações públicas – que até então vinham estabelecendo a diretriz da comunicação na Petrobras –, jornalistas, publicitários e profissionais de *marketing* deveriam atuar sinergicamente, potencializando suas atividades.

Foi, assim, criado o Serviço de Comunicação Social – Sercom – e logo o novo setor começou a fazer jus a sua denominação. Beltrão instituiu reuniões semanais com jornalistas, com quem mantinha uma conversa direta, aberta a perguntas de todos os profissionais. Com o tempo, entretanto, essas reuniões acabaram por se esvaziar, basicamente devido à falta de assunto, já que passaram a ser raras as novidades semanais que exigiam a presença direta do presidente da empresa para qualquer tipo de esclarecimento. Mas os encontros foram de extrema importância para restabelecer um relacionamento de confiança entre a Petrobras e os jornalistas. Já bem estruturado, o setor de imprensa, composto em sua maioria por jornalistas, estava apto a atender os profissionais da mídia sem grandes dificuldades para ambas as partes interessadas.

O Serpub passou, então, a desenvolver apenas atividades específicas de relações públicas, como relacionamentos com políticos, instituições ligadas à Petrobras e comunidades onde a empresa se instalava. Deputados, senadores e membros destacados do governo eram levados às plataformas e convidados a conhecer a estrutura organizacional mais profundamente; cursos e palestras eram ministrados em instituições que mantinham algum tipo de relacionamento com a empresa, e diferentes ações de cunho social eram desenvolvidas junto às comunidades que, de uma maneira ou de outra, passavam a ter a Petrobras como presença forte em seu universo social. Nesse sentido, o trabalho mais freqüente, sempre realizado com grande sucesso e acompanhado pela mídia, era preparar essas comunidades para conviver sem conflitos com as atividades a serem desenvolvidas, especialmente nas áreas onde plataformas ou dutos de grande extensão eram instalados.

A partir da presidência de Ozires Silva, que ocupou o cargo de 1986 a 1988, a mudança de enfoque avançou de maneira gradativa. Por meio de sucessivas modificações, a empresa deu continuidade ao projeto de integrar a comunicação tanto interna, como externamente. Os profissionais passaram a interagir progressivamente em diferentes áreas de atuação, levando em consideração a nova realidade do país que, na década de 1990, se abriu para o mercado externo, com grande destaque para o setor petrolífero nacional. Os ajustes foram sendo realizados gradualmente, com base em avaliações semestrais, que levavam em consideração a análise dos resultados no contexto dessa atuação integrada. Durante a gestão Rennó, de 1993 a 1996, entretanto, quando ocorreu a quebra do monopólio estatal da exploração do petróleo por emenda constitucional, em 1995, reavivou-se um certo resquício de ranço ideológico, com ares de autoritarismo, que se refletiu no desempenho comunicacional da Petrobras e, em decorrência, na sua imagem junto à sociedade.

As grandes modificações, entretanto, aconteceram como parte da reestruturação geral ocorrida na empresa, durante a gestão do presidente Henri Philippe Reichtul, que assumiu o cargo em 1999. O departamento recebeu o nome de Comunicação Institucional, reunindo em um único bloco todas as atividades da área de Comunicação Social. A própria mudança de nomenclatura permite, desde então, visualizar com mais clareza a atual estrutura do órgão. A equipe passou a ser um verdadeiro *mix* de profissionais de imprensa, publicidade, propaganda, relações públicas, *marketing* e patrocínio, que interage a partir de um planejamento básico de metas a serem alcançadas, desenvolvendo ações de comunicação externa (nos âmbitos nacional e exterior) e interna.

Não há mais uma gerência específica de Relações Públicas. Pela importância de seu trabalho, os RPs estão embutidos na Gerência de Atendimento, que cuida das operações do dia-a-dia, relacionadas com todos os públicos da empresa, ao lado de publicitários e profissionais de *marketing*. A Gerência de Imprensa abriga os jornalistas, responsáveis não apenas pelo relacionamento com a mídia, mas também pela geração de notícias e a confecção de publicações eletrônicas, via Internet, acessíveis a todos os públicos. Mas a interação é contínua, especialmente na administração de crises e na realização de eventos, quando o *mix* mobilizado é completo e a integração se potencializa, permitindo trocas ricas de experiências, que acabam por permitir aos profissionais dos diferentes setores a diversificação de seus conhecimentos. O resultado é uma visão interdisciplinar do fenômeno da comunicação empresarial, que hoje exige do profissional um olhar multidirecionado, para o qual o ecletismo é a ferramenta capacitadora.

No entanto, importante é destacar que integração não significa ingerência, mas complementação, como se observa com clareza nas audiências públicas de que a Petrobras participa. Enquanto a área de RP tem a seu cargo o levantamento de problemas e a estruturação das pautas junto aos representantes sociais responsáveis pela interpelação dos administradores, técnicos e especialistas, e sua condução durante as sessões, os jornalistas estão presentes para registrar os acontecimentos e transformar a informação em notícia para a mídia. Este é também um procedimento que se repete nos projetos relacionados ao meio ambiente, atualmente uma das grandes preocupações sociais da empresa. Os RPs implementam a ação e os jornalistas registram o processo, para, posteriormente, repassá-lo à mídia.

Por outro lado, as áreas com especificidades técnicas, como a propaganda e a confecção de jornais e boletins, ficam sob a responsabilidade dos especialistas: publicitários e jornalistas. Na área de imprensa, a Petrobras desenvolve um trabalho inovador: é a primeira empresa governamental a estabelecer uma articulação direta com o governo federal na área de Comunicação Social, dando suporte não apenas ao Palácio do Planalto, mas aos núcleos de comunicação de todos os ministérios e secretarias. Além de um grande banco de dados especializados, oferece um boletim diário, com notícias atualizadas e atemporais, *mídia training*, cursos sobre petróleo, perfis de jornalistas e palestras para assessorias de imprensa, implementando um fluxo contínuo de informação que permite aos integrantes do governo se manterem atualizados sobre a empresa e as questões do petróleo no Brasil e no mundo. Neste projeto, atuam apenas jornalistas, como também apenas jornalistas confeccionam boletins e jornais.

COMUNICANDO JUNTOS...

*Cleusa Maria Andrade Scroferneker**

A discussão não é recente, e provavelmente ainda não está esgotada. Isso porque os impasses conceituais de quem é quem em uma assessoria de comunicação ainda permanecem: Jornalistas ou Relações Públicas? Recentemente, em editorial no *site* do Conselho Federal de Relações Públicas – CONFERP (www.conferp.org.br/atualidades, 2003, p.2), Jorge Caixeta, secretário-geral do CONFERP, manifestando-se sobre matéria publicada na revista Press afirma: "Não me assusta o medo do jornalista em considerar que 'perdeu' a assessoria de imprensa. Assusta-me, isso sim, quando o jornalista não percebe que perdeu sua referência profissional". Talvez, resida aí um ponto importante de reflexão, ou seja, a perda de referência profissional de parte dos jornalistas.

Assistimos a uma alteração de 'nomenclatura': antes tínhamos a assessoria de Imprensa, com um campo de atuação claro e delimitado. O termo imprensa por si só já indicava o(a) profissional que deveria e poderia atuar nessa área. Contudo, as mudanças que se processaram (e que ainda continuam) no âmbito das organizações, bem como as limitações crescentes nos chamados setores tradicionais de atuação do Jornalismo, exigiram a criação de novos espaços profissionais. Assim, alguns elementos novos nos ambientes organizacionais passaram a demandar um (re)posicionamento sobre essa questão. Ao tratar da Comunicação Empresarial, Bueno (2003, p.8) chama a atenção para o fato de que há atualmente "(...) um conjunto de novos atributos que a tipificam como insumo estratégico", caminhando (...) para assumir, por inteiro, a perspectiva da chamada comunicação integrada, com articulação estreita entre os vários departamentos/áreas e profissionais que exercem atividades de comunicação nas empresas ou entidades".

Organizações e clientes mais exigentes, verbas reduzidas, comunicação como ferramenta estratégica fizeram com que as assessorias de imprensa –

* Doutora em Ciências da Comunicação pela Escola de Comunicação e Artes da Universidade de São Paulo – ECA/USP e Professora Titular da Faculdade de Comunicação Social da Pontifícia Universidade católica do Rio Grande do Sul – FAMECOS/PUCRS.

contratadas para facilitar a aproximação com os veículos de comunicação – começassem a rever os seus conceitos em relação à sua atuação restrita, para (re)pensar comunicação em toda a sua complexidade e abrangência. Só que nesse (re)pensar as assessorias de imprensa esqueceram (e/ou negligenciaram) que as relações públicas já atuavam como assessorias de comunicação há bastante tempo, na medida em que é seu objeto mediar os relacionamentos entre organizações e seus públicos, e a imprensa é uma categoria de público.

Talvez o maior impasse esteja na compreensão do que seja comunicação. Jornalismo, Relações Públicas e Publicidade e Propaganda têm como objeto a comunicação, entendida e concebida, contudo, a partir de olhares e perspectivas peculiares às especificidades de cada área. Esses diferentes olhares e perspectivas são necessários e fundamentais quando realmente pretende-se atuar profissionalmente (e academicamente) com (e em) comunicação. E é na Assessoria de Comunicação onde essa atuação se dá (ou deveria) por inteiro.

Para Lopes (1995, p. 9) a "assessoria de comunicação é um setor especializado que busca permanentemente o aprimoramento dos fluxos de comunicação no interior das organizações e perante a opinião pública (...) coordena todo o trabalho de comunicação, definindo estratégias que reúnem os setores de Jornalismo (Assessoria de Imprensa), Relações Públicas e Publicidade e Propaganda, que nos dias de hoje são cada vez mais integrados", ou pelo menos deveriam ser.

Atuar integradamente não é tarefa fácil, porque pressupõe trabalho de equipe, implica o compartilhamento de conhecimentos e a aceitação de que é preciso pensar em comunicação sob uma perspectiva integrada, e não mais fragmentada. E a Assessoria de Imprensa é uma parte desse todo que chamamos de Assessoria de Comunicação.

Assessoria de Imprensa não é Assessoria de Comunicação. Quando falamos em Assessoria de Comunicação estamos contemplando e admitindo a atuação das diferentes áreas da comunicação. Cabe a uma assessoria de imprensa – e a própria denominação é clara – facilitar o relacionamento dos seus clientes com os veículos de comunicação. Assim como é da competência da atividade de relações públicas atuar na mediação entre as organizações e seus públicos.

O Parlamento Nacional de Relações Públicas[1] (www.conferp.org.br/pg_parlamento, 2003, p.7) destaca no item identificado como Participação em Assessoria de Comunicação Social para o fato de que "pertence à natureza da profissão o desenvolvimento de atividades de Relações com a Imprensa". O texto do Parlamento, por sua vez, subsidiou a elaboração da Resolução Normativa nº 43/02, de 24 de agosto de 2003, que definiu as funções e atividades privativas dos profissionais de Relações Públicas.[2]

De acordo com a Resolução as Relações Públicas caracterizam-se pela aplicação de conceitos e técnicas de comunicação estratégica, comunicação dirigida e comunicação integrada.

Em relação às funções privativas da área cabe destacar a que se refere à elaboração de planejamento para o relacionamento com a imprensa. Nesse item são detalhadas as atribuições inerentes a essa função, ou seja,

"definir estratégia de abordagem e aproximação;"

"estabelecer programas completos de relacionamento;"

"manter contato permanente e dar atendimento aos chamados e demandas;"

"elaborar e distribuir informações sobre a organização, que digam respeito às suas ações, produtos, serviços, fatos e acontecimentos ligados direta ou indiretamente a ela, na forma de sugestões de pauta, press releases e press kits, organizar e dirigir entrevistas e coletivas;"

"criar e produzir manuais de atendimento e relacionamento com a imprensa;"

"treinar dirigentes e executivos para o atendimento à imprensa, dentro de padrões de relacionamento, confiança e credibilidade."

Uma leitura atenta dessas atribuições permite constatar que não há sobreposição e/ou usurpação desleal da área de atuação das relações públicas em relação ao jornalismo. É possível, sim, identificar a nítida intenção em facilitar a atuação desses profissionais, colocando em prática a consecução do seu objeto, isto é, a promoção e administração de relacionamentos entre a organização e seus públicos.

É preciso enfatizar que a Resolução 43/02 sistematizou atribuições que desde a regulamentação profissional em 1967, e mesmo anteriormente, já eram realizadas por profissionais de relações públicas. O Manual Nacional de Assessoria de Imprensa (1994, p.12) em sua 2ª edição procurou estabelecer a distinção da atuação das áreas, quando define para a Assessoria de Imprensa "o serviço de administração das informações jornalísticas e do seu fluxo para os veículos de comunicação e vice-versa". Esse mesmo manual apresenta um item sobre delimitação das áreas onde estão descritas sucintamente as principais diretrizes, funções e atribuições das relações públicas, da publicidade, propaganda e mercadologia, com o intuito de facilitar o entendimento das suas respectivas áreas de atuação. Para Rodrigues (1992, p. 45), na definição de Assessoria de Imprensa, existia "um caráter corporativista inerente à maioria das entidades sindicais", ao mesmo tempo em que ao delimitar as áreas de competência de profissionais de relações públicas e de publicidade deixava claro os nichos específicos que deveriam ser ocupados por essas áreas no composto comunicacional das instituições.

No Manual dos Jornalistas em Assessoria (agora, não mais de Imprensa) e sim de Comunicação (1999, p. 7), quando se refere à delimitação de áreas, destaca apenas que "um assessor competente facilita a relação entre o seu cliente – empresa, pessoa física, entidades e instituições – e os veículos de comunicação". Destaca igualmente, que "cabe a esse profissional orientar sobre o que pode vir a ser notícia, o que interessa aos veículos, o que não vai interessar e o que deve, ou não, ser divulgado". Acrescenta "que o assessor deve mostrar ao entrevistado como funcionam os veículos de comunicação", devendo "estar atento às oportunidades e sugerindo alternativas compatíveis com as necessidades dos clientes", bem como "manter um bom relacionamento com os jornalistas em atividade nos veículos de comunicação, visando ampliar a abertura de espaço na mídia espontânea".

Desde logo chama a atenção o fato de não mais haver preocupação em estabelecer 'fronteiras' entre as áreas ou mesmo 'nichos de atuação' ao mesmo tempo em que se evidencia uma ampliação de atribuições desse assessor que tanto pode ser de imprensa, como de comunicação. A própria publicação alerta ser uma 3ª edição revista e ampliada e não mais revista e atualizada, como a anterior.

Para Torquato (2002, p. 5) "as empresas passaram a contratar profissionais pelo critério de qualidade". O que significa dizer não importa em qual área de comunicação o(a) profissional está habilitado, importa a sua competência. Cabe, contudo, uma ressalva: se nos detivermos em analisar os currículos das Faculdades de Comunicação, perceberemos que, atualmente, a habilitação em Relações Públicas é a que permite a formação mais completa no que tange à perspectiva mais abrangente da comunicação, na medida em que são desenvolvidos e aprofundados conhecimentos de comunicação dirigida, comunicação organizacional, assessoria de comunicação, planejamento de relações públicas, além das técnicas de relações públicas e administração de crises, conhecimentos esses não encontrados na formação de um jornalista e indispensáveis quando se pensa em Assessoria de Comunicação.

É provável que os impasses conceituais já mencionados e os temores e rancores manifestados pelas duas áreas em relação a quem é quem nas Assessorias de Comunicação pudessem ser minimizados se houvesse o entendimento claro sobre as competências de cada área e da necessidade de atuação integrada e compartilhada. E ainda, que somos profissionais de comunicação e que precisamos aprender a comunicar juntos...

Notas

[1] O Parlamento Nacional de Relações Públicas "consistiu no debate realizado por todos os Conselhos Regionais existentes no país, sob a coordenação do Conselho Federal". Teve início no ano de 1992, sendo concluído em dezembro de 1997.

[2] Para maiores esclarecimentos acessar *site* do Conselho Federal de Relações Públicas – www.conferp.org.br

Referências Bibliográficas:

BUENO, Wison Costa. Comunicação Empresarial: teoria e pesquisa. Barueri: SP: Manole, 200.

FEDERAÇÃO NACIONAL DOS JORNALISTAS. Manual dos Jornalistas em Assessoria de Comunicação. 3 ed. revista e ampliada. Brasília: FENAJ, 1999.

______________________Manual Nacional de Assessoria de Imprensa. 2 ed. revista e atualizada. FENAJ: Rio de Janeiro: Edição da CONJAI – Comissão Nacional de Jornalistas em Assessoria de Imprensa da FENAJ, 1994.

LOPES, Boanerges. O QUE É Assessoria de Imprensa. São Paulo: Brasiliense, 1995 (Coleção primeiros passos; 287)

KUNSCH, Margarida Maria Krohling. Planejamento de relações públicas na comunicação integrada. 4ª ed. revista, atualizada e ampliada. São Paulo: Summus, 2003 (Novas buscas em comunicação; v. 69).

RODRIGUES, Ricardo. Jornalismo e Ética na Assessoria de Comunicação. In: SYMPOSIUM, vol. 34, nº 1, jan./junho/1992.

TORQUATO, Gaudêncio. Tratado de Comunicação Organizacional e Política. São Paulo: Pioneira Thomson Learning, 2002.

Sites consultados:

Conselho Federal de Relações Públicas. Disponível em http//: www.conferp.org.br. Acesso em 20 de outubro de 2003

Conselho Federal de Relações Públicas. Disponível em http//: www.conferp.org.br/pg_parlamento. Acesso em 28 de novembro de 2003.

INFORMAÇÃO: O PONTO INICIAL PARA AS ATIVIDADES DE RELAÇÕES PÚBLICAS E JORNALISMO

*Cláudia Peixoto de Moura**

O texto resgata pesquisas anteriores realizadas e aborda a questão da informação, que é básica para o desenvolvimento das atividades nas áreas de Relações Públicas e Jornalismo. São três etapas de uma investigação focada em Relações Públicas, sendo o segundo estudo dirigido à convergência com Jornalismo, assunto explorado nesta publicação. Aspectos convergentes são identificados também no que se refere às necessidades de informação para o adequado exercício profissional.

Pesquisas anteriores

A legislação da área de Relações Públicas já foi analisada através de uma pesquisa, a qual verificou o posicionamento dos profissionais, professores e estudantes de Relações Públicas sobre este assunto, por ocasião do X Congresso Nacional Universitário de Relações Públicas, e do IX Encontro Nacional de Professores de Relações Públicas, ambos promovidos pela Associação Brasileira de Relações Públicas – Seção Minas Gerais, com apoio do Conselho Regional de Relações Públicas – 3ª Região, ocorridos em Belo Horizonte, em novembro de 1995. A pesquisa mencionada foi a primeira etapa de um estudo sobre a área.[1]

A segunda etapa caracterizou-se pela análise da legislação de Relações Públicas frente à de Jornalismo, com o objetivo de verificar os aspectos convergentes das duas áreas.[2] Esta foi uma posição diferenciada, uma vez que o estudo teve a preocupação de buscar a convergência, isto é, a similaridade entre distintas áreas.[3]

O trabalho apresentou como objeto de estudo a legislação de Relações Públicas quanto ao campo de atuação e atividades profissionais, e a de Jornalismo no que tange ao exercício de suas atividades, possibilitando alguns esclarecimentos a respeito dos aspectos convergentes e divergentes entre ambas.

* Mestre em Sociologia na área da Sociedade Industrial (1991), pela Pontifícia Universidade Católica do Rio Grande do Sul – PUCRS; e Doutora em Ciências da Comunicação na área de Relações Públicas, Propaganda e Turismo (2000), pela Escola de Comunicações e Artes, da Universidade de São Paulo – ECA/USP.

Os documentos utilizados foram: Lei nº 5.377 (11 de dezembro de 1967) e Decreto nº 63.283 (26 de setembro de 1968), ambos referentes à área de Relações Públicas; Decreto-Lei nº 972 (17 de outubro de 1969), relativo ao Jornalismo.[4]

Como Relações Públicas e Jornalismo estão alicerçados na Comunicação Social, a ótica convergente é a mais adequada, embora as entidades de classe estejam em desacordo quanto às atividades específicas alheias. Em 1997, isso pôde ser constatado no Manual Nacional de Assessoria de Imprensa, da Fenaj,[5] adotado como fonte sobre as questões do jornalista. Para os aspectos de Relações Públicas, a fonte utilizada foi um material informativo denominado "Relações Públicas – Esclarecimentos, aspectos jurídicos e suas atividades específicas",[6] motivando uma manifestação por parte de jornalistas que alegaram uma invasão no seu exercício profissional devido às funções atribuídas aos relações-públicas. Pode-se verificar que havia uma sobreposição de algumas funções de Relações Públicas e de ações de Jornalismo, apresentadas em ambos documentos.

Porém, foi a legislação indicada anteriormente que possibilitou uma comparação entre as atividades propriamente ditas de cada área. O estabelecimento de relações entre as áreas profissionais foi baseado em um cruzamento dos itens das respectivas leis,[7] sendo possível encontrar mais aspectos convergentes do que divergentes no que tange às ações profissionais.

Evidentemente, o trabalho profissional de Jornalismo deve ser executado pelo jornalista. Porém, é fundamental que as técnicas de Jornalismo sejam utilizadas no desenvolvimento das ações de Relações Públicas, garantindo assim o êxito do trabalho junto às instituições. Considerando as atividades específicas da legislação, Jornalismo pode ser definido da seguinte forma:

- informações, notícias, matérias, escritas ou faladas, contendo ou não comentários, com correção redacional e adequação da linguagem, contando com serviços técnicos como arquivos, pesquisas de dados, distribuição gráfica de textos, fotografias, ilustrações, desenhos, sendo elaboradas para quaisquer veículos de comunicação, com fins de divulgação.

E, Relações Públicas pode ser definida como:

- informações entre entidade e o público, inclusive sobre os objetivos da organização, mediante campanhas de opinião pública, com a utilização dos meios de comunicação, contando com pesquisas de opinião pública para a orientação de dirigentes na formulação de suas políticas, na solução de problemas que influam na opinião pública, promovendo maior integração na comunidade, para fins institucionais.

As duas áreas profissionais estão interligadas e apresentam aspectos convergentes. O ponto de partida de ambas áreas é a informação que, devido aos objetivos específicos de Jornalismo e Relações Públicas, recebem um tratamento diferenciado. A informação é trabalhada mediante o uso de técnicas adequadas, visando à sua divulgação nos veículos de comunicação, no caso de Jornalismo. Já para Relações Públicas, a informação é trabalhada tendo como meta a opinião dos diversos públicos, visando à integração da instituição. Então, Jornalismo está a serviço da divulgação e Relações Públicas está a serviço da instituição.[8]

As informações atingem os públicos através dos meios de comunicação, garantindo a divulgação das instituições. E o elo de ligação entre os públicos e a instituição é a informação, divulgada nos meios de comunicação. A convergência no que tange às atividades específicas explícitas na legislação de Jornalismo e de Relações Públicas é aparente, necessária e indicativa do suporte comum das áreas profissionais.

A terceira etapa do estudo abordou a legislação de Relações Públicas quanto ao campo de atuação e atividades profissionais comparadas ao novo projeto de lei elaborado para a área.[9] Este confronto teve como finalidade estabelecer relações entre as atribuições profissionais regidas pela Lei nº 5.377, em seu Art. 2º, e pelo Decreto 63.283, em seu Art. 4º, e o projeto de lei proposto como resultado do Parlamento Nacional de Relações Públicas. Com referência ao documento, verificou-se que a palavra "informação" dá lugar ao termo "processo de relacionamentos", que busca a interação entre a entidade e públicos. Na verdade, a informação continua sendo o elo de ligação entre os públicos e a instituição, embora no novo projeto de lei a ênfase recaia na administração do processo de relacionamentos.

Relações Públicas possui uma legislação que não define claramente as atribuições da área, sendo genérica na sua exposição. Esta generalidade permite uma série de interpretações, devido ao seu caráter subjetivo. Por isso, a categoria dos profissionais de Relações Públicas passou a discutir os aspectos relevantes da profissão com o intuito de garantir uma identidade que seja reconhecida em nível de Brasil.[10]

Pode-se afirmar que o processo de Relações Públicas está calcado na informação, que é trabalhada tendo como meta a opinião favorável dos diversos públicos envolvidos com as instituições. Tem como finalidade integrar a instituição, porque está ao seu serviço. As informações atingem os públicos através de diversos meios de comunicação, garantindo a divulgação das instituições. Então, o elo de ligação entre os públicos e as instituições é a informação, trabalhada de forma adequada.

As funções de diagnosticar e prognosticar os relacionamentos entre entidades e públicos, pesquisar e projetar cenários institucionais, assim como avaliar resultados de programas são atribuições que podem ser identificadas como pertencentes à área de Relações Públicas.[11] A informação é a matéria-prima que dá suporte ao processo de relacionamentos, buscando a interação entre instituições e públicos.

A questão da Informação

A Ciência da Informação tem como objeto "a análise dos processos de construção, comunicação e uso da informação"; além da "concepção dos produtos e sistemas que permitem sua construção, comunicação, armazenamento e uso".[12] Esclarecendo os termos, enquanto fenômenos, a construção está vinculada à produção de bens informacionais, mediante seu registro impresso ou digital. A palavra comunicação é adotada para a distribuição da informação. E o uso está atrelado ao consumo da informação. Assim, "utilizar um produto de informação é empregar tal objeto para obter, igualmente, um efeito que satisfaça uma necessidade de informação"[13] às atividades dos usuários.

Para Relações Públicas e Jornalismo, a busca da informação tem como propósito atingir um objetivo, que está condicionado à existência de uma "necessidade derivada de necessidades materiais exigidas para a realização de atividades humanas, profissionais e pessoais...", tipificada como "necessidade de informação em função da ação".[14] Com isso, "a informação permanece sendo o meio de desencadear uma ação com objetivo: é a condição necessária à eficácia dessa ação".[15] É possível representar o processo com a figura abaixo:

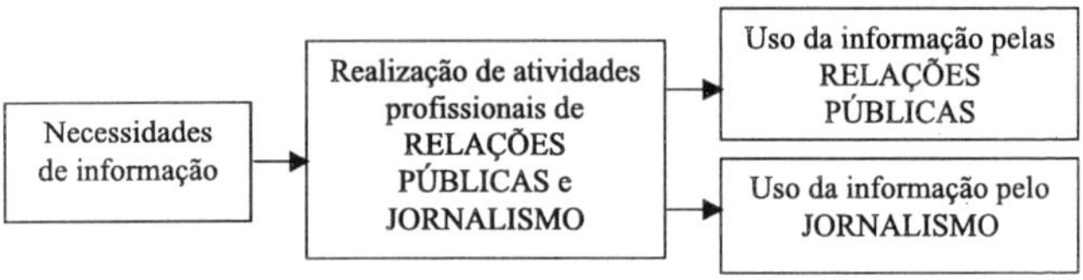

Figura 1: Necessidades de informação para Relações Públicas e Jornalismo[16]

Se os profissionais sabem quais são suas necessidades e identificam os mecanismos para a obtenção de informações específicas, seu desempenho na realização das atividades estará adequado. Considerando as necessidades de informação, as seguintes perguntas devem ser respondidas: "Quem necessita de informação? Que tipo de informação? Para qual grupo de pessoas? Por que precisam dela? Quem decide quanto a essa necessidade? Quem seleciona? Que uso é dado ao que é fornecido? Que conseqüências resultam desse uso para o indivíduo, o grupo, a instituição e a sociedade em seu conjunto?".[17]

Relações-públicas e jornalistas necessitam da informação para gerarem uma ação, que ocorre com a realização de suas atividades profissionais. Estas, por sua vez, estão amparadas na legislação e possuem aspectos convergentes, conforme as pesquisas anteriores mencionadas. As ações têm "em seus fazeres a característica comum de processarem informações".[18] O uso da informação orienta o tratamento que será dispensado a uma mensagem. A diferença entre as áreas está na finalidade adotada no processamento da mensagem, ou seja, informar para uma ação favorável posterior à difusão de interesse institucional, ou informar para uma difusão de interesse público. Assim, o uso da informação pode ser representado da seguinte maneira:

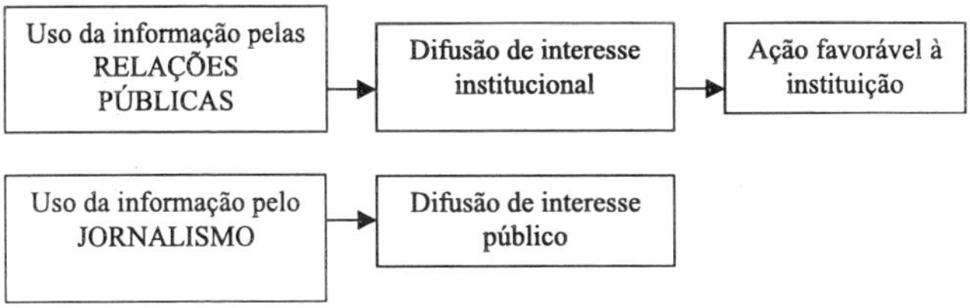

Figura 2: Usos da informação nas áreas

Conforme a rede teórica proposta por Simões[19] para as Relações Públicas, a informação é a matéria-prima que organiza o processo na medida em que reduz incertezas respondendo às questões inerentes aos interesses institucionais. O resultado do uso adequado da informação é uma ação que favoreça o conceito público da instituição. Melo[20] reconhece o forte vínculo existente entre Jornalismo, Relações Públicas e Propaganda por serem atividades da comunicação coletiva, ocupando espaços comuns na mídia, embora se distingam como atividades informativas divergentes.

Para Le Coadic, a informação "permeia o espaço das profissões. Trata-se de recurso vital do qual ainda não se mediu suficientemente a extensão dos usos e não-usos...".[21] Robredo faz referência a Le Coadic em alguns aspectos, e afirma que "a informação é (ou deve ser) de todos, para o bem de todos".[22] Isto significa que os fazeres de Relações Públicas e de Jornalismo estão alicerçados na informação utilizada com os propósitos próprios de cada profissão. Cabe aos profissionais a adoção de princípios éticos e estéticos[23] para o exercício de suas atividades.

Notas

[1] Trabalho apresentado com o título "Relações Públicas: a legislação em foco", no GT Relações Públicas, no XIX Congresso Brasileiro de Ciências da Comunicação, da Sociedade Brasileira de Estudos Interdisciplinares da Comunicação – Intercom. Londrina/Paraná, setembro de 1996.

[2] Trabalho apresentado com o título "Relações Públicas X Jornalismo: aspectos convergentes", no GT Relações Públicas, no XX Congresso Brasileiro de Ciências da Comunicação, da Sociedade Brasileira de Estudos Interdisciplinares da Comunicação – Intercom. Santos/São Paulo, setembro de 1997. Este texto foi publicado na Revista Comunicações & Artes. São Paulo, 20(31):21-29, maio-ago. 1997.

[3] Na época, como Conselheira do Conrerp – 4ª Região, resolvi analisar a legislação de ambas áreas e verificar se havia realmente uma sobreposição de atividades.

[4] As atividades da profissão são novamente apresentadas no Decreto nº 83.284, de 13 de março de 1979, que dá nova regulamentação ao Decreto-Lei nº 972.

[5] Federação Nacional dos Jornalistas – Fenaj. "Manual Nacional de Assessoria de Imprensa". 2ª edição revista e atualizada. Rio de Janeiro: Edição da Conjai – Comissão Nacional dos Jornalistas em Assessoria de Imprensa da Fenaj, 1994.

[6] O Conselho Regional de Profissionais de Relações Públicas – 4ª Região – gestão Linguagem Única (1995/1997) elaborou e distribuiu, para os registrados do Rio Grande do Sul e Santa Catarina, o referido material.

[7] O cruzamento pode ser observado em um quadro demonstrativo inserido no trabalho "Relações Públicas X Jornalismo: aspectos convergentes", que posteriormente foi publicado.

[8] No texto original, estas afirmações foram ilustradas com a figura de triângulos, que podem ser encontrados na referida publicação.

[9] Trabalho apresentado com o título "A Legislação Existente e o Novo Projeto de Lei para Relações Públicas", no GT Relações Públicas, no XXII Congresso Brasileiro de Ciências da Comunicação, da Sociedade Brasileira de Estudos Interdisciplinares da Comunicação – Intercom. Rio de Janeiro, setembro de 1999. Este texto foi publicado na obra Tendências na Comunicação: 4. Porto Alegre: L&PM, 2001.

[10] O Conselho Federal de Profissionais de Relações Públicas – Conferp definiu as funções e atividades privativas dos profissionais de Relações Públicas mediante a Resolução Normativa N.º 43, de 24 de agosto de 2002, em consonância com as especificadas no art. 2.º da Lei 5.377 e no art. 4.º do seu Regulamento.

[11] Funções indicadas na referida Resolução.

[12] Le Coadic, Yves-François. "A ciência da informação". Trad. Maria Yêda F. S. de Filgueiras Gomes. Brasília/DF: Briquet de Lemos/Livros,1996, p. 26.

[13] *Idem*, p. 39.

[14] *Idem*, p. 41.

[15] *Idem*, p. 42.

[16] Figura adaptada da obra citada, p. 40.

[17] *Op. cit.*, pp. 42-43.

[18] Chaparro, Manuel Carlos. "Pragmática do jornalismo: buscas práticas para uma teoria da ação jornalística". São Paulo: Summus, 1994 (Novas buscas em comunicação; v. 44), p. 21.

[19] Simões, Roberto Porto. "Relações Públicas e micropolítica". São Paulo: Summus, 2001 (Novas buscas em comunicação; v. 64).

[20] Melo, José Marques de. "A opinião no jornalismo brasileiro". 2.ed.rev. Petrópolis: Vozes, 1994. A obra aborda aspectos relacionados às referidas áreas profissionais, tendo como base o tópico intitulado 'Ciências da Informação', do livro "Comunicação Social: teoria e pesquisa". Petrópolis: Vozes, 1970.

[21] Le Coadic, *op. cit.*, p. 109.

[22] Robredo, Jaime. "Da ciência da informação revisitada: aos sistemas humanos de informação". Brasília: Thesaurus; SSRR Informações, 2003, p. 161.

[23] Estes aspectos estão contemplados nas obras de Simões e Chaparro.

Referências Bibliográficas

CHAPARRO, Manuel Carlos. "Pragmática do jornalismo: buscas práticas para uma teoria da ação jornalística". São Paulo: Summus, 1994 (Novas buscas em comunicação; v. 44).

LE COADIC, Yves-François. "A ciência da informação". Trad. Maria Yêda F. S. de Filgueiras Gomes. Brasília/DF: Briquet de Lemos/Livros,1996, p. 26.

MELO, José Marques de. "A opinião no jornalismo brasileiro". 2ª ed. rev. Petrópolis: Vozes, 1994.

MOURA, Cláudia Peixoto de. "Relações Públicas: a legislação em foco". Artigo apresentado no GT Relações Públicas, no XIX Congresso Brasileiro de Ciências da Comunicação, da Sociedade Brasileira de Estudos Interdisciplinares da Comunicação – Intercom. Londrina/Paraná, setembro de 1996.

MOURA, Cláudia Peixoto de. "Relações Públicas X Jornalismo: aspectos convergentes". Artigo apresentado no GT Relações Públicas, no XX Congresso Brasileiro de Ciências da Comunicação, da Sociedade Brasileira de Estudos Interdisciplinares da Comunicação – Intercom. Santos/São Paulo, setembro de 1997.

MOURA, Cláudia Peixoto de. "A Legislação Existente e o Novo Projeto de Lei para Relações Públicas". Artigo apresentado no GT Relações Públicas, no XXII Congresso Brasileiro de Ciências da Comunicação, da Sociedade Brasileira de Estudos Interdisciplinares da Comunicação – Intercom. Rio de Janeiro, setembro de 1999.

ROBREDO, Jaime. "Da ciência da informação revisitada: aos sistemas humanos de informação". Brasília: Thesaurus; SSRR Informações, 2003

SIMÕES, Roberto Porto. "Relações Públicas e micropolítica". São Paulo: Summus, 2001 (Novas buscas em comunicação; v. 64)

COMANDO DAS ORGANIZAÇÕES NÃO OLHA A COR DA CAMISA

*Eduardo Ribeiro**

A invasão do mercado da Comunicação Empresarial no início dos anos 80 pelos jornalistas causou, no ambiente profissional do segmento de relações públicas, um profundo desconforto, fosse pela real ameaça que isso significou em termos de ocupação de vagas, ou pelos novos conceitos que acabou introduzindo numa área que pouco ou nada tinha de visão editorial e jornalística. Não tardou para que a reação viesse e com ela se instalasse no mercado um clima de belicosidade, gerando perseguições de parte a parte, cada qual querendo defender visões, conceitos e, mais do que tudo, fronteiras profissionais. Do lado dos relações-públicas, com a arma institucional do sistema Conferp/Conrerps, começaram a ser aplicadas as multas por exercício irregular da profissão em organizações que se habilitavam a fazer relações públicas, sem ter em seus quadros algum profissional diplomado. Do lado dos jornalistas, que não tinham ao seu lado uma legislação com o mesmo poder de fogo, se apelou para a persuasão, e com isso muitas empresas que não tinham jornalistas fazendo assessoria de imprensa e publicações empresariais acabaram contratando profissionais diplomados para essas funções.

A briga parecia não ter fim e ganhou espaço nos mais variados fóruns das duas categorias, até que, em determinado momento, surge no cenário Vera Giangrande, então presidindo o Conferp – o Conselho Federal de Profissionais de Relações Públicas, e aceita promover uma trégua e negociar aspectos dessa atividade com os jornalistas, iniciando diálogo respectivamente com a Federação Nacional dos Jornalistas – Fenaj, então presidida por Audálio Dantas, Sindicato dos Jornalistas Profissionais no Estado de São Paulo, por Gabriel Romeiro, e a Comissão Permanente e Aberta dos Jornalistas em Assessoria de Imprensa, do Sindicato, que eu próprio coordenava.

* Jornalista formado pela Fundação Armando Álvares Penteado. Diretor da Associação Brasileira das Agências de Comunicação – Abracom, entidade que ajudou a fundar, em 2002 e da Mega Brasil, colunista há 12 anos, do jornal *Unidade*, do Sindicato dos Jornalistas Profissionais no Estado de São Paulo, e, há dois anos, do *site* Comunique-se.

Vera, como hoje a reconhecemos, estava literalmente à frente de seu tempo, olhando o todo e a importância que tinha para a comunicação empresarial a união das duas categorias profissionais, cada qual contribuindo com suas técnicas, com seus discursos, com suas ferramentas para a consolidação de um trabalho que estava apenas começando no País.

Numa reunião histórica, Vera fechou um acordo pelo qual os relações públicas aceitavam a companhia dos jornalistas no ambiente da comunicação empresarial como legítimos titulares das assessorias de imprensa e das publicações empresariais, a despeito dos aspectos legais que, à época, eram favoráveis integralmente aos RPs.

O acordo, à época, foi muito comemorado entre os jornalistas, por ter posto fim a uma guerra profissional que parecia interminável. Mas entre os relações-públicas houve muitas críticas e questionamentos à liderança de Vera, que, sábia como era, vislumbrou certamente dois aspectos na parceria: o universo da comunicação teria muito mais a ganhar do que a perder com a presença comum desses dois profissionais; e aquela era uma guerra praticamente perdida para os RPs, tal o predomínio já então existente no mercado de jornalistas – Vera sabia que estava entregando os anéis para não perder os dedos.

Esse acordo culminou com a edição de um Manual de Assessoria de Imprensa, formulado por jornalistas de todo o País com a bênção do Conferp, que aceitou seus termos e uma nova divisão das fronteiras profissionais, na qual os jornalistas eram aceitos e bem-vindos. O projeto foi lançado com pompa e circunstância no auditório do Congresso Nacional, em Brasília, no ano de 1986, em cerimônia que contou com a presença da própria Vera Giangrande.

Muita coisa mudou de lá para cá, menos a certeza de que há espaço no mundo empresarial e das organizações de um modo geral para a multidisciplinaridade profissional quando o assunto é comunicação, qualquer que seja a vertente.

A trégua e o convívio amistoso, apesar do empenho da Vera Giangrande, sempre foram relativamente ciclotímicos, com mudanças de hábito, dependendo da temperatura do mercado e do espírito das lideranças de cada categoria. Assim é até hoje, quando, em pleno século XXI, continuamos a ver uns brigando contra os outros, aplicando multas, ofendendo-se, criticando invasões de espaços etc.

É inegável que nessas quase duas décadas o avanço da ferramenta assessoria de imprensa foi imenso, provocando o deslocamento de um considerável número de jornalistas para a área empresarial e corporativa, o que não aconteceu com a mesma intensidade entre os relações-públicas, por força de uma série de circunstâncias que deixo para os especialistas analisarem. Uma delas, no entanto, arrisco comentar: a opção pela estratégia da repressão e punição aos não-habilitados pelos Conselhos Regionais de Relações Públicas, a despeito do acordo celebrado em 1986, atitude que teve um efeito contrário, colaborando para de certo modo inibir a atividade. Empresas que foram autuadas por ostentar o título de relações públicas em seu departamento, sem ter profissional habilitado, por exemplo, optaram por fechar ou trocar o nome do tal departamento em vez de contratar os profissionais, escolhendo um caminho que de certo modo era absolutamente legal e que desnorteou as lideranças de RP de então.

A acachapante maioria de jornalistas no mundo empresarial provocou, de outro lado, um fenômeno até certo ponto complicado, por valorizar e entronizar como grande ação de comunicação a assessoria de imprensa, como se ela fosse o bálsamo para todos os males empresariais. À febre da assessoria se contrapôs um gigantesco encolhimento das demais ferramentas da comunicação, deixando o relacionamento com os vários públicos capenga e desguarnecido.

O modelo tradicional de relações públicas, surgido entre os anos 60 e 70, inspirado no modelo americano, virou de pernas para o ar, dando lugar à comunicação de uma ferramenta só.

Com o tempo, no entanto, os próprios profissionais jornalistas que migraram para essa atividade, muitos deles montando suas próprias agências, perceberam que fazer comunicação utilizando-se exclusivamente de uma única ferramenta era um erro estratégico. Seja porque essa é uma das atividades mais competitivas e menos remuneradora de todas, seja porque o modelo poderia se esgotar de uma hora para outra (o que começa a acontecer de forma visível), ou seja ainda porque ao ampliar o leque de serviços essas mesmas empresas poderiam agregar não só conhecimentos como receitas mais lucrativas para seus borderôs.

Não existe um marco tangível dessa virada, mas a globalização e a vinda das multinacionais de relações públicas para o País, no final dos anos 90, foram de certo modo responsáveis por essa total reviravolta. Com isso, houve o que poderíamos chamar de um renascimento das relações públicas no Brasil, particularmente no âmbito das empresas e das estratégias empresariais e, sobretudo, das agências independentes. Nesse rastro, por incrível que pareça e na contramão do que se poderia imaginar, recrudesceram os velhos problemas corporativos, de fronteiras profissionais entre jornalistas e relações públicas, sobretudo porque boa parte das agências de comunicação, que passaram a se arvorar o direito de fazer relações públicas, tinha e tem no comando profissionais formados em jornalismo e não em relações públicas.

Ou seja, em pleno ano da graça de 2003, regredimos pelo menos 20 anos, num mau exemplo para o mercado e num ambiente de conflagração que certamente faria corar de vergonha a saudosa Vera Giangrande, se viva fosse.

O saber não tem fronteiras, como se sabe, e não será com belicosidade que o mercado se disciplinará. Os jornalistas foram fundamentais no processo de transformação da comunicação empresarial no Brasil, pois contribuíram para dotá-la de maior e melhor conteúdo, de transparência, de uma nova ética e de visão crítica. Mas não são nem melhores nem piores que os relações-públicas, os quais são insubstituíveis na faina de planejar e estruturar a comunicação de uma organização a partir de uma visão macro e múltipla, e numa via de duas mãos, contemplando os vários públicos com os quais as organizações precisam se relacionar.

A ambos, é preciso que se diga, integram-se marqueteiros, antropólogos, sociólogos, administradores e outros profissionais que têm muito a contribuir para que se produza no âmbito de uma organização uma Comunicação com c maiúsculo, pois se há uma atividade que aceita e precisa da multidisciplinaridade essa atividade é a comunicação.

Claro que é preciso coragem, paciência e determinação para enfrentar o corporativismo, que até tem lá suas razões para defender a causa de colegas que, com dificuldades, investiram pesado em sua formação e que, como contrapartida por esse esforço, querem a garantia de acesso ao mercado profissional, sem ter de disputá-lo como "aventureiros". No entanto, não será com reserva de mercado ou com delimitações de fronteiras que faremos a comunicação vicejar no âmbito das organizações brasileiras. As organizações, aliás, não olham a cor da camisa e querem, isso sim, resultados. Sem entendermos isso plenamente, não conseguiremos fazer com que a atividade evolua, garantindo maiores e mais estratégicos espaços no âmbito dos *staffs* empresariais – inclusive para jornalistas e relações-públicas.

JORNALISMO CORPORATIVO - TAREFA DE QUEM?

*Chico Sant'Anna**

No cenário da difusão de informação no Brasil desponta um novo ator que se diferencia das tradicionais mídias. Entre os meios tradicionais de comunicação, públicos ou privados, novos veículos informativos são ofertados ao público por organizações profissionais, sociais e inclusive de segmentos do Poder Público. São mídias difusoras de um *jornalismo corporativo*, mantidas e administradas por atores sociais que até então desempenhavam apenas o papel de *fontes de informações*. É o que denominaremos como as ***Mídias das Fontes***. Estas fontes são, em grande parte, verdadeiras organizações políticas. Elas atuam de forma semelhante às entidades representativas, segundo a classificação utilizada pelo sociólogo francês Offerlé[1] para identificar os grupos de interesse que se apresentam na esfera pública desempenhando o papel de atores políticos. Deter uma visibilidade pública é o objetivo desses grupos. Estar inserido na esfera pública é a meta. E neste período de pós-modernidade isso significa estar inserido na agenda midiática.

Desta forma, a imprensa tradicionalmente vista como um expectador externo aos fatos começa a perder a totalidade do domínio da cena informativa e a opinião pública passa a contar com informações coletadas, selecionadas, tratadas editorialmente, filtradas e difundidas por instituições, entidades ou movimentos sociais, ou seja, corporações que possuem interesses corporativos. Todo esse trabalho é desenvolvido por profissionais cuja identidade e território profissionais são colocados em xeque. Essas *corporações* são em realidade grupos de indivíduos, de empresas ou de entidades detentoras de objetivos comuns e com a intenção de defender seus próprios interesses.[2] Assim sendo, esta nova mídia poderia ser igualmente classificada como ***MÍDIA CORPORATIVA***, um meio informativo preocupado não apenas em transmitir informações *intracorporis*, mas, principalmente, em ocupar a agenda midiática

* Jornalista na TV Senado, com passagem por vários veículos de comunicação, e escritor. Mestre em Comunicação Social pela Universidade de Brasília. Doutorando em Ciências da Informação e Comunicação no Centre de Recherchessuri Action Politique en Europe – CRAPE da Universidade de Rennes 1, França.

com o ponto de vista setorial referente aos fatos gerais. Um veículo que permite levar à sociedade a perspectiva do segmento sóciopolítico que o mantém e que permita interferir na moldagem da esfera pública.

Lado a lado com uma imprensa comercial poderosa e com um sistema público extremamente precário, que praticamente se limitam a ser porta-vozes do poder, as ***Mídias das Fontes*** buscam interferir no processo de construção da notícia (*newsmaking*) e na formação do imaginário coletivo, principalmente naquele do setor formador de opinião. A sociedade brasileira e os profissionais de comunicação contam, assim, com uma diversidade midiática pouco conhecida em outros cantos do planeta. Dispõem, por exemplo, de jornais e revistas, impressos e eletrônicos, e estações de rádio do Movimento dos Trabalhadores Sem Terra. Podem informar e se informar também pelas emissoras radiofônicas do Exército e das duas casas do Congresso Nacional. Câmara dos Deputados, o Senado Federal, Justiça Federal e diversas Assembléias Legislativas estaduais possuem igualmente emissoras de televisão em sinal aberto ou por satélite e a cabo, além de jornais impressos em policromia. Entidades de classe e confederações, como a Nacional das Indústrias (CNI), a Ordem dos Advogados do Brasil e o Conselho Federal de Medicina atuam por meio de televisão a cabo e/ou por satélite, o mesmo acontecendo com as Igrejas católica e evangélica, microempresários, os movimentos feminista e de homossexuais. Este fenômeno engloba também diversas agências de notícias, algumas das quais especializadas em preparar e difundir para as mídias tradicionais informações já formatadas para a televisão e rádio, os chamados *rádio releases, vídeo releases* ou ainda *releases eletrônicos.*

Este quadro nos incita, pois, a adotar um olhar diferenciado sobre a prática do Jornalismo e da Comunicação Institucional, bem como sobre a identidade profissional dos jornalistas, relações-públicas e os respectivos territórios de trabalho. Ao não trabalhar para um veículo de comunicação de formato tradicional, o jornalista estará deixando de ser jornalista? Ele passa a ser, na prática, um profissional de Relações Públicas? A informação difundida pelas ***Mídias das Fontes*** não deve ser classificada como jornalismo, e sim inserida no campo das Relações Públicas, da Publicidade e Propaganda, do *Lobbying*?

A função de assessor de imprensa, nos moldes vivenciados no Brasil, é uma característica muito própria da realidade brasileira. Nem por isso está isenta de polêmicas. A classificação da atividade como, ou não, uma função jornalística é tema de alto teor explosivo dentro e fora das fronteiras brasileiras. Os debates giram normalmente pela ótica corporativista que busca resguardar territórios profissionais para esta ou aquela categoria. Em alguns países, o parâmetro é a natureza do ente difusor de informações. Se for um meio de comunicação tradicional, a atividade é jornalística. Caso contrário, cai no campo das Relações Públicas, da Publicidade ou da comunicação institucional. Este último, um genérico de delimitações não muito claras.

Na opinião de, Flexer[3] não se deve, contudo, incluir dentre os requisitos configuradores de uma profissão a existência de um mesmo formato de empregador. Pelo contrário, ele elege como prioridades a existência de um senso de responsabilidade entre os pares e a oferta de um serviço à comunidade. Cremos que o melhor prisma seria a utilização da natureza e do objetivo da informação difundida. Se jornalística ou não. É normal encontrar na imprensa textos tecnicamente publicitários ou *relacionistas* e também encontrar na mídia institucional textos com natureza jornalística.

O surgimento das ***Mídias das Fontes*** e sua rápida multiplicação em diferentes níveis sociais complicam ainda mais a análise, pois este fenômeno representa a absorção e gerenciamento de meios similares aos meios de comunicação de massa por estruturas ou estratégias de comunicação institucional. É o caso da estrutura de rádio e TV existente nas duas casas do Congresso Nacional. Os veículos foram projetados, nasceram e são gerenciados pelas estruturas de Comunicação Social. Ou seja, não são, em tese, veículos independentes, no padrão corriqueiro de identificação dos meios. Esta característica repõe a questão em pauta. Eles praticam Jornalismo ou Relações Públicas? Sob o aspecto legal, de território profissional, no Brasil, isso pouco altera a condição de quem executa tal tarefa, pois o arcabouço de regulamentos assegura a condição de ser jornalista e/ou relações-públicas independentemente do local de trabalho. É a natureza da atividade desempenhada, sob seu aspecto prático, que define o que é fazer Jornalismo e o que é desempenhar a função de Relações Públicas. Além do mais, jornalista é considerado *"categoria diferenciada"*. Isso significa a manutenção da especificidade profissional onde quer que o trabalho seja desempenhado. A condição de ser este ou aquele profissional de comunicação é, em nosso país, também uma resultante da formação acadêmica. O que não acontece na maioria dos demais cantões do planeta. Por esses parâmetros, o exercício do jornalismo, ao contrário do que disciplina a lei francesa, não se daria apenas pela relação de emprego. A técnica ou a arte de ser jornalista é fruto de um aprendizado formal. Uma vez habilitado como tal, ele deve responder a um mesmo código deontológico, e a uma mesma comunidade, a opinião pública, à qual é destinada a informação produzida por esses profissionais. Assim sendo, não haveria por que descaracterizar o jornalista que atua para uma assessoria de imprensa ou para as ***Mídias das Fontes***.

Todos esses aspectos legais e socioculturais não elucidam a natureza do dado difundido e, portanto, não nos exime da análise do perfil da informação fornecida à sociedade pelas estruturas de comunicação institucional. Uma avaliação do conteúdo do *Jornalismo Corporativo.* A grande crítica à informação difundida pelas assessorias de comunicação é que elas, ao contrário da imprensa, não estariam desprovidas de segundo interesse e estariam a serviço de um propósito político, econômico, comercial ou de qualquer outra ordem. Entretanto, há uma grande similitude entre o conteúdo difundido pelos meios de comunicação tradicionais e os disponibilizados pelas assessorias de imprensa. Assim sendo, independentemente de qual seja a perspectiva de análise adotada, antes de se jogar a imprensa e seus jornalistas no altar das purezas e a comunicação institucional e seus profissionais nas profundezas do pecado, deixamos alguns dados para a reflexão. Segundo Tom Koch, na grande mídia norte-americana, perto de 70% dos artigos publicados derivam dos comunicados de imprensa e, desta forma, consistem numa rerredação do discurso das fontes oficiais.[4] Neveu acrescenta que, na França, quarenta mil *attachés de presse* trabalham municiando os meios e que este quantitativo é superior ao de jornalistas e ainda assim não inclui os coordenadores de comunicação, grupo ainda mais amplo.[5] Essa realidade é semelhante à brasileira. Pelos dados do Ministério do Trabalho, em 1986, para cada jornalista empregado num meio de comunicação existia outro atuando no setor privado de comunicação institucional. Esses quantitativos não contabilizam aqueles que estão na comunicação social do setor público e que podem representar volume igual ou superior ao do privado.[6]

Há de se considerar ainda a leitura de Bonville, para quem a estratégia discursiva das fontes não se limita apenas à produção do próprio discurso: elas influem sobre a produção do texto jornalístico de muitas maneiras. O caso dos pseudo-acontecimentos organizados para atrair a atenção da imprensa é uma demonstração típica desta estratégia que visa a *'fazer falar de mim'*[7], ou seja, influir no *agendamento*.[8] Tudo isso sem considerar as ações tidas como radicais e pouco éticas, tais como o uso de verbas publicitárias e pressões políticas para incentivar ou impedir a divulgação de determinado assunto. Desta forma, o conteúdo difundido pelas empresas jornalísticas estaria seriamente *contaminado* por textos e técnicas não-jornalísticas. Assim, ao analisarmos a informação difundida pelas assessorias, por meio das ***Mídias das Fontes,*** e pela imprensa é necessário identificar onde está a *informação* e *comunicação.* Na França, no Canadá e em outros países, *informação* é sinônimo de Jornalismo e *comunicação* é todo o conjunto dos outros conteúdos disponibilizados à opinião pública: Publicidade, Propaganda, atividades de RP etc. Conseqüentemente, é jornalista quem atua com *informação* e não o é quem se dedica à *comunicação.* Nosso debate precisa catalisar esta polêmica que, em padrões nacionais, significa questionar a qualidade da informação difundida pelas assessorias de imprensa e pelas empresas jornalísticas e a natureza da ação de seus apuradores e redatores.

As ferramentas tradicionais de comunicação institucional, *press release, house organ,* dentre outras, já provocavam arestas entre as corporações representativas dos profissionais. Nesta disputa permeia uma leitura comum à maioria dos países do Hemisfério Norte – e muito utilizada pelos que defendem os RPs –, pela qual, Jornalismo se pratica apenas nos veículos de comunicação. Somente nestes espaços o profissional responsável em coletar e transmitir informações teria condição de estar isento. Nos demais casos a isenção perderia lugar para a construção estratégica de imagens em prol de objetivos políticos e/ou comerciais. Perderia espaço para os relações-públicas, profissionais de *marketing*, comunicadores institucionais.

O problema se agrava no momento em que as tecnologias permitem às instituições operarem canais de comunicação semelhantes aos meios de comunicação de massa. Emissoras de rádio, de TV, agências, programas especiais são disponibilizados à opinião pública numa confrontação aberta com a imprensa tradicional. É como se estivéssemos observando o nascimento de uma nova imprensa. Elas foram concebidas para potencializar ainda mais as atividades de assessoria de imprensa. Elas se inserem no que Habermas[9] classificou de uso estratégico dos meios de comunicação pela sociedade para que grupos organizados se transformem em atores-chave no processo de modelagem da esfera pública.

A existência de mecanismos de difusão de idéias, mensagens e conceitos, por meios de comunicação de massa distintos dos tradicionais, pode ser vista também como uma busca de espaço na esfera pública. Como uma disputa por um pedaço, grande ou pequeno, hegemônico ou não, de um lugar ao sol em nossa sociedade contemporânea. Nossa referência é a luta por um espaço dentro da esfera pública, nas bases definidas por Habermas.[10] Por elas, os meios e o conteúdo das mensagens divulgadas podem, inclusive, portar uma bagagem ideológica. Se no idioma habitual todas as palavras já são consideradas instrumentos de combate, como precisou Bourdieu[11], os mecanismos de difusão massiva de informação assumem, portanto, um aspecto muito mais importante e estratégico. Antes mesmos da existência dos meios eletrônicos, Marx e Engels já associavam a capacidade de produzir informação e de difundir idéias à relação entre as classes sociais. Para eles, as idéias da classe dominante são as idéias dominantes dentro de esfera pública. A classe que detém a força material no seio da sociedade é, ao mesmo tempo, a força intelectual dominante desta mesma sociedade.[12] Atualizando as terminologias, as idéias dominantes constituem a *agenda*, e a classe que detém o poder material dentro da sociedade detém também mais recursos para intervir sobre o processo de construção da agenda, o *agendamento*.

Neste caso, a resultante dos trabalhos de comunicação institucional estaria inserida na busca de espaço, de capacidade de interferência ou mesmo na consolidação de poder. Este ângulo, se considerarmos as visões mais puras de Jornalismo, pelas quais a imprensa é um expectador isento e externo aos fatos, um quarto poder atuando como fiscal da sociedade contribuiria para questionar o enquadramento das atividades de comunicação institucional, das assessorias de imprensa e dos profissionais que as executam. Todos deveriam ficar fora do campo jornalístico, já que não cabe ao jornalista construir artificialmente uma realidade, mas apenas relatar o que vê. Esta é uma postura monolítica e acreditamos que o debate mais sadio, menos corporativo, deve se centrar na natureza e intenção da informação e de quem a produz e difunde.

Raízes

Os pesquisadores se dividem quanto às origens da comunicação institucional, mas num ponto eles se convergem: ela é mais antiga do que a própria imprensa e, portanto, não deve ser necessariamente vista como uma derivação do desenvolvimento do Jornalismo, no formato tradicional a que estamos acostumados a consumir diariamente. Embora, na atualidade, ela esteja, praticamente, toda voltada a influenciar os conteúdos da imprensa, em suas raízes ela possuía um canal direto com a sociedade. Da fonte à opinião pública sem a intermediação de um meio, criado mais tarde e batizado de imprensa. Marshall[13] relata que na época do Imperador César, cinco séculos antes do nascimento de Jesus Cristo, o Senado Romano já possuía um sistema de divulgação de informações sobre os fatos referentes àquela instituição. Periodicamente, eram editadas as *Actas Senatus*, uma espécie de jornal mural redigido pelos *actuariis*, voltado à publicidade dos atos e deliberações aprovados pelas sessões daquele parlamento. Era o *Jornal do Senado* de então. Koplin e Ferraretto[14] informam que na China, 202 anos antes de Cristo, durante a dinastia Han, já existia uma espécie de *prêt a publier*, só que, diante da inexistência de jornais, rádios e televisões, as chamadas *cartas circulares* eram distribuídas à população e lidas em praça pública para dar ciência ao povo sobre as decisões e realizações dos mandarins. E vale ressaltar que os autores dos textos não eram as mesmas pessoas que os liam para o povo. Aí, talvez, também esteja a origem da figura do porta-voz.

Outro autor, Dines,[15] define que os antepassados dos primeiros *press releases* seriam patrícios de Marco Pólo. Eram os *avvisi*, elaborados pelos comerciantes venezianos no século XVI. Eram preparados por estabelecimentos comerciais, não-jornalísticos, com o propósito de tornar públicas suas ações mercantis. Esses comunicados também podem ser interpretados como *news letters*, as chamadas cartas de notícias muito usadas pelos norte-americanos para realizar uma comunicação dirigida e especializada.

As duas últimas hipóteses não são, necessariamente, contraditórias. O mercador veneziano Marco Pólo foi quem descobriu, no século XIII, a *Rota da Seda*, um novo caminho para o Oriente e, chegando lá, conheceu as maravilhas do grande império de Hulagu Khan. Na China, encontrou dispositivos desconhecidos no Ocidente, como o papel-moeda, os serviços de correio, a canalização de rios, dentre outras técnicas industriais. De lá ele trouxe algumas inovações, dentre as quais, a pólvora negra e a bússola astrológica. Não seria, pois, surpresa que ele igualmente se interessasse pelos métodos de comunicação adotados pelos mandarins.

Nesta mesma linha de pensamento, também poderíamos enquadrar como os primeiros comunicadores institucionais, os escrivães que embarcaram nas caravelas portuguesas e espanholas rumo ao Novo Mundo. Pero Vaz de Caminha, por exemplo, relatou com olhos de um jornalista as maravilhas da *Ilha de Santa Cruz*. Em outra oportunidade,[16] já denominamos a ação desses *escribas*, como os primeiros *repórteres-da-história*, mas, considerando que eles eram remunerados pela *fonte*, provavelmente, o melhor enquadramento seja o de comunicador institucional. Repórteres ou comunicadores, o certo é que os relatos de Caminha, Carvajal, Cortés, Vespúcio e tantos outros fizeram sucesso e o tema Novo Mundo entrou na *agenda* européia.

Os métodos antigos de comunicação não sonhavam, nem de perto, produzir os efeitos aferidos atualmente. A evolução tecnológica aportou aos meios de comunicação institucional um potencial estratégico de intervir sobre a esfera pública. E, conseqüentemente, a difusão de conteúdos se inseriu no centro de um conflito de poder, seja de natureza política ou econômica. Como salientado por Schlesinger e Tumber,[17] o trabalho das mídias e a capacidade dos cidadãos em intervir sobre a esfera pública estão diretamente conectados.

Isenção, *externalidade* aos fatos não podem ser os únicos divisores d'água entre o Jornalismo e as Relações Públicas. O noticiário cotidiano já age como porta-voz das fontes defensoras dos interesses de grupos, em especial as mais poderosas, e nem por isso deixa de ser classificado como Jornalismo. Os meios de comunicação são peças-chave do mecanismo de fazer prevalecer sobre a esfera pública os conceitos dominantes e, por isso, tornou-se importante controlá-los ou, ao menos, influenciar os conteúdos por eles massificados. Não são raros os casos demonstrando a parcialidade e o jogo de interesses da imprensa com o poder. No Brasil, um dos casos mais notórios se refere à cobertura das eleições presidenciais de 1989, em especial o último debate entre os candidatos Lula e Collor. Ficou evidente nas deturpações editoriais o interesse das forças hegemônicas em garantir um resultado eleitoral que lhes agradassem. Champagne[18] assinala que para analisar o Jornalismo dos nossos dias, é conveniente estudar os efeitos das forças econômicas sobre a produção da informação. De nossa parte, adicionaremos também o estudo dos efeitos das forças políticas, embora aqui e ali elas coincidam. A chamada imprensa independente ainda se vale da ótica de massificar as audiências e de ampliar as vendas dos periódicos. Em outras palavras, a informação é tratada como uma mercadoria e ao mesmo tempo alvo das ações de diversos campos ideológicos.

Desta forma, é plausível colocar em dúvida os reais objetivos da informação difundida pelas estruturas de comunicação institucional, entretanto, não podemos negar a existência de influências ideológicas, comerciais e/ou pessoais no conteúdo informativo difundido pela indústria da informação. A existência de interesses obscuros no processo de formulação da *agenda* é confirmada por Horkheimer e Adorno, segundo os escritos de Thompson[19]. Para ele, os indivíduos são sempre dependentes de forças sociais e econômicas que estão fora do seu controle.

Sobre esta *marketização* da imprensa, Ribeiro,[20] ao comparar as rotinas adotas pelos os diários *Folha de S. Paulo* e *Estado de S. Paulo,* evidencia muito bem como interesses outros influenciam na definição das linhas editoriais. Nem mesmo a famosa BBC de Londres é assim tão pura. Schlesinger[21] recupera um lema interessante que marcou durante muitos anos o critério de seleção de notícias desse veículo inglês: *"A BBC é pelo povo, o governo inglês é pelo povo, por isso a BBC é pelo governo."* A relação da imprensa e dos grandes grupos econômicos diante das duas guerras do Iraque é analisada por diversos autores (vide Noam Chomsky, Eduard Said, Gilberto Dupas, entre outros. Seus livros analisam a *autonomia jornalística* da imprensa, dita independente).

Uma questão que nos resta a buscar as respostas é se as técnicas mais agressivas de assessoria de imprensa, como as ***Mídias das Fontes***, seriam respostas a este modelo hegemônico de difusão de informação, ou se elas constituem armas para ampliar esta hegemonia. (Quem sabe os dois?) No primeiro caso, teríamos um argumento em prol do campo jornalístico. Se a imprensa não dá voz aos excluídos, uma nova mídia deve fazê-lo. A sociedade não permanecerá muda e os jornalistas engajados nesta causa saberão se valer dos novos instrumentos.

Este engajamento da comunicação institucional em prol dos *excluídos* é, de certa forma, uma herança legada pela formação acadêmica obrigatória como requisito para ser jornalista. No Brasil, introduziu um elemento cultural nos nossos profissionais, principalmente entre aqueles que se formaram até o fim da década de 1980. Naquela época, alguns valores impregnaram nossas academias, tais como o princípio propugnado pela Unesco, de *Comunicação para o Desenvolvimento*; as idéias da Escola de Frankfurt, apontando o poder da mídia para a construção da esfera pública – e daí a importância de se defender a democratização dos meios de comunicação e do acesso a eles –; e a necessidade de dotar o país de maior transparência nos feitos públicos.

Era um momento em que a imprensa vivia uma crise econômica, reduzindo os postos de trabalhos. A ditadura também dificultava a presença nas redações de muitos jornalistas com visão política elaborada. Uns e outros acabaram encontrando trabalho na imprensa institucional, que, a partir de sindicatos, entidades religiosas e comunitárias se contrapunham à *agenda* oficial difundida pela imprensa tradicional. Uma *agenda* moldada pela censura dos militares e também pelo interesse de alguns veículos. No Brasil dos anos 1970-80, após a opressão à imprensa alternativa – que por meio de jornais como *Movimento*, *Opinião*, *Coojornal* e outros buscava falar o que a imprensa comercial não dizia com a sua *autonomia jornalística* –, coube às assessorias de imprensa das organizações sociais inserir na *agenda* temas evitados pela grande imprensa. Tais experiências plantaram uma semente diferente no mundo da comunicação institucional brasileira. Dela germinaram frutos como a rede de rádios e TVs comunitárias, *rádio-poste,* canais legislativos, agências de notícias voltadas aos direitos ambientais, da infância, da igreja católica... Todos lutando por um espaço na esfera pública. Esta diferença se materializa na própria denominação que a profissão adota aqui e no exterior. Os espanófonos a tratam de *publicista,* identificando um objetivo comercial no desempenho da comunicação institucional. Já os francófonos preferem *relationiste*, vinculando-a à construção de imagens.

No Brasil, as assessorias de imprensa se notabilizaram pelo ideal de dar transparência às entidades assessoradas e o quadro legal conseguiu separar Publicidade de Relações Públicas, estes dois de Assessoria de Imprensa e todos esses de comunicadores de rádio e TV. Lá fora não há muita diferença do perfil desses profissionais – e a ação de algumas empresas estrangeiras que chegaram ao país mostra que o parâmetro delas consiste no que popularmente é chamado de "marqueteiro".

O tema, efetivamente complexo, é alvo de estudos e pesquisas acadêmicas em diversos países, onde os pesquisadores de variadas perspectivas científicas não se arriscam a bater o martelo de forma categórica. Falam de uma *"hibridação da informação"*. A informação difundida pelas estruturas de comunicação institucional é tratada por uns pela ótica da construção de imagens ou do ganho comercial; por outros, como uma ação de *lobby.* Há ainda os que as vêem como sendo aquilo que os americanos chamam de *jornalismo cívico* e os franceses de *journalisme de communication*. Pesquisas são igualmente feitas a partir da ótica do *public journalism,* ou mesmo como uma resposta da sociedade ao *jornalismo de mercado* pautado pelas leis de *marketing*.

Conceito de jornalismo

Afinal, o que é então jornalismo? O autor francês Mathien define como sendo uma atividade

> *"todavia centrada em colocar em correlação e em perspectiva os fatos e eventos, é um condutor, um transmissor, um esclarecedor.*

> *Dentro de sua missão, ele (o jornalismo) permite ao hommo mediaticus emergente da sociedade a cabo ou da sociedade de rede, de escapar do império dos clecs, dos mandarins ou dos notáveis da complexa cultura, intelectual ou tecnicista."*[22] (tradução minha)

Será? O jornalismo moderno não estará fazendo exatamente o oposto? As definições são diversas e baseadas em diferentes referenciais. Para um dos maiores empresários brasileiros da notícia, Roberto Chivita, proprietário do grupo Abril, que reúne revistas e tv paga, existiriam muitos tipos de jornalismo. *"Quando se fala em jornalismo se pensa logo no jornalismo político e econômico, mas existe hoje o jornalismo de serviço, de moda, de culinária, de teste de automóveis, de turismo, esportes, artes."*[23]

Identificar essa mídia, digamos mais leve, como Jornalismo não é um consenso. Para alguns analistas, tais como Akrich[24], ela se equipara à comunicação institucional. Não existiria, por exemplo, diferença entre o comunicador institucional que atua pelos interesses de uma empresa produtora de implementos domésticos e para jardinagens e o repórter ou redator de revistas do tipo *casa e jardim*, destinadas a abordar temas como implementos domésticos, decoração, bricolagem etc. Sem qualquer sentido crítico, esses jornalistas se limitariam, segundo o autor, a repassar para suas matérias os conceitos propalados pela publicidade dos produtos apresentados pela empresa.

A natureza do tema, ou da chamada especialização da imprensa, efetivamente gera controvérsias, mesmo quando a especialização já é tradicional, como o *jornalismo econômico* presente na quase totalidade dos jornais do planeta. Marshall[25] vê nesta modalidade um exemplo das influências das classes hegemônicas sobre a leitura dos fatos. Duval[26] considera que a tendência de uma editoria de economia é funcionar como suporte publicitário do meio. A produção jornalística estaria assim submetida aos interesses externos, mais precisamente ao campo econômico, formado por acionistas, anunciantes, governos, muitos dos quais se transformam em fontes jornalísticas pela porta do departamento comercial do veículo.

A questão mercadológica das publicações ou programas também pode ser utilizada para analisar o surgimento de revistas especializadas, algumas hiper bem-sucedidas, que tratam de saúde, psicologia, informática, agricultura, dentre outras. Elas são classificadas como *jornalismo*, embora rotulada de *jornalismo de ocasião e de oportunidade* por alguns autores.[27] Isso porque, como registra Neveu[28], os conteúdos dessas publicações – e por que não relacionar também determinados programas de tv e de rádio – são construídos de forma desconecta da realidade. Este estilo de Jornalismo é resultado das ações do laboratório da lógica do *marketing*. Em muitos casos, o trabalho do jornalista nesses veículos se limita a uma rerredação dos textos publicitários e promocionais das empresas. Neste caso, o velho conceito de que o jornalista é uma engrenagem da democracia deve ser substituído pelo conceito de que é um prestador de serviço, uma engrenagem a serviço do consumo. Para Marshall, o conceito clássico de jornalismo foi contaminado a partir de uma promiscuidade entre informação e propaganda.

> *"As notícias dos jornais perdem sua missão precípua de reportar e passam a carregar os interesses de propagandear produtos, idéias ou personagens, numa radical inversão de valores. Uma publicidade que não é mais implícita, como é natural em todos os processos lingüísticos que transportam principalmente ideologias, mas uma propaganda explicita, que se antepõe ao papel prioritário de informar.*[29]

Ainda assim, em 1999, 42% dos jornalistas franceses atuavam para publicações especializadas quer em público (mulheres, jovens etc.), quer em segmentos temáticos (saúde, economia, viagem) ou segmentos profissionais (informática, medicina, ecologia etc.). Ainda na visão do autor, a objetividade, imparcialidade e a neutralidade informativa foram deixadas de lado e substituídas pela lógica mercadológica das empresas. O novo Jornalismo passa então a ser atrelado ao *marketing*. Para ele, passou a existir uma *promiscuidade* entre informação e propaganda, uma vez que as notícias perdem sua missão precípua de informar e passam a propagar idéias, personagens e produtos de outrem, o que ele denomina *forma mestiça de comunicação.*[30]

Nem por isso, este supermercado de mercadorias e *lobbies* em que se transformaram os veículos jornalísticos fez com que os profissionais perdessem, no Brasil ou na França, o enquadramento profissional de jornalista, quer pelos seus pares e organizações corporativas, quer pelos empregadores ou leitores. Isto ocorre, talvez, em decorrência de não estar totalmente submetido ao arbítrio do profissional o poder de escolha do modelo jornalístico a ser desempenhado. Como salienta Lustosa,

> *"A informação, como mercadoria, não é do repórter, mas dos proprietários da empresa de comunicação, a qual está sujeita a muitos interesses e pressões. [...] A notícia é pois uma versão de um fenômeno social, não a tradução objetiva, imparcial e descomprometida de um fato."*[31]

Desta forma, são múltiplas as modalidades de jornalismo. Além dos já citados acima, há o jornalismo de investigação – embora a classificação possa parecer um pleonasmo, como alerta Marchetti.[32] No Brasil, a prática foi parcialmente abandonada na última quarta parte do século XX, na mesma velocidade que a imprensa brasileira, justamente os grandes jornais, preferiu aderir ao *jornalismo de linha empresarial*, que consistia, basicamente, em se valer dos *press releases* para «*informar sem comprometer-se*».[33]

Outro fenômeno foi o surgimento, na virada para o novo milênio, do chamado *jornalismo de entretenimento*, que, na opinião de Marshall,[34] implica o abandono da cobertura de notícias mais sérias pela adoção da opção pelo entretenimento. É mais barato de se produzir e obtém – se maior audiência. Uma modalidade baseada na estratégica mercadológica e que, nas palavras de Marcondes Filho[35] contribui para a despolitização do público e conspira contra os interesses de emancipação e autodeterminação do cidadão. Ou seja, não desempenha sua função de fiscal da sociedade, mas mesmo assim não perde o enquadramento de *Jornalismo*. Este Jornalismo pós-moderno se alimenta pela lógica do capital, do *marketing* e da publicidade e secundariza a missão de informar, fazendo com que toda a profissão perca seu referencial.

> *"O processo generalizado de erosão dos paradigmas na era pós-moderna provoca mutação do conceito de informação. Esta deixa de significar a representação simbólica dos fatos para se apresentar como um produto híbrido que associa ora a publicidade, ora entretenimento, ora persuasão, ora consumo. [...] A informação vira um veículo de transporte para várias e subjetivas intenções, deixando muitas vezes de cumprir sua missão imanente de informar."*[36]

O *infotretenimento* é definido por Bonville[37] como sendo *"um caso particular de hibridação intermidiática baseada na contraposição dos pólos realidade/ficção e informação/diversão."* Um modelo que se faz presente cada vez mais na prática discursiva do dia-a-dia, embora seja considerada como diversão ou alienação na opinião de Beltrão.

> *"Um meio de fuga às preocupações do quotidiano ou costumeiro, uma pausa no ramerrão (rotina) um preenchimento dos lazeres com algo reparador do dispêndio de energias reclamado pela própria atividade vital de informa-se, sem a qual nenhum ser vivo pode evoluir e aperfeiçoar-se, nem o ser humano, especificamente, manter suas relações sociais."*[38]

No conceito do autor, *entretenimento* é diversão. Um circo é entretenimento, uma audição musical é entretenimento, um programa de auditório de variedades é entretenimento. São ações que permitem um meio de fuga às preocupações do quotidiano ao costumeiro. Mathien classifica o *l'infotainment*, que ganha cada vez mais espaço na mídia eletrônica francesa nacional e local, como um jornalismo feito sobre bases estereotipadas, um jornalismo de espetáculo.

> *"O resultado desse jornalismo reúne uma concepção de oferta própria às teorias do marketing que construíram em seu interior conceitos de comunicação adaptados às finalidades de comércio e da*

vendagem que encontram espaço dentro das atividades produtivas das mídias. Como dizem abertamente os profissionais franceses de Relações Públicas ou quebecoises, formados na boa escola, tudo é comunicação, não existe mais informação hoje em dia."[39]

Lembremo-nos que *comunicação* na cultura francófona é antônimo de Jornalismo e este é sinônimo de *informação*. Outra conseqüência do *infotretenimento* é a substituição dos jornalistas pelo que Dagenais e Sauvageau denominam *animateurs vedettes*, – poderíamos traduzir para o português como *apresentadores vedetes* – e que são facilmente encontrados nas emissoras de televisão mais populares. O *infotretenimento* provoca, assim, na França o surgimento desta nova categoria, o *Jornalista animador*, que mescla as características de um animador de auditório e de um entrevistador. E a guerra pela audiência, provocada por este jornalismo de espetáculo, fez com que mesmos os telejornais tradicionais, no intuito de propiciarem maior dramatização aos fatos relatados, se valham de recursos do cinema, do teatro, como é o caso da reconstituição de crimes com apoio de artistas, dissimulação da identidade do repórter, indução ao erro, à prática anti-social do entrevistado para viabilizar o conteúdo da reportagem, trucagem nas edições, não identificação do uso de imagens de arquivo, dentre outros recursos.

Recursos que, nas opiniões de Tixier-Guichard e Chaize,[40] contribuem para diminuir a credibilidade da imprensa junto à audiência. O conteúdo escolhido, a *agenda*, também assume característica própria e nem sempre socialmente relevante. "*Os franceses estão convencidos de que as mídias gastam muita energia em temas sem importância*" – dizem os dois autores – e ainda denunciam que, nos chamados *magazines d'information*, mesclam reportagens e programa de auditório. Neles, alguns temas e entrevistados são definidos em função da espessura da carteira de dinheiro. Os *dircom* entram em ação para garantir o acesso de suas empresas a esses programas e, para tanto, algumas chegam a financiar parte substancial de sua realização. Ressaltam eles que isso gera um clima de desconfiança entre emissor e receptor, principalmente no que tange à prática profissional. Nem por isso, na França, os *animateurs vedettes* deixam de ser considerados jornalistas. Tais titulares da *carte de presse* não têm, contudo, grandes preocupações sobre o que pensa a audiência.

Desta forma, este transgênico parece ter futuro longo, pois se de um lado, apresenta um mercado consumidor, de outro, já conta inclusive com mecanismos destinados a perpetuá-lo. No Brasil, faculdades particulares identificadas com a vedetização, a vitrine midiática edificada pelos animadores de tais programas televisivos – ela também se faz presente no rádio e nas revistas – criaram disciplinas de *jornalismo de entretenimento*, objetivando a capacitação de profissionais para este modelo.

A introdução do jornalismo especializado, do *jornalismo de ocasião e de oportunidade* e do *infotretenimento* neste texto tem por base a reflexão de Messika[41]. Embora feita sobre a realidade francesa, ela nos é útil para uma análise do tema central: o que é ser jornalista, o que é ser comunicador institucional. Depois de registrar que a maioria dos profissionais dos departamentos de comunicação das organizações francesas é, ou foi no passado, jornalista; que os novos comunicadores são treinados pelos próprios jornalistas em atuação no mercado; que estes lhe ensinam como elaborar textos que respondam às necessidades da imprensa; que certos institutos de formação profissional dos futuros *dircoms* se valem da técnica pedagógica de realizar estágios de *media-training* em ambientes jornalísticos; que as assessorias de imprensa tornaram mais atrativas, e por isso mais utilizáveis, as informações por elas divulgadas e que a transparência é a palavra de ordem em vigência, a autora não entende por que os apresentadores do *infotretenimento* podem ser classificados como jornalistas e detentores de uma *carte de presse* e os outros não. Ela resume em uma só palavra sua reação: "paradoxo".

> *"Se dizem Jornalistas os colaboradores eventuais da imprensa do interior e as vedetes, apresentadoras dos telejornais da noite. As respectivas atividades não têm nenhum ponto em comum a profissão a não ser o fato que eles têm direito à carte de presse. Paradoxalmente, o Jornalista de empresa (assessores de imprensa) cuja atividade e os incômodos são exatamente semelhantes aos dos colegas da imprensa escrita, não tem direito à carte de presse, que possui o status de identidade profissional."*[42]

Para a autora, torna-se difícil compreender como um simples vocábulo *'Jornalista profissional'* pode reunir pessoas de atividades tão diferentes e ao mesmo tempo excluir outras, com atividades semelhantes, em função apenas da existência de suportes estruturais distintos. Ela classifica este fenômeno como decorrência de posicionamentos ideológicos e legislativos. E nós acrescentaríamos o fator cultural. A visão dela tem sua base de razão. Os Jornalistas paraguaios, que possuem normatização profissional semelhante à francesa, a partir de uma decisão política tomada numa assembléia-geral, no final dos anos noventa, passaram a aceitar como colegas de profissão os profissionais que desempenham, na comunicação empresarial, funções semelhantes aos dos jornalistas. Ficaram excluídos apenas aqueles que atuam majoritariamente no campo Publicitário e de RP. Portugal, em um processo semelhante, em 1997, optou por excluir os comunicadores do rol de jornalistas.

Também quanto ao aspecto legal, Messika pode se apoiar na transição das leis brasileiras. No passado as atividades de operador de telex e de locutor eram enquadradas no rol dos jornalistas. Hoje, não mais. Juntamente com as funções de apresentadores e animadores de programas de entretenimento das emissoras de rádio e de televisão, os locutores são enquadrados na condição de radialistas, que possuem estatuto profissional próprio. Ou seja, dois exemplos mostram como alterar fronteiras e atrair para um mesmo território funções afins e demarcar novas fronteiras separando aquilo onde se identificam diferenças.

Relações Públicas, Publicidade e Jornalismo nas instituições

No Brasil, como já especificamos, cada profissão do setor de comunicação social possui uma regulamentação profissional própria, definida em leis ou decretos-leis federais. Publicidade, Relações Públicas, Radialismo e Jornalismo tiveram seus atuais regulamentos editados na década de 1960, com algumas alterações e adaptações na década seguinte. E, em oposição à realidade de outros países, como a francesa, apontada por Messika[43], na qual inexiste a exigência de formações específicas para o setor de comunicação institucional, no País elas ocorrem com cursos específicos para Jornalistas, Publicitários e Relações Públicas (e ainda para Radialistas – profissionais da área técnica e de criação de rádio e tv). O acesso ao mercado, com exceção de algumas funções de Publicitários e de Radialistas, não é aberto, depende de registro profissional só concedido àqueles detentores de formação superior. Esta característica elimina, pelo menos no campo legal, a *zona cinzenta*, a fronteira mal delineada dos territórios profissionais. Entretanto, ela poderá persistir em razão da similitude, que acreditamos existir, entre o produto emanado das três profissões.

Assessoria de imprensa *versus Dircom*

Balbastre[44], ao analisar o perfil do mercado de trabalho francês, cita a *imprensa institucional e de empresas*, admitindo nas entrelinhas que a produção realizada por esses profissionais deve ser vista como jornalismo. Por sua vez, o *Centre d'Etudes et de Recherches sur les Qualificações (Cereq)*, da França, define *Dircom*, como sendo o

> *"responsável pela informação e pela comunicação [...] que concebe e organiza a comunicação entre a empresa e seus diversos parceiros interiores e exteriores, que concebe e recolhe a informação a ser transmitida, garante a produção e a divulgação das mensagens destinadas a estabelecer ou manter a imagem da empresa, que executa e coordena as atividades dos especialistas em Relações Públicas"*[45]

No Brasil, Bahia, afirma categoricamente que

> *"a informação especializada em assessoria é uma atividade jornalística... embora ainda sujeita a interpretações imprecisas, seja por parte dos próprios jornalistas, seja por parte dos empre-*

sários, e que não possui *vínculos com Relações Públicas, mercadologia e Publicidade."* [46]

Não é possível fazer uma correlação automática, idêntica, exata, para uma profissão espelho no Brasil. Em função da amplitude e perfil das tarefas, o *dircom* se assemelharia ao que é estabelecido para um coordenador de Comunicação Social ou um relações-públicas, do que ao assessor de Imprensa. O *dircom* francês demonstra envolver, além de Relações Públicas, ações publicitárias e jornalísticas. A denominação da função *coordenador de Comunicação Social*, anteriormente mencionada, é bastante utilizada no Brasil, especialmente no serviço público e em empresas de grande porte, mas ela inexiste enquanto profissão regulamentada. Trata-se de uma decorrência de agrupamento de tarefas internas de uma organização. Aparece nos quadros de pessoal apenas como posto, um espaço funcional ou uma atividade nos organogramas de recursos humanos. Um *dircom* no Brasil necessariamente teria que ser um profissional egresso de, pelo menos, um dos três campos profissionais já citados. Abaixo de tal posto deverão existir as equipes dos três campos profissionais, de acordo com as necessidades e disponibilidades de recursos materiais e humanos.

Na realidade brasileira não há dificuldade em separar a Publicidade do Jornalismo, pois a primeira tem nítida conotação comercial e a própria legislação publicitária deixa isso em evidência ao estabelecer que:

Art *2º Considera-se propaganda qualquer forma remunerada de difusão de idéias, mercadorias, produtos ou serviços, por parte de um anunciante identificado.*[47] (grifo do autor)

Embora também trabalhe com mensagens institucionais, a técnica, a linguagem e o formato publicitários são bem diferentes e de fácil percepção a um profissional. Talvez não o seja para o leitor comum de jornal, revista, o expectador de TV ou ainda o ouvinte de rádio. Estes podem se confundir diante do conteúdo de uma *matéria paga*, de um *informe publicitário* que buscam no Jornalismo um formato tido como detentor de maior credibilidade. No caso do conflito relações-públicas *versus* jornalista, quando visto a partir de uma ótica sindical, corporativa, a disputa fica concentrada na amplitude das competências de cada setor. Na visão da Comissão Nacional de Jornalistas de Assessoria de Imprensa – Conjai, ao relações-públicas caberia editar publicações de circulação interna e aos jornalistas, de circulação externa. Mas o que é interno e externo? Se a Justiça Eleitoral brasileira editasse e distribuísse um jornal ao seu público-alvo, os 115 milhões de eleitores brasileiros, 67% da população brasileira, estaria ela se dirigindo a um público interno ou externo? O Movimento de Trabalhadores Sem Terra quando edita e divulga sua revista *Terra*, faz Jornalismo, ou Relações Públicas? Quem escreverá e será editorialmente responsável por estas publicações? Um jornalista ou um relações-públicas? Na prática, o mercado tem optado pelo jornalista, até porque a Lei de Imprensa brasileira exige um jornalista como editor responsável para as publicações impressas.

Devemos registrar que, ao contrário da realidade do Québec, no Canadá, no âmbito público brasileiro, os serviços institucionais de imprensa tiveram um maior desenvolvimento dentro das próprias instituições e não em agências publicitárias. Este detalhe pode ter deixado as técnicas publicitárias e relacionistas um pouco mais distante dos textos dos assessores de imprensa. As empresas nacionais de Relações Públicas, por sua vez, se especializaram em organização de eventos do tipo congresso, seminário, feiras e salões, cerimonial.

No Brasil, o surgimento massivo de empresas de assessoria de imprensa se deu num segundo momento, numa atmosfera econômica neoliberal favorável à terceirização de serviços públicos, e mesmo assim ocorreu de forma fragmentada e especializada. A maior parcela desses serviços foi entregue de forma fracionada a pequenas empresas que se especializaram em atividades específicas de assessoria de imprensa. Atividades do tipo redação, elaboração e edição de publicações, leitura, seleção e análise do noticiário veiculado pela imprensa, elaboração de kits de imprensa, *press releases* impressos, *releases eletrônicos,* organização de conteúdo para páginas na Internet, documentação fotográfica ou videográfica e, mais recentemente, a administração de sítios na Internet.

Este fenômeno da terceirização provocou, no final da década de 1990, uma redução do quantitativo de profissionais jornalistas contratados com carteira assinada diretamente pelas assessorias. Em 1986, os assalariados representavam 55% de todas as vagas de trabalho oferecidas pela iniciativa privada (imprensa tradicional inclusive) a jornalistas. Onze anos mais tarde eram apenas 36%. Em contrapartida, ampliou-se o surgimento de micros e pequenas empresas de Jornalismo, algumas denominadas *empresas individuais,* onde empregado e empregador se constituem na mesma pessoa: o próprio jornalista. Igualmente, a política fiscal brasileira, que sobrecarrega com impostos o trabalhador assalariado e o autônomo e, contrariamente, alivia a pessoa jurídica, favoreceu a fundação destas novas empresas jornalísticas. Outro reflexo não mensurado formalmente, mas perceptível ao olho nu, é a ampliação da precarização do trabalho dos jornalistas e da contratação de *free lancers.*

Retornando à tênue fronteira, no Brasil a *zona cinzenta* não ficará, portanto, no perfil do profissional, que é legalmente pré-definida, mas na natureza do resultado de seu trabalho. De certa forma, esta concepção não é exclusivamente brasileira. Na França, onde existe uma reação radical em aceitar tais atividades como Jornalismo, criou-se uma categoria híbrida, *journaliste d'entreprise,* que designa redatores de jornais empresariais ou institucionais.[48] O título não lhes assegura a *carte de presse,* embora o *modus operandis* desses profissionais pouco se diferencie dos tradicionais jornalistas, como registra Charon:

> *"No exercício de suas atividades, esses redatores realizarão investigações, reportagens, entrevistas. Eles redigirão igualmente notas e comunicados; [...] Quanto à liberdade de inflexão e à autonomia redacional, essas serão constantemente equivalentes, senão superiores, àquelas dos semanários e diários regionais."*[49] (Tradução Minha)

Situação semelhante ocorre em Québec, segundo relatos dos canadenses Dagenais e Sauvageau, que salientam a acentuada reutilização, a *reprise,* pela imprensa tradicional dos textos institucionais. Os autores lançam uma controvertida questão: serão essas pessoas menos jornalistas e mais agentes de informação, mais relações-públicas? Trata-se, efetivamente, de uma discussão complexa, principalmente se considerarmos que a natureza de formação dos profissionais é semelhante, que em muitos casos a origem profissional, como no caso brasileiro, é a mesma, ou seja, são legalmente jornalistas, e que o formato e a tecnologia utilizados para divulgar a informação também são iguais aos utilizados pelo que convencionamos de imprensa. Mesmo que lançássemos sobre um plano cartesiano as características do processo de construção e difusão da notícia e, em outra coluna, os mesmos dados sobre a informação institucional, teríamos uma grande interseção, o que em matemática chama-se um conjunto biunívoco.

Como classificar então a informação veiculada no hipotético jornal da Justiça Eleitoral, na concreta revista *Terra* do Movimento dos Trabalhadores Sem Terra, nas diversas ***Mídias das Fontes***, que chegam com informações à opinião pública por meio de programas e mesmo emissoras corporativas de rádio e TV, por milhares de tablóides e revistas editados por organizações sindicais e que hoje são disputadas igualmente pelas agências de publicidade para veiculação de suas campanhas? Outra indagação: como classificar as revistas de bordo, conhecidas tecnicamente por *"consumer magazine"*? São peças publicitárias das empresas aéreas e dos produtos de *free shopping*, seus principais anunciantes? São veículos jornalísticos ou ferramentas de RP? Para Anne Beaujour, editora de *Parcours*, essas publicações possuem um público bem definido, se constituem numa espécie de guia de lazer, e em nenhum momento pretendem ser porta-vozes das empresas aéreas. Elas normalmente envolvem estruturas externas às assessorias de imprensa das transportadoras aéreas, e segundo dados apresentados por Chaize e Tixier-Guichard,[50] em 1990, o público leitor de apenas duas delas – *Atlas e Parcours*, respectivamente distribuídas pelas companhias aéreas francesas, Air France e Air Inter – era superior ao volume acumulados de leitores do *Point, du Nouvel Observateur* e *L'Evénement du Jeudi*, veículos tradicionais da imprensa francesa.

Se considerássemos tais veículos como instrumentos de Relações Públicas, de que forma enquadraríamos as mensagens publicitárias de terceiros neles difundidas? Estaríamos diante da inusitada situação de uma publicidade veiculada noutra? Seria algo semelhante ao *merchandising* inserido numa peça publicitária? Algo como uma modelo que anuncia um xampu e ao mesmo tempo *vende* o conceito da toalha de banho ou da ducha que ela utiliza?

Como devemos diferenciar o anúncio publicitário veiculado numa publicação institucional do conteúdo dos textos editoriais redigidos pelas organizações corporativas proprietárias do veículo? O anúncio e o texto redacional se definem como propaganda? O texto poderia ser classificado como Jornalismo, eventualmente um Jornalismo especializado? Devemos optar pelo enquadramento da Publicidade se valendo da difusão de um veículo *relacionista*? Mas e se o formato da Publicidade for institucional? Por exemplo, uma peça institucional sobre preservação ambiental veiculada no *Jornal do Confea* – órgão informativo do Conselho Federal de Engenharia, Arquitetura e Agronomia –, ou numa revista de uma ONG ambientalista. Neste caso, a mídia escolhida é jornalística, publicitária ou de Relações Públicas?

A complexidade, como se percebe, é grande. E para aumentá-la inserimos um novo elemento. Um mesmo texto é veiculado na imprensa e num jornal corporativo: em qual categoria devemos classificá-lo bem como o seu autor? Dependendo do veículo, autor e texto terão enquadramentos diferentes? A prática mostra que mais do que uma hipótese a múltipla utilização dos textos é um procedimento costumeiramente verificado. As exigências capitalistas levam as empresas a buscar reduções de custos de todas as formas. Na França – afirma Champagne[51] – o esforço da maioria das redações em reduzir despesas é traduzido na redução do número de jornalistas contratados de forma permanente, fixos. E como registra Mathien,[52] a questão econômica interfere diretamente no processo de seleção dos temas a serem cobertos e na forma como as informações serão obtidas. Na realidade brasileira, informa Lima,

> *"muitos jornais encontrariam dificuldades para manter suas portas abertas se não pudessem contar com o material distribuído pelas assessorias de imprensa."*[53]

Segundo Champagne, o jornalismo regional francês é feito sob a mesma ótica economicista. Repórter não sai à rua para presenciar e apurar os fatos, as entrevistas acontecem por telefone e um volume crescente de matérias é feito sem um

> *"verdadeiro trabalho jornalístico, principalmente a partir de dossiês de imprensa elaborados pelas agências de comunicação que rotineiramente fornecem informações úteis em disquetes ou via Internet para facilitar o trabalho dos Jornalistas."*[54]

Em alguns casos, o material já é recebido com ilustrações e diagramado no formato do veículo beneficiário. Quanto ao conteúdo da informação disseminada pelas estruturas de comunicação institucional, há uma busca em atender aos princípios jornalísticos que definem o que é notícia. Esta observação é referendada por Fréderic Aragon, responsável pelas relações com a imprensa do grupo Matra, empresa francesa que, dentre outros produtos, fabrica o avião de caça Mirage. Em depoimento a Chaize e Tixier-Guichard, afirmou:

> *"A separação é clara: não temos nada a ver com a publicidade que depende de outro tipo de atividade. Nós funcionamos um pouco como uma agência. [...] As redações são hoje em dia informatizadas, os jornalistas independentes trabalham sobre micro computadores, porque não se conceber dossiês (textos para divulgação)na concepção deles, mais sintéticos, textos em papel e um complemento em disquete com os aspectos mais técnicos e as ilustrações?"*[55] (Tradução minha)

Portanto, o *press release,* que no passado ia para o lixo, ganha espaço nas páginas de jornais e sua apresentação se sofistica com o uso da informática, o que favorece um maior aproveitamento espacial nas páginas da imprensa escrita. Além disso, já se multiplicaram para as versões televisivas e radiofônicas. Voltamos, então, a apresentar a mesma questão. Em termos de categorização do conteúdo informativo, como diferenciar ou enquadrar um mesmo texto que é difundido num jornal tradicional e num meio corporativo? Ele deixa de ser notícia e vira publicidade quando é tornado público pelas ***Mídias das Fontes*** e assume a condição jornalística se a mídia for a tradicional imprensa? O mesmo ocorre com o autor do texto? Além das complexidades acima descritas, há ainda o que Dagenais e Sauvageau rotularam de *confusão crescente de mandatos.* A imprensa tradicional, direcionada pelos valores mercadológicos, está cada vez mais distante do cumprimento de seu mandato de prestadora da função social de bem informar e cada vez mais compromissada com o *infocomercial.*

Nesta situação, a informação ocupa um território onde a hierarquia do conteúdo é determinada pelo mercado.[56] Na visão de Marcondes Filho,[57] Jornalismo é ao mesmo tempo a voz dos outros conglomerados econômicos ou grupos políticos que querem dar às suas opiniões subjetivas e particularistas o foro da objetividade.

> *"As páginas dos jornais, telejornais, radiojornais e net-jornais incorporam as novas premissas e passam a relativizar os conceitos de verdade, de realidade, de conhecimento, de informação, de saber etc. Os discursos da publicidade e da estética, e junto com eles do sensacionalismo, da espetacularização, da carnavalização, da mais-valia, dos fait divers, inoculam o ethos do jornalismo."* – afirma Marshall"[58]

Por outro lado, as instituições privadas demonstram-se mais engajadas em questões sociais e humanitárias – mesmo que simplesmente para efeito de imagem. Na concepção de profissionais e de especialistas, a reportagem é a atividade ícone do jornalismo. E o que estimula a execução de uma reportagem – segundo Ruellan[59] – é a ambição de descrever as realidades sociais. E foi, portanto, a impossibilidade de fazê-lo na imprensa que levou diversos jornalistas brasileiros ao mundo da comunicação institucional, já que, nos meios tradicionais, determinados temas não encontravam espaço, ou não lhes era permitido fazer determinadas reflexões, necessárias ao tema. Neste quadro, quem transmite a verdadeira informação jornalística? Todos os dois campos? Nenhum dos dois? O *marketing* se faz presente na imprensa que adota uma linha editorial e um padrão visual para vender mais ou agradar determinados setores? Existe Jornalismo na mídia corporativa que entra em um campo não priorizado pelos meios tradicionais?

Certamente não haverá uma resposta definitiva e absoluta. Uma análise deve ser feita, não só do conteúdo desses veículos corporativos, mas também sobre a motivação que levou à criação deles. Também deve ser identificada a representação que possuem os diversos atores sociais envolvidos: jornalistas, público, fontes, dentre outros. Uma leitura do discurso praticado nesses veículos deve ser feita e, para tanto, deve estar despida de preconceitos. Entendemos que esta seja a melhor opção. Mesmo assim há o risco de não se aceitar como Jornalismo o conteúdo de tais "meios de comunicação" em função de parâmetros histórico-culturais. A realidade mostra que a porta de acesso ao mundo jornalístico se apresenta mais aberta para algumas formações comunicativas, do que para outras. Há maior facilidade para a passagem de algumas modalidades informativas pelo simples fato de o meio emissor ser historicamente classificado como imprensa. Em outras situações a porta se fecha totalmente pelo fato de o emissor não ser tradicionalmente classificado como meio jornalístico. É o caso do já citado *infotretenimento,* aceito com maior facilidade dentro da cesta de produtos jornalísticos.

As modalidades informativas são diversas e, portanto, a análise do conteúdo do que chamamos de ***Mídias das Fontes*** e da identidade profissional de seus autores deve ser cautelosa. Ela pode ser fruto de processos distintos. Ela pode ser uma mera estratégia de construção de imagem ou, também, a busca da expressão dos excluídos da agenda. Particularmente, consideramos válida a teoria de renovação a que Ruellan se refere. Por ela, há um fenômeno que permite um processo de amalgamar e de eternizar uma profissão que se mostra constantemente renovada.[60] Assim, a ação de jornalistas nas assessorias de imprensa seria, na prática, um processo de renovação da atividade jornalística. Se fôssemos pensar apenas na ótica da Publicidade ou das Relações Públicas o mundo não teria conhecido o nome de *Comandante Marcos,* que, juntamente, com seu cachimbo e seu gorro de esquiador interferiram na *agenda* midiática ao percorrerem os computadores do mundo inteiro divulgando o ideal Chiapas. Tudo graças a uma ação de comunicação institucional, corporativa.

Temos na prática três cenários: o cenário das redações, o cenário das assessorias de imprensa, *dircom,* e o cenário do *jornalismo corporativo,* das mídias corporativas. É necessária uma análise das práticas e rotinas de cada um desses cenários. Esta análise pode se dar sob um aspecto do real, aquele que se verifica no cotidiano, ou sob o aspecto do ideal, onde agentes diversos podem contribuir para o controle da qualidade da informação. No modelo francês, denominado *Diretoria de Comunicação – Dircom,* temos um padrão de ação que, para alguns jornalistas, poderia ser o que no jargão brasileiro é rotulado de *marqueteiro.* O termo traz em si alguma dose de crítica, pois esse profissional se vale de técnicas que buscam trabalhar a imagem do produto, seja ele uma pessoa, uma empresa, uma organização, um governo, a qualquer custo. Avaliação concedida na Inglaterra aos profissionais de Relações Públicas. Conforme GANDY, O,

> *"A função primeira das Relações Públicas é uma comunicação focada e com interesse próprio. [...] Relações Públicas é visto como um recurso instrumental que é normalmente lançado mão por atores buscando influenciar o surgimento do debate de políticas (públicas)"*[61]

Técnicas como as descritas por Brault[62], que mesmo despidas do caráter publicitário, permitem uma série de *performances*. Na prática, registra o autor, elas agrupam o *marketing* direto, a promoção de vendas, a comunicação interna, as técnicas de construção de identidades, o *designer*, a embalagem, o *merchandising*, a relação com a imprensa, dentre outras. Uma comunicação institucional baseada nessas técnicas não pode ser enquadrada como Jornalismo nem o profissional responsável estará atuando como jornalista, mesmo que legalmente ele tenha este título.

Esse cenário difere em muito dos propósitos adotados pelos profissionais de jornalismo que atuam na maioria das assessorias de imprensa no Brasil. Não que ações desse caráter não ocorram, pelo contrário, elas são até rotineiras, mas partem de outros profissionais, os *marketeiros*, que, em sua maioria, descendem da Publicidade, mas cuja fauna também abriga espécimes que já atuaram como jornalistas. Esse grupo de profissionais estaria entre aqueles que, segundo Bonville, não medem esforços para assegurar a divulgação de uma informação. Desdobram sua capacidade criativa para distinguir as suas mensagens e reter a atenção da mídia e da audiência. Criam eventos com a única missão de serem relatados pela imprensa.[63]

O papel desempenhado pelas assessorias de imprensa, no modelo construído no Brasil, foi o de ampliar o grau de informações existentes numa determinada sociedade sobre um determinado tema. Esta linha de trabalho começa a encontrar espaços na Europa. Chaise, e Tixier-Guichard[64] atestam que a maior presença de jornalistas à frente dos serviços de imprensa das empresas – em 1993, dois entre cada dez *Dircom* seriam veteranos jornalistas que deixaram a mídia – tem contribuído para demonstrar que a informação pode ajudar as empresas a se afirmarem no espaço público, por meios que não são nem a Publicidade, nem o *marketing*. Na base desta meta, a transparência, a democratização do acesso às informações, a verdade dos fatos. Paradigmas semelhantes aos que norteiam os jornalistas tradicionais. Não é a lógica do produto, como referenciado por Brault, que orienta estas novas iniciativas. Na verdade, a grande maioria tem por meta um espaço sob o sol da mídia, tentar se incluir na agenda. Por isso, consagradas iniciativas neste campo ocorreram a partir de organizações que tratam de temas tidos como marginais, dentre os quais, a questão indígena, racial, ecológica, direitos humanos e até mesmo a própria liberdade de expressão. As ações, de início, se limitavam a uma interface com a imprensa, mas com o passar dos tempos evoluíram para a produção e difusão de programas e até mesmo a implantação de veículos próprios de informação. Não apenas para dialogar com o chamado público interno, ou mesmo com a mídia, mas também para interagir diretamente com a sociedade. No mundo dos acadêmicos permanece, contudo, questionamentos quanto aos elementos que motivam um redator de assessoria de imprensa a escolher este ou aquele tema. A relação assessoria de imprensa versus redação foi alvo de comentário de Neveu:

> *«Dentro de um meio de comunicação onde os Jornalistas, organizados, por exemplo, numa sociedade de redatores, se prioriza sobre o estilo redacional os imperativos da produção da informação – aqueles definidos pelos códigos deontológicos e pelos mitos profissionais – que possuem alguma chance de governar as práticas dos Jornalistas. Do outro lado, numa empresa de produção de informação, como também em vários segmentos das revistas, a produção da informação é pensada como uma atividade econômica ou mercadológica, sem grandes particularidades normativas. É um outro tipo de jornalismo que se desenvolve. Os fatos nos convidam, portanto, a fixar os limites de uma analogia entre jornalismo e produção cultural.»*[65] (Tradução minha)

O convite de Neveu é válido, mas não contempla totalmente a realidade brasileira. Em primeiro lugar, pelo fato de que a existência e prevalência das chamadas *sociedades de redatores* e de seus princípios éticos, a que ele se refere, são bastante pequenas e raras no cenário real da imprensa mundial e inexistentes no Brasil. Segundo, como fica evidenciado ao longo deste texto, cada vez mais a informação difundida pela imprensa tradicional segue o parâmetro mercantil, que ele tanto critica quando trata das ações de comunicação institucional. Marshall nos descreve da seguinte forma a atividade jornalística atual:

> *"O jornalista da era pós-moderna anula o senso crítico e a capacidade de reflexão e permite-se o ato de submeter o lead e a pirâmide invertida à lógica do mercado. [...] Ele se rende à invisível censura do mercado e estabelece a própria autocensura. O jornalista perde silenciosamente sua autonomia, consciente ou inconscientemente, e desempenha mecanicamente operações que dão forma ao universo da informação."*[66]

Nossa encruzilhada parece irredutível. Há jornalismo ou *marketing* na imprensa? Há jornalismo ou *marketing* no *jornalismo corporativo*? Acreditamos que no caso das ***Mídias das Fontes*** há uma tendência a adoção de valores próprios da redação jornalística. Acreditamos que os valores preconizados por Neveu[67] se encaixam ao que essas mídias e seus profissionais realizam, ou pelo menos pretendem realizar:

a) a primeira tem a reivindicação de uma submissão aos fatos. Se a redação jornalística vem a interpretar, tomar posição sobre o acontecimento, ela o faz mais adiante.

b) a segunda tem a importância de uma dimensão pedagógica. Suas práticas são adaptadas a princípios de transparência, explicação, adaptação do vocabulário à capacidade de compreensão presumida do público.

A *noção de paradigmas jornalísticos*, ou seja, das propriedades estruturais do sistema, também pode servir para sanar nossa dúvida. Por *paradigma* tomemos o conceito elaborado por Kuhn[68], que o define como sendo um *conjunto de crenças, de valores-guias e de técnicas que são comuns a um dado grupo* e por paradigma jornalístico, consideraremos o conceito de Bonville:

> *"São conjuntos de convenções, geralmente implícitas, que administram o referencial jornalístico, o tipo de informação pertinente, sua relação e maneira de coletar, o papel do Jornalista em atenção às fontes, a redação dos textos etc. O Jornalista integra cognitivamente estas convenções sob forma de esquemas, de cenários, de modelos de estilo etc por ocasião de sua socialização profissional, por imitação do que fazem os outros* (porque não incluir a retransmissão propiciada pelas escolas de jornalismo?) *Os paradigmas jornalísticos pertencem manifestamente ao mundo das estruturas (das propriedades estruturais).*[...] *O paradigma jornalístico substitui as funções de uma instituição: de uma parte, ele delimita enquadra a atividade jornalística e, de outra parte, fornece os meios de executá-la.*[69]

Duarte nos afirma que as diversas etapas por que passam todos os jornalistas, inclusive aqueles que vão atuar no mercado no campo institucional, estabelecem parâmetros internos aos profissionais.

> *"Por meio da educação, estágio e aprendizagem, os jornalistas estabelecem a base cognitiva para a profissão, compartilhando normas aceitas por todos os integrantes da categoria. Essas normas estão além dos interesses dos veículos de comunicação, que se vêem obrigados a estabelecer políticas editoriais para exercer certo controle sobre seus jornalistas. A aceitação por profissionais do mercado tradicional – as redações –, de que o título de jornalista seja adotado por assessores de imprensa assegura o direito de uso. Isso só mudaria se houvesse forte sentimento profissional contrário a esse tipo de especialização."*[70]

Complementando, José Hamilton Ribeiro, veterano profissional de imprensa, reforça a necessidade da função jornalística ter como paradigma o seu desempenho de forma digna.

> *"Em jornalismo, seja qual for o seu assunto, seu conteúdo, tem que ter a visão do homem como um todo. Tudo o que se faz em jornalismo tem que ser em nome da dignidade humana."*[71]

Assim sendo, se o paradigma substitui as funções de uma instituição, digamos a imprensa, e se ele se faz presente entre os jornalistas em qualquer situação. Se respeitados os paradigmas, garantida a dignidade, o jornalista poderá desempenhar seu papel de informar corretamente em qualquer cenário? Nestas condições, o que é emitido pelas assessorias de imprensa e pelas ***Mídias das Fontes*** assumiria a condição de Jornalismo? Acreditamos que sim.

As ponderações são pertinentes, na medida em que constatamos que as modernas teorias sobre comunicação institucional buscam eliminar técnicas antigas e pouco recomendáveis até mesmo no campo eminentemente publicitário. Pelo menos, no campo dos princípios, há uma busca de convergência do aspecto ético. Brault destaca que a *communication d'entreprise* não pode se contentar com a simples relação mecânica de mensagem e receptor. Ela deve englobar valores humanos, dentre os quais ele destaca a moral e a ética.

> *"A escolha de integrar a ética como um valor chave não é decorrência única e exclusivamente da vontade de um homem, mas sim a base de toda uma reflexão sobre a utilidade social das empresas"*[72] – acrescentaríamos de todas as instituições.

A credibilidade de uma informação emanada por uma assessoria de imprensa ou de um canal corporativo é tão importante quanto se tivesse saído de uma mídia tradicional. A comunicação institucional não tem o direito de errar, pois mesmo que a incorreção da informação não seja intencional, seja decorrente de uma falha humana, ela será decodificada como uma tentativa de desviar o olhar jornalístico e, em decorrência, a opinião pública. Por outro lado, mesmo nos momentos mais delicados, a opção pelo silêncio não é a melhor opção para os comunicadores institucionais. *"Recusar se a dar uma informação é comunicar o negativo"*- afirma Messika.[73]

Também no tocante às rotinas de apuração e redação de um lado e outro da notícia acabam sendo as mesmas. Quanto à forma, Schneider[74] orienta que a redação de um texto produzido a partir de uma estrutura de comunicação institucional deve eliminar os argumentos de caráter publicitário, *slogans*, superlativos, afirmações radicais. Deve procurar apresentar um tom informativo e deve transmitir credibilidade. Em outras palavras ele não pode assumir uma natureza publicitária, muito menos *marketeira*. A importância – relata ele – não é proporcionar prazer à empresa ou seus dirigentes, mas sim captar a atenção do leitor, seu interesse, sua sensibilidade. Fornecer informações úteis, destacar as essenciais, facilitar a compreensão. Regras desta natureza certamente encontrariam espaço no manual de redação de qualquer jornal.

Le Grave[75] afirma que, principalmente para os agentes políticos, indivíduos e instituições, comunicar é um ato de transparência, é prestação de contas, é publicizar. Nos termos do folclore popular brasileiro, "não basta à galinha botar o ovo, é preciso cacarejar". Transparência, prestação de contas, publicização não seriam paradigmas jornalísticos? Nos conceitos dos dois últimos autores pode aí residir a diferença entre um trabalho de Relações Públicas e um de assessoria de imprensa, ou mesmo de um meio de comunicação corporativo. Enquanto a filosofia do RP repousa numa mentalidade de trabalhar a simpatia da fonte, do empregador, junto a seu público – e para tanto, conforme especifica Gerstlé,[76] existe uma gama de ferramentas que vão desde as cartas pessoais, publicações de toda sorte, *marketing* direto, exposições, eventos e até mesmo jornais institucionais –, o serviço de imprensa deve procurar tornar transparente as ações da instituição. O objetivo, ressalta Schneider, não é que se fale da empresa, da instituição, mas sim que por meios das informações transmitidas sensibilize-se o público quanto ao tema. Em outras palavras, procurar interagir no processo de *agendamento.*

Para Bahia, a comunicação institucional, mesmo quando feita a partir de empresas comerciais, deve *observar sempre o conceito de informação como necessidade social.*

> *"O direito à informação considera um permanente fluxo de oferta e demanda, tão necessário para os indivíduos quanto para as organizações ou aos grupos, sejam políticos, econômicos, ou outros. Os empresários e suas empresas formam um desses grupos e estão cada*

vez mais conscientes do seu papel no desenvolvimento da sociedade. Portanto devem participar da formação da opinião pública, opinar e ser criticados, esclarecer posições e justificar atitudes." [77]

Lopes[78] resume o conceito básico da assessoria de imprensa ao afirmar que *"é a necessidade de divulgar opiniões e realizações de um indivíduo ou grupo de pessoas e a existência de instituições"*, ao que acrescentaríamos seus feitos e realizações. Para tanto, continua Schneider, o serviço de imprensa deve pesquisar e descobrir as informações que são de interesse público e da imprensa. A assessoria de imprensa não deve se contentar com o que geralmente se acredita que ele seja: *un service de faire parler l'entreprise.* Também não deve ser compreendido como um porta-voz, para falar em nome e da fonte. Este equívoco é rotineiramente feito tanto pelas fontes que temem os holofotes e as câmeras, quanto por estudiosos. Em muitos casos, e esta é uma rotina normal no Brasil, até mesmo na presidência da República ou no Ministério das Relações Exteriores, a assessoria de imprensa não se confunde com a figura do *porta-voz.* Cabe ao comunicador institucional a busca das informações necessárias ao atendimento da imprensa. A um profissional competente se exigirá a mesma *performance* de um repórter: ser rápido, honesto, objetivo, criativo, capacidade de reflexão, transparência, astúcia. Como bem registra o autor, o assessor deve atuar com o mesmo espírito de um Jornalista. *"Um bom vendedor não será um bom attaché de presse".*

> *"A partir do momento em que o assessor de imprensa está a serviço do jornalista, ele deve adaptar seus métodos de trabalho aos dos jornalistas. [...] Diversos temas da atualidade são tesouros que devem ser explorados diariamente pelos assessores de imprensa, detentores de reflexos rápidos e senso de informação."* (Tradução Minha).[79]

Para Demers não existe diferença de referenciais entre aqueles que escrevem para a mídia tradicional e aqueles que o fazem para instituições.

> *"Uns e outros são influenciados pela lógica da sedução que pressionam todo mundo no âmbito da esfera pública. [...] O simples fato de um grupo de se inserir numa maioria (agendamento) já constitui uma possibilidade de influencia horizontal sobre todos. [...] Em resumo, a luminosidade do pós-modernismo nos leva a concluir que o profissional da informação* (jornalista) e o da comunicação (institucional) como os demais intelectuais, é desprovida do seu papel de legislador do conhecimento e dos valores culturais ao lado de outros emprestados da razão e do progresso."[80] (Tradução minha)

Entretanto, permanece uma dúvida: a similitude entre a atividade do jornalista e do assessor de imprensa seria em decorrência do segundo adotar os parâmetros do primeiro? Ou o jornalismo feito hoje está de tal forma despersonalizado, que se confunde com a comunicação publicitária, distanciada dos valores referenciais que nortearam historicamente o jornalismo? Marshall defende o princípio que no mundo pós-moderno a esfera pública voltou a ser propriedade da esfera privada, que privatiza o próprio homem e sua consciência. Assim, sendo a ética humanística dos jornalistas voltada ao bem-estar coletivo e ao interesse público, se vê tomada pela ética econômica fundada nos princípios capitalistas e privados. [81]

Para tentar responder a esta provocante questão sobre a existência de jornalismo dentro das assessorias de imprensa, arriscamos a utilizar o critério da hibridação. Ele não resolverá as polêmicas legais e corporativas que disputam territórios profissionais, mas será um indicativo importante ao consumidor final da informação: a opinião pública. As ferramentas, técnicas e meios se mesclaram, se *hibridaram*. Encontraremos na imprensa tradicional o texto publicitário e relacionista e, é claro, o jornalístico. O mesmo, acreditamos, ocorrerá na ***mídia das fontes***. Para a sociedade, mais importante do que saber se as assessorias de imprensa são territórios de jornalistas ou relações-públicas, é ter certeza da natureza e intenção do conteúdo divulgado. Historicamente os jornalistas têm tido um compromisso maior com a função da informação, mas este quadro vem se alterando. A continuar o processo de marketização da informação não haverá, no futuro, grande importância em saber quem será o profissional responsável.

Notas

1 Offerlé, Michel, 1994, p. 47.

2 Robert, Paul, 1993.

3 Flexner, W., Is a social work a profession, 1915, *apud* Ruellan, Denis, 1993, p. 35.

4 Koch, Tom, 1990, p. 175 *apud* Bonville, Jean de, 2001, p. 34

5 Neveu, Erik, 2001, p. 96.

6 Sant'Anna, Francisco, 1993, p. 2.

7 Bonville, Jean de, 2001, p.17.

8 Adotamos neste texto a terminologia criada pelo acadêmico português Nelson Traquina para exprimir em português o conceito inglês « agenda-setting ».

9 Habermas, J., 1992, p. 207.

10 *Op. cit.*, p. 195.

11 Bourdieu, Pierre, 2002, p. 12.

12 Thompson, John B., 1995, p. 54

[13] Marshall, Leandro, 2003, p. 65.

[14] Koplin, Elisa e Ferraretto, Luiz Arthur, 2000, p. 18.

[15] Dines, Alberto, 1974, p. 57.

[16] Sant'Anna, Francisco, 2001.

[17] Schlesinger, Philip e Tumber, Howard, 1995, p. 8.

[18] Champagne, Patrick *et* Marchetti, Dominique, in Actes de la Recherche en sciences sociales, 2000, p. 4.

[19] *Apud* Thompson, John B., 1995, p. 54.

[20] Ribeiro, Jorge Cláudio, 1994.

[21] Schlesinger Philip, 1987.

[22] «[...] encore toujours censé(e) mettre en corrélation et en perspective les faits et les événements, est un conducteur, un passeur ou encore un éclaireur. Dans sa tâche, il (le journalisme) permet à l'hommo mediaticus emergeant de la société câblée ou de la société réseaux, d'échapper à l'empire de clecs, des mandarins ou de notables de la culture colplexe, intellectuelle ou techniciene.» Mathien, Michel, p. 313.

[23] Vieira, Geraldo, 1991, p. 51.

[24] Akrich, Madeleine, in Medias Pouvoir n°26, 1992, p. 24-32.

[25] Marshall, Leandro, 2003, p. 52.

[26] Duval, Julien, in Champagne, Patrick *et* Marchetti, Dominique (org.), Actes de la Recherche en sciences sociales 131-132, 2000, p. 57.

[27] Dines, Alberto, 1974, p. 78.

[28] Neveu, Erik, 2001, p. 27

[29] Marshall, Leandro, 2003, p. 41.

[30] *Op. cit.*, pp. 39/41.

[31] Lustosa, Elcias, 1996, p.17.

[32] Marchetti, Dominique, in Champagne, Patrick *et* Marchetti, Dominique (org.), Actes de la Recherche en sciences sociales 131-132, 2000, p. 30.

[33] Dines, Alberto, 1974, p. 86.

[34] Marshall, Leandro, 2003, p. 27.

[35] Marcondes Filho, Ciro, 1989, p. 36.

[36] Marshall, Leandro, 2003, p. 36.

[37] Bonville, Jean de, 2001, p. 20.

[38] Beltrão, Luiz, 1980, p. 13.

[39] "La dérive de ce journalisme rejoint une conception de l'offre propre aux théories du marketing qui construisent, en leur sein, des concepts de

communication adaptés aux finalités du commerce et de la vente et qui trouvent place dans l'activité productrice des médias. Comme le disent ouvertement bien des professionnels des relations publiques français – ou relationnistes québécois – formés à bonne école, tout est communication, il n'y a plus d'information aujourd'hui" Mathien, Michel, in Quaderni n° 45, 2001, p. 119.

[40] Chaise, Daniel et Tixier-Guichard, Robert, 1993, pp. 141/211.

[41] Messika, Liliane, Réseaux n°64, 1994, p. 67.

[42] *Op.cit.*

[43] Messika, Liliane, Réseaux n°64, 1994, p. 59.

[44] Balbastre, Gilles, in Champagne, Patrick *et* Marchetti, Dominique, (org.), Actes de la Recherche en Sciences Sociales 131-132, 2000, p. 76.

[45] Cahiers du répertoire français des emplois, volume 14-3 (fiche RP 01) Cereq, 1983, apud Messika, Liliane, in Réseaux n° 64, 1994, p. 55.

[46] Bahia, Juarez, 1995, p. 35.

[47] Decreto nº 57.690, de 1 de fevereiro de 1966. Aprova o Regulamento para a execução da Lei nº 4.680, de 18 de junho de 1965.

[48] Dagenais, Bernard *et* Sauvageau, Florian, in Communication et organisation n° 8 – 2è semestre, 1995, p. 8.

[49] "Dans l'exercice de leur activité, ces rédacteurs réaliseront des enquêtes, des reportages, des interviews. Ils rédigeront aussi bien de brèves, des billets; [...] Quant à la liberté de ton et à l'autonomie rédactionnelle, elles seront bien souvent équivalentes, sinon supérieurs, à celles des hebdomadaires et des quotidiens régionaux" Charon, Jean-Marie, 1993, pp. 110/111.

[50] Chaise, Daniel *et* Tixier-Guichard, Robert, 1993, p. 20.

[51] Champagne, Patrick e Marchetti, Dominique (org.), in Actes de la Recherche en sciences sociales 131-132, 2000, p. 4.

[52] Mathien, Michel, 1992, p. 177.

[53] Lima, G. M. 1985, p. 111.

[54] Champagne, Patrick e Marchetti, Dominique (org.), in Actes de la Recherche en sciences sociales 131-132, 2000, p. 4.

[55] Le cloisonnement est net: nous n'avons rien à voir avec la publicité qui dépend d'un tout autre service. Nous fonctionnons un peu comme une agence [...] Les rédactions sont aujourd'hui informatisées, les journalistes indépendants travaillent sur des micro-ordinateurs, pourquoi ne pas imaginer des dossiers plus synthétiques dans leur partie "papier" avec, en complément", une disquette pour les aspects plus techniques et les infographies? » Chaise, Daniel *et* Tixier-Guichard, Robert, 1993, pp. 161/163.

[56] Demers, François, in Communication et organisation n° 8, 1995, p. 19.

[57] Marcondes Filho, Ciro, 1989, p. 11.

[58] Marshall, Leandro, 2003, p. 17.

[59] Ruellan, Denis, 1993, p. 105.

[60] *Op.cit.*, p. 224.

[61] "The primary role of Public Relations is one of purposeful, self-interested communication. [...] Public Relations is seen as an instrumental resource that is regularly called into a play by actors seeking to influence the outcome of a policy debate." Gandy, O., in Toth, E.L. e Heath, R.L. (eds.), 1992, p. 137.

[62] Brault, Lionel, 1992, p. 53.

[63] Beauchamp, Michel (org.), 1991, p. 43.

[64] Chaise, Daniel *et* Tixier-Guichard, Robert, 1993, p. 210.

[65] Neveu, Erik, 2001, p. 38

[66] Marshall, Leandro, 2003, p. 32.

[67] Neveu, Erik, 2001, p .63.

[68] Kuhn,Thomas, 1972, *apud* Mathien, Michel, in Quaderni n° 45, 2001, p. 107.

[69] Bonville, Jean de, 2001, p. 13.

[70] Duarte, Jorge, 2003, p. 95.

[71] Ribeiro, José H. *apud* Ribeiro, Jorge Cláudio, 1994, p. 190.

[72] Brault, Lionel, 1992, p. 134.

[73] Messika, Liliane, Réseaux n° 64, 1994, p. 66.

[74] Schneider, Cristian, 1993, p. 131.

[75] Le Gavre, Jean Baptiste, Tese de Doutorado em Ciência Política, 1993, p. 61.

[76] Gerstlé, Jackes, in La communication politique, 1992, p. 28.

[77] Bahia, Juarez, 1995, p. 37.

[78] Lopes, Boanerges, in Ulhôa, Eliane e Moreira, Rosa (orgs.), 1996, p. 15.

[79] «A partir du moment où l'attaché de presse est au service du journaliste, il doit calquer ses methods de travail sur celles du journaliste. [...] De nombreux sujets d'actualité sont tous les jours de tresors à exploiter pour l'attaché de presse qui a des reflexes rapides et le sens de l'information' Schneider, Cristian, 1993, p. 162.

[80] "Les uns et lês autres sont emportés par la logique de séduction qui contraint tout le monde sur la scène publique. [...] Le simple fait pour um groupe de s'inscrire dans une majorité (agendamento) constitue déjà une possibilité d'influence horizontale sur tous. [...] Em bref, l'éclairage du postmodernisme conduit à conclure que le professionnel de l'information et de la communication, comme lês autres intellectuels, est dépouillé de son role de 'législateur de la connaissance et des valeurs culturelles'à cote dês autres prêtes de la Raison et du progrès." Demers, François, in Communication et organization n° 8, 1995, p. 22.

[81] Marshall, Leandro, 2003, p. 56.

Referências Bibliográficas

AKRICH, Madeleine. *La presse et la technique. Pluiralité de modèles de journalisme,* Medias Pouvoir n° 26, 1992.

BAHIA, Juarez. *Introdução à Comunicação Empresarial*, Rio de Janeiro, Mauad, 1995.

BALBASTRE, Giles. *Une information précaire, in* CHAMPAGNE, Patrick et MARCHETTI, Dominique (org.), *Le Journalisme et L' economie in Actes de la Recherche en sciences sociales 131-132,* CSE Collège de France, Paris, 2000.

BEAUCHAMP, Michel (org.). *Comunication publique et société*, Gaetan Morin, Montreal, 1991.

BELTRÃO, Luiz. *Jornalismo Opinativo,* Sulina, Porto Alegre, 1980.

BONVILLE, Jean de. *Le journalisme dans le « systeme » méediatique,* Laval, mimeo, 2001.

BOURDIEU, Pierre. *Questions de sociologie*, Paris, Éditions de Minuit, 2002.

BOURDON, Jérôme. *Une identité professionnelle à éclipses, in* BOURMEAU, Sylvain, CARDON, Dominique et LEGAVRE, Jean-Baptiste (org.), *L'activité journalistique*, Paris, Presses Fondation Nationale des Scienes Politiques, 1992.

BRAULT, Lionel. *La Com – La communication d'entreprise au-delà du modèle Publicitaire,* Dunod, Paris, 1992.

BROTELLE, Nicole. *Une structure contennu-public, in* Etudes offertes à Roger Clasusse, Publics et techniques de la diffusion collective, Bruxelles, Université Libre, 1971.

Cahiers du répertoire français des emplois, volume 14-3 (fiche RP 01) Cereq, 1983.

CHAISE, Daniel et TIXIER-GUICHARD, Robert. *Les dircoms. A quoi sert la communication?,* Seuil, 1993.

CHAMPAGNE, Patrick et MARCHETTI, Dominique (org.). *Le Journalisme et L' economie in Actes de la Recherche en sciences sociales 131-132,* CSE Collège de France, Paris, 2000.

CHARON, Jean-Marie. *Cartes de presse: enquête sur les journalistes,* Quebec, Stock, 1993.

DAGENAIS, Bernard e SAUVAGEAU, Florian. *L'equivoque dans les metiers de la communication, in Communication et organization n° 8* – 2è semestre, 1995, p. 5.

Decreto nº 57.690, DE 1 DE FEVEREIRO DE 1966. Aprova o Regulamento para a execução da Lei nº 4.680, de 18 de junho de 1965.

DEMERS, François. *Jounaliste et communicateurs au temps de l'information existentielle, in Communication et organization n° 8* – 2è semestre, 1995.

DINES, Alberto. *O papel do jornal,* Artenova, Rio de Janeiro, 1974.

DUARTE, Jorge. *Assessoria de Imprensa no Brasil, in* DUARTE, Jorge (org.), *Assessoria de Imprensa e Relacionamento com a Mídia,* São Paulo, Atlas, 2003.

DUVAL, Julien. *Concessions et Conversion à l'économie, in* CHAMPAGNE, Patrick et MARCHETTI, Dominique, (org.), *Le Journalisme et L'economie in Actes de la Recherche en sciences sociales 131-132,* Paris, CSE Collège de France, 2000.

FLEXNER, W. *Is a social work a profession,* School and Society, June, 1915.

GANDY, O. *Relations and Public Policy: The structuration of Dominance in the Information Age, in* TOTH, E.L. e HEATH, R.L. (eds.), Rhetorical and Critical Approaches to Public Relations, Hilldale, NJ, Lawrence E. Associates, 1992.

GERSTLÉ, Jackes. *La caractère foundamental de la communication dans l'établishement du lien social, in La communication politique,* PUF, 1992.

HABERMAS, J. *The structural transformation of the public sphere: An inquiry into a Category of Bourgeois Society,* Cambridge, Polity, 1992.

KOCH, Tom. *News and myth: fact and context in journalism,* New York, Greenwood Press, 1990.

KOPLIN, Elisa e FERRARETTO, Luiz Arthur. *Assessoria de imprensa: teoria e prática,* Sagra Luzzatto, Porto Alegre, 2000.

KUHN, Thomas. *La structure des révolutions scientifiques,*Paris, Flammarion, 1972.

LE GAVRE, Jean Baptiste. *Conseiller en pommunication politique. L'institutionnalisation d'un rôle,*Tese de Doutorado em Ciência Política, Universidade Paris 1, 1993.

LIMA, G.M. *Releasemania: uma contribuição para o estudo do press-release no Brasil,* 2° Ed. São Paulo, Summus, 1985.

LOPES, Boanerges. *O primeiro assessor, in* ULHÔA, Eliane e MOREIRA, Rosa (orgs.), *Assessoria de Imprensa – o papel do assessor,* Brasília, Fenaj, 1996.

LUSTOSA, Elcias. *O texto da Notícia,* Brasília, UnB, 1996.

MARCHETTI, Dominique. *Les révélations du «journalisme d'invstigaton», in* CHAMPAGNE, Patrick et MARCHETTI, Dominique (org.). *Le Journalisme et L' economie in Actes de la Recherche en sciences sociales 131-132,* CSE Collège de France, Paris, 2000.

MARCONDES FILHO, Ciro. *O capital da notícia: jornalismo como produção social da segunda natureza,* São Paulo, Ática, 1989.

MARSHALL, Leandro. *O Jornalismo na era da Publicidade,* São Paulo, Summus, 2003

MATHIEN, Michel. *Le journalisme de communication – critique d'un paradigme spéculatif de la représentation du journalisme professionnel, in* Quaderni n° 45, Paris, Sapientia, 2001.

________. *Les Journalistes et le Système Médiatique*, Paris, Hachete, 1992.

MESSIKA, Liliane. *Dircoms et journalistes: une convergence du flou,* Réseaux n°64, CNET – 1994.

NEVEU, Erik. Sociologie du journalisme, Paris, La Decouverte, 2001

OFFERLÉ, Michel. *Sociologie des groupes d'intérêt*, Paris, Montchrestien, 1994.

RIBEIRO, Jorge Cláudio. *Sempre Alerta*, S.Paulo, Brasiliense, 1994.

ROBERT, Paul. Dictionnaire Alphabétique et analogique de la langue Française, Paris, Le Robert, 1993.

RUELLAN, Denis. *Le profissionnalisme du flou – identité et savoire-faire des journalistes français,* Grenoble, PUG, 1993.

SANT'ANNA, Francisco. *A importância dos assessores de imprensa, in Jornal dos Jornalistas n°1,* Brasília, Sindicato dos Jornalistas Profissionais do DF, 1993.

__________. *O papel da mídia impressa brasileira no processo de integração latino-americana,* dissertação de mestrado, Brasília, UnB, 2001

SCHLEISINGER, Philip. *Putting 'Reality'Together, BBC news,* London, Routledge, 1987.

SCHLESINGER, Philip et TUMBER, Howard. *Reporting Crime,* Claredon Press, Oxford, 1995.

SCHNEIDER, Cristian. *Nouvelle fonction stratégique de communication,* ??, 1993.

THOMPSON, John B. *Ideologia e Cultura Moderna*, Petrópolis, Vozes, 1995,

VIEIRA, Geraldo. *Complexo de Clark Kent – São super-homens os Jornalistas?* Summus, São Paulo, 1991.

JORNALISMO E RELAÇÕES PÚBLICAS: A CONCILIAÇÃO (IM)POSSÍVEL

*Jair Antonio de Oliveira**

"O olho não pode dizer à mão: eu não necessito do teu serviço; nem também a cabeça pode dizer aos pés: vós não me sois necessários. Antes, porém, os membros do corpo, que parecem mais fracos, são os mais necessários" (Paulo, Coríntios, 12:21-22)"

O tema central deste livro, "perspectivas de um processo conciliatório", traz como pressuposto a idéia de que jornalistas e relações-públicas vivem às turras. Na realidade, esses profissionais, assim como os químicos, publicitários, matemáticos, lingüistas e médicos, objetivam conquistar, manter e ampliar seus territórios de atuação em um mercado competitivo[1]; onde a palavra mágica é o lucro. O que se constata na dimensão do trabalho[2], antes que uma simples querela, é uma disputa corporativa para impor os seus pontos de vista. Quando uma atividade profissional é prestigiada, e se coloca no topo da hierarquia organizacional, é indiscutível o "mal-estar" que se instala entre os integrantes de áreas afins: "O Senhor voltou seu olhar para Abel e sua oferta, mas de Caim e da oferenda que trouxera, desviou o olhar" (GÊNESIS, 4:5). Sabemos qual foi o fim dessa história...

As metáforas bíblicas empregadas acima não são gratuitas. A herança cristã na formação do modo de ser ocidental tende a colocar a conciliação como uma condição indispensável para a existência do que Barthes (1993, p. 113) chamou de "A Grande Família dos Homens". Nessa perspectiva, "pôr em harmonia" é encarado como uma espécie de condição a-histórica, intrínseca à espécie humana, e que transcende as peculiaridades de cada contexto. Obviamente, não estamos pregando a cizânia como objetivo, mas ressaltando a necessidade de uma "desconstrução" do embate entre jornalistas e relações-públicas.

Desconstruir, conforme Derrida (1988), é colocar termos ou expressões sob suspeita, a fim de que os usuários não os aceitem em sua face *value* filosófica. De forma simplificada, instaura-se o processo com os seguintes passos:

1º) Observando que na história da reflexão filosófica e da construção de narrativas, determinados argumentos, textos, teorias e princípios têm

* Professor na habilitação de Relações Públicas da Universidade Federal do Paraná. Especialista em Filosofia da Educação (PUC/PR). Mestre em Lingüística (UFPR). Doutor em Ciências da Comunicação (ECA/USP).

sido apresentados como sendo "naturais, normais, auto-evidentes, originais ou autênticos". Por exemplo: a razão de ser do jornalismo é a notícia. Tal convenção implica o "puro registro dos fatos, sem opinião. A exatidão é o elemento chave da notícia" (...) (MANUAL DA FOLHA, 1992, p. 38). Diante desses relatos, os leitores ou ouvintes estão autorizados a buscar uma força ilocucionária[3], que pode ser caracterizada como uma asserção, isto é, uma afirmação segura, firme. Ao trabalhar o gênero notícia, o jornalista está formatando uma "manifestação do real". E é da "natureza" da notícia, de seu gênero, aparecer, existir, como referência neutra, como fato real acontecido;

2º) Constatando que nos contextos onde essas narrativas ou teorias são empregadas há sempre uma distinção binária: harmonia x discórdia; Jornalismo x Relações Públicas; interno x externo etc. Um dos termos da distinção é sempre hierarquizado em relação ao outro. Por exemplo: a harmonia precede a discórdia (Adão precede Eva); o Jornalismo precede as Relações Públicas; o Jornalismo é mais "autêntico" que as Relações Públicas, pois "informa" em vez de "persuadir"[4]; o jornalismo é a regra (como atividade de comunicação coletiva), e as Relações Públicas constituem a exceção ou um caso especial de aplicação da regra (surgem como atividades próprias das entidades privadas, um reflexo da defesa da livre empresa num sistema capitalista);[5]

3º) Demonstrando que o lado hierarquizado da distinção binária é derivado, composto e/ou o efeito de alguma outra coisa. Por exemplo: o que se intitula gênero jornalístico tem a sua origem no que denominamos literatura[6]. O que intitulamos "verdade" depende do "erro", do "desvio" etc.;

4º) Revertendo às distinções binárias, por exemplo: as práticas das Relações Públicas, especialmente as de mediar, administrar as relações de conflito entre indivíduos, grupos, organizações e seus públicos, é "algo natural" à espécie, particularmente, ao jogo social. Sarangi (1996, p. 2)[7], diz que o termo latino *publicus* deriva muito mais de pubes (que significa maduro, adulto como na puberdade) do que de populus (pessoas). De certa forma isso aponta para a idéia de que as Relações Públicas precedem o Jornalismo, ou seja: são "originais" enquanto atividade sociopsicológica e o Jornalismo é uma atividade derivada disso.

É possível continuar a "desconstrução", embora o propósito não seja o de destruir nada, sim, demonstrar a instabilidade das distinções e a falácia dos argumentos que giram em torno da hierarquização das atividades humanas, profissionais ou não. Em outras palavras, demonstrar que são relações de força e poder que garantem o status privilegiado para as ações no contexto social; e que as potências que se apoderam dos termos operam instituindo novas dicotomias, por exemplo: prestígio x estigma[8], que a nosso ver sustenta a "querela" existente entre Jornalismo e Relações Públicas. A atividade jornalística, ao menos em nosso contexto, é o lado prestigiado, pois como bem observou Kunsch (1997, p. 84), "(...) a área de relações públicas não conseguiu enxergar as mudanças do mercado(...)", e com isso perdeu espaço para o marketing, jornalismo, administração etc.

Assim, para uma tentativa de conciliação entre áreas não basta só a consciência de que tais articulações são mais políticas e lingüísticas do que o reflexo de uma desarticulação de um dos setores da comunicação social. É preciso que as próprias potências, diante da possibilidade da emergência de outra força, garantam o trânsito mais simétrico para os diferentes objetos de conhecimento e os discursos que derivam de suas aplicações empíricas. Deste modo, a força motriz não é a conciliação, mas a cooperação: "(...) a cooperação advém do equilíbrio entre forças divergentes, no seio dos indivíduos ou grupos sociais, que buscam formas de coexistência" (Melo, 1970, p. 18). Dito de outro modo: tal prática envolve, por meio de um negócio (business), duas ou mais pessoas em torno de objetivos comuns nas áreas econômica, social e educacional.

Os objetivos comuns ao Jornalismo e Relações Públicas nas áreas econômica, social e educacional giram em torno do "sucesso e do interesse"; conceitos que traduzidos para um vocabulário de ações intencionais refletem, na melhor das hipóteses, finalidades da ação.[9] Tais finalidades podem ser circunscritas em um tema central: agregar valor (qualitativo ou quantitativo) e têm como suporte o Princípio de Cooperação. Isso envolve, muito mais, aquilo que os indivíduos podem fazer (de acordo com as circunstâncias) e o que os indivíduos devem fazer (devido às expectativas de seus interlocutores) do que aquilo que usualmente fazem; convergindo para a dimensão ética das ações, ou seja, para o campo das escolhas. Essa angulação é como um jogo, onde as pessoas devem observar as regras que, embora possam ser flexibilizadas, dependem da concordância recíproca, pois a desobediência às normas implica na derrocada desse cenário e, por isso, os que aceitam tal empreitada fazem o possível para que ela chegue a um bom termo.

Que espécie de regras devem ser obedecidas por Jornalistas e Relações Públicas para guiar a sua conduta em um agir cooperativo? Há regras que não são conhecidas? Que não façam parte dos códigos e da deontologia profissional? Certamente que não. O que se deseja ressaltar com essas questões é que qualquer esquema ou categorização implica um conjunto de crenças; e o que é dito, ou não dito, está associado a propósitos específicos. Portanto, não importa que espécie de normas sejam estipuladas, é preciso ir até o "pano de fundo" dessas restrições para que se entenda melhor "por que as pessoas cooperam".

Sem objetivar nenhuma prática moral "ideal", mas uma ação pragmática[10], apresentamos algumas máximas que há muito remetem para o ethos (costumes) de Jornalistas e Relações Públicas. Afinal, "Se não fosse a lei, como saberia o que é o pecado?" (Paulo, Romanos, 7:7).

a) Máxima de Qualidade: não diga o que você acredita ser falso. Não diga senão aquilo que você possa fornecer evidência adequada;
b) Máxima de Modo: seja claro (evite ambigüidades, obscuridade de expressão, seja breve e ordenado);
c) Máxima de Relação: seja relevante;
d) Máxima de Quantidade: faça com que a sua contribuição seja tão informativa quanto requerida para o propósito corrente da conversação. Não faça a sua contribuição mais informativa do que é requerido.
e) Máxima de Polidez: seja educado. Seguindo Leech (1983, p. 132) é possível estabelecer algumas submáximas da polidez. Assim, temos uma submáxima de tato, de generosidade, aprovação, modéstia, concordância e simpatia.[11]

Obviamente, não estamos "inventando a roda", mas configurando estratégias verbais (e não verbais) para dar início à negociação pragmática, isto é, à cooperação. Essa hipótese remete à questão apontada por Oliveira (2002, p.12):

> (...) os indivíduos não podem usar as palavras de modo totalmente arbitrário, mas devem considerar as restrições que pertencem ao universo em que vivem (restrições que podem ser de natureza ritualística, pertencentes ao sistema de regras lingüísticas, ou de natureza sociocultural). (...) tais restrições não podem ser encaradas de forma isolada umas das outras; são ações concomitantes que envolvem o contexto de uso das mensagens, permitindo considerar os discursos como parte da imensa fábrica social, na qual não apenas as palavras estão entrelaçadas, mas os atos e a vida humana.

Neste ponto é preciso fazer um resgate do que se afirmou até agora. Primeiro, que a disputa entre jornalistas e relações-públicas é uma questão de domínio de espaço na dimensão do trabalho. Esse domínio, em virtude das intermediações, é atualmente favorável ao Jornalismo enquanto atividade socialmente prestigiada. Mas esse domínio é instável, reversível, e estabelece uma hierarquização que pode levar ao desentendimento. Uma postura estratégica diante desse quadro não é a conciliação, mas a cooperação. Isso garante um equilíbrio de forças entre Jornalismo e Relações Públicas e não coloca em risco as potências que se apoderam dessas ações e as dirigem para seus próprios fins.[12] A cooperação é instaurada essencialmente pela linguagem e, portanto, determinados comportamentos lingüísticos devem ser estipulados para que essa estratégia se mantenha e avance ainda mais. O uso da linguagem só pode ser apreendido em relação à totalidade da sociedade e suas práticas.

Não há como fugir de uma circularidade conceitual e lingüística quando se abordam esses assuntos, afinal, as coisas são criadas pelo uso de vocabulários, que nada mais são que jogos de linguagem jogados aqui e acolá.[13]

Assim, ser claro, relevante, sincero, dar as informações necessárias e ser polido, não significa que se é cooperativo. Mas tais ações levam à cooperação! E, quando isso não acontece, o resultado é previsível: a contenda ruma à contensão que pode resultar na aniquilação. Simples, mas pragmático.

Finalmente, há, ainda, que se observar que essa prédica pode resultar na chamada "Hipótese de Poliana" (Boucher; Osgood, 1969). A hipótese tem sido usada para explicar por que as palavras e relatos associados a fatos agradáveis predominam sobre aqueles considerados desagradáveis. Como observa Leech (1983, p.147), "(...) as pessoas preferem olhar para o lado positivo da vida muito mais que para o lado negativo das coisas (minha tradução)". Então, o Princípio de Poliana aplicado ao relacionamento entre Jornalistas e Relações Públicas requer a cooperação e não a discórdia. Paz...[14]

Notas

[1] As metáforas belicistas empregadas refletem o grau de militarização da sociedade.

[2] Metáfora empregada por Maturana (1999).

[3] Força Ilocucionária é aquilo que se quer dizer com o que é dito. Em outras palavras, a intenção comunicativa.

[4] Melo (1970, pp. 72-77) caracteriza o Jornalismo como a transmissão de informações e as Relações Públicas como uma modalidade de Propaganda, "(...) A Propaganda faz persuasão com a finalidade de obter uma ação imediata. Por sua vez, as Relações públicas buscam uma ação mediata, através da conceituação pública e da formação de imagens favoráveis".

[5] Ib p. 76.

[6] Ver Amoroso Lima, 1990; Olinto, 1963..

[7] Ver "Multiple readings of publicness.

[8] Na obra Genealogia da Moral (p.71), Nietzsche escreveu que é preciso ter em vista a separação da origem e da finalidade de alguma coisa. Tudo o que é criado no mundo é submetido a potências que as usarão de acordo com os seus propósitos específicos.

[9] Freire-Costa (1994, p. 23) diz que a finalidade da ação é sempre o de alterar estados mentais do Sujeito ou estados de coisas da realidade.

[10] A Pragmática é a ciência do uso da linguagem em contextos sociais. Conforme Mey (1993, p. 15), "embora a Pragmática dependa do entendimento, depende muito mais da cooperação".

[11] Seguindo essas submáximas estamos preparando um texto para publicação intitulado " A Ética e a Estética do Cerimonial em Relações Públicas".

[12] É importante não esquecer que os Jornalistas e Relações Públicas estão na "base" e não no "topo" da pirâmide social.

[13] O discurso da filosofia ocidental repousa sobre o princípio da discernibilidade, isto é, a possibilidade de distinguir o falso do verdadeiro. Isto quer dizer que toda a questão debatida aqui é "indecidível", inclusive a hipótese da cooperação.

[14] É possível, ainda, postular um Princípio de Ironia e um Princípio de Interesse. Quando o Princípio de Poliana choca-se com o Princípio de Interesse, o resultado (especialmente na mídia) é: "Bad news is good news".

Referências Bibliográficas

BARTHES, Roland. Mitologias. 9º ed. São Paulo: Bertrand Brasil, 1993.

Bíblia Sagrada. Rio de Janeiro: Gama Editora, 1981.

BOUCHER, J.; OSGOOD, C. The Pollyana Hypothesis. Journal of Verbal Learning and Verbal Behavior, 8, 1-8.

CHAPARRO, Manuel. Pragmática do Jornalismo. São Paulo: Summus, 1993.

DERRIDA, Jacques. Gramatologia. São Paulo: Perspectiva, 1988.

FRAYZE-PEREIRA, João. O Que é Loucura? São Paulo: Brasiliense, 1986.

FREIRE COSTA, Jurandir (Org.). Redescrições da Psicanálise. Rio: Relume-Dumará, 1994.

GRICE, H.P. Logic and Conversation. In: COLE, P.; MORGAN, J. (Eds.).Syntax and Semantics 3. New York: Academic Press, 1975.

HEDGES, Warren. Using Desconstruction. Site da Internet: http:// www.sou.edu/ English/Hedges/sodashop/Rcenter/Theory/Howto/decon.htm

KUNSCH, Margarida Krohling. Relações Públicas e Modernidade. São Paulo: Summus, 1997.

LEECH, Geofrey. Principles of Pragmatics. New York: Longman, 1983.

LIMA, Alceu Amoroso. O Jornalismo como Gênero Literário. SP: Edusp, 1990.

Manual de redação. São Paulo: *Folha de S. Paulo*, 1992.

MATURANA, Humberto. Emoções e Linguagem na Educação e Política. Belo Horizonte: UFMG, 1999.

MELO, José Marques. Comunicação Social: Teoria e Pesquisa. Petrópolis: Vozes, 1970.

MEY, Jacob. Pragmatics. Cambridge: Blackwell, 1993.

NIETZSCHE, F. A Genealogia da Moral. Rio de Janeiro: Ediouro, [19—].

OLINTO, Antonio. Jornalismo e Literatura. Rio: Ediouro, 1963.

OLIVEIRA, Jair Antonio. Comunicação e Educação: uma visão pragmática. Curitiba: protexto, 2002.

__________________. As Dimensões Pragmáticas da Cooperação Jornalística. Tese (Doutorado em Ciências da Comunicação). ECA-USP, São Paulo, 200p., 1999.

SARANGI, Srikant. Public Discourse. Amsterdam: Benjamins, 1996.

RELAÇÕES-PÚBLICAS E JORNALISTAS NAS ORGANIZAÇÕES: QUESTÕES E TENSÕES

*Celsi Brönstrup Silvestrin**

Como tratar o tema relações públicas e jornalismo ou relações públicas *versus* jornalismo. Geralmente, fazemos uso de dicotomias para destacar diferenças. Às vezes as diferenças podem esconder ciladas, acentuando convicções que precisam ser revisadas e (re) discutidas. Se deixarmos valer a oposição, é preciso entender o contexto em que ela acontece. Com que propósito ela ocorre? E até que vantagens ela proporciona? E para quem são as vantagens? Certamente, o exercício das duas profissões – relações públicas e jornalismo – declaram amplamente seu comprometimento com o interesse público. Sendo assim, antecipando uma resposta para o último questionamento, as vantagens devem visar à sociedade, privilegiando o bem-estar coletivo. Como garantia, todas as ações dos profissionais devem resguardar os princípios éticos devidamente firmados nos respectivos Códigos de Ética Profissional. É com este estímulo que entramos na discussão desta proposta, procurando refletir sobre alguns pontos que dizem respeito às duas profissões.

Estagiários e profissionais recém-formados de Relações Públicas freqüentemente se deparam com situações embaraçosas no seu ambiente de trabalho em relação a determinadas atividades de comunicação, como na edição e na elaboração de instrumentos de comunicação dirigida, que são utilizados em ações de relações públicas para fomentar o relacionamento das organizações com os seus públicos. Esses instrumentos também são tidos como publicações dirigidas exclusivas de jornalistas por fazerem parte do trabalho de assessoria de imprensa. As mesmas divergências são temas freqüentes entre professores e alunos. O fato é que, na maioria das vezes, tais discussões apenas suscitam mal-estar e rivalidade entre os envolvidos, sem resultar em algo produtivo, pois em termos jurídicos ambas as categorias se sentem amparadas.

* Professora Adjunta IV da Universidade Federal do Paraná - UFPR – Departamento de Comunicação Social. Doutora em Ciências da Comunicação ECA/USP. Mestra em Metodologia da Comunicação – Universidade Metodista de São Paulo - UMESP.

A Resolução Normativa N º 43, de 24 de agosto de 2002, publicada no DOU – N º 209 – Seção 1, segunda–feira, 28 de outubro de 2002, enfatiza as funções e atividades tidas como privativas dos profissionais de relações públicas.

O Art. 1º, a § 1. º diz: "Todas as ações de uma organização de qualquer natureza no sentido de estabelecer e manter, pela comunicação, a compreensão mútua com seus públicos são consideradas de Relações Públicas e, portanto, não se subordinam a nenhuma outra área ou segmento". E ainda, a § 3. º estabelece que as Relações Públicas caracterizam-se pela aplicação de conceitos e técnicas de (I) comunicação estratégica; (II) comunicação dirigida e (III) comunicação integrada.

O Art. 3. º define as funções privativas da atividade profissional de Relações Públicas, das quais destaca-se:

2) coordenar, implantar, supervisionar, avaliar, criar e produzir material que, em essência, contenha caráter institucional da organização e se enquadre no escopo da comunicação organizacional e são conhecidos por "*newsletters*" e boletins informativos eletrônicos ou impressos, "*house organs*", jornais e revistas institucionais de alcance interno ou externo, relatórios para acionistas, folhetos institucionais, informações para imprensa, sugestões de pauta, balanços sociais, manuais de comunicação, murais e jornais murais.

3) elaborar planejamento para o relacionamento com a imprensa:

a) definir estratégia de abordagem e aproximação; b) estabelecer programas completos de relacionamento; c) manter contato permanente e dar atendimento aos chamados e demandas; d) elaborar e distribuir informações sobre a organização, que digam respeito às suas ações, produtos, serviços, fatos e acontecimentos ligados direta ou indiretamente a ela, na forma de sugestões de pauta, "*press releases e press kits*", organizar e dirigir entrevistas e coletivas; e) criar e produzir manuais de atendimento e relacionamento com a imprensa; treinar dirigentes e executivos para o atendimento à imprensa, dentro de padrões de relacionamento, confiança e credibilidade.

A transcrição desses itens é justamente para evidenciar alguns pontos que, freqüentemente, geram conflitos entre relações-públicas e jornalistas, e que permanecem mal resolvidos na atualidade, provocando antagonismos, com conseqüências desagradáveis para os envolvidos e dificultando significativamente o exercício pleno das atividades profissionais. Referimo-nos às determinações de decretos anteriores que reconhecem a assessoria de imprensa como atividade exclusiva de jornalistas. Essa decisão foi sacramentada e divulgada posteriormente no Manual de Assessoria de Imprensa (1994), em cujo documento explicou-se a atividade em si, além de expor as principais atribuições e funções das relações públicas e publicidade e propaganda. Segundo estudos jurídicos (jornalistas vs relações públicas) foi decidido:

Em função de alguns conflitos de legislação envolvendo as atividades dos profissionais jornalistas e relações-públicas, sobretudo no que diz respeito à questão de quem deve responder pela edição e execução de publicações jornalísticas empresariais, tanto o Departamento Jurídico de Sindicato dos Jornalistas Profissionais no estado de São Paulo quanto o da ABI – Associação Brasileira de Imprensa elaboraram estudos, analisando a legislação sob os mais variados ângulos, os quais dão conta de que essa é uma responsabilidade privativa dos jornalistas profissionais (...) (*Manual de AI*, 1994, p. 40).

Mesmo reconhecendo que RP e PP constituem com as atividades de AI, "o conjunto amplo e universo da comunicação social, onde deve florescer estreita cooperação e conjugação de esforços" (*Manual de AI*, 1994, p. 12) não deixa de observar que embora faça parte integrante do trabalho de relações públicas "promover o diálogo real e desenvolver um clima de boa vontade junto aos públicos interno e externo (...)" tais como "com fornecedores, consumidores, mercado, eleitorado, autoridades, comunidade e outros públicos, excetuando-se (grifo meu) as relações com jornalistas, que é atribuição da própria categoria dos jornalistas, através das Ais" (*Manual de AI*, 1994, p. 10).

Entendemos a assessoria de imprensa como uma atividade que faz parte da comunicação organizacional, portanto, condicionada e submetida aos interesses da organização, seja ela qual for. Não creio que o fato de estar sendo desenvolvida por um bacharel em jornalismo, a isenção esteja garantida. É aí que reside o maior problema nas divergências existentes entre os profissionais de jornalismo e os profissionais de relações públicas. Chaparro (2002, p.47) apesar de reconhecer que a iniciativa da criação do Manual de Assessoria de Imprensa, embora representando um avanço importante como fato político-profissional, traduz "objetivos predominantemente corporativos", faz a defesa da manutenção deste modelo no Brasil. No artigo "Cem Anos de Assessoria de Imprensa" para Chaparro (2002), a ocupação jornalística do segmento profissional da assessoria de imprensa favorece a democracia, pois aponta para uma revolução das fontes:

As fontes deixaram de ser pessoas que detinham ou retinham informações. Passaram a ser instituições produtoras ostensivas dos conteúdos da atualidade – fatos, falas, saberes, produtos e serviços com atributos de notícia. Pensam, agem e dizem pelo que noticiam, exercitando aptidões que lhes garantem espaço próprio nos processos jornalísticos, nos quais agem como agentes geradores de notícias, reportagens, entrevistas e até artigos.

Para isso se capacitaram profissionalmente, apropriando-se das habilidades técnicas do jornalismo. E usam essas habilidades em estratégias e táticas propagandísticas, tirando proveito da credibilidade da linguagem jornalística (Chaparro, 2002, p. 49).

Enquanto aqui no Brasil esta decisão tem sido mantida, os Estados Unidos e a Europa optam por outras posturas: enquanto os norte-americanos não exigem diploma para exercer a atividade de assessoria de imprensa (Amaral, 2002, p. 67), os europeus entendem a assessoria de imprensa como uma atividade de relações públicas, sendo considerada uma atividade incompatível com o jornalismo, como explicam Moutinho e Sousa (2002, p.70).

Um outro momento

Conforme vimos, a atividade de assessoria de imprensa no Brasil, independentemente do tipo da organização, deve ser realizada por bacharéis de jornalismo. Mas a Resolução Normativa Nº 43/ 02 não confirma isso. Como ficamos? Da forma como está, certamente há o fortalecimento de um modelo limitado de comunicação dentro das organizações, atrelado aos interesses da comunicação de massa, sem efetivamente proporcionar a tão necessária troca com os públicos, possibilitando a reciprocidade de discursos, onde não apenas se informa, mas também há espaço para resposta.

O atual cenário dos profissionais de relações públicas e jornalistas ainda é de confronto, de disputa, quando deveríamos estar evoluindo para um consenso em benefício da sociedade. O certo é que hoje o profissional de relações públicas já não pode mais ser visto como "vaquinha de presépio" e nem jornalistas podem mais se vangloriar da sua "imparcialidade" exercendo a atividade de assessoria de imprensa, vinculado aos propósitos organizacionais, o que, sem dúvida, implica em comprometimento.

Certamente, se insistirmos em posicionamentos corporativos, não estaremos privilegiando os aspectos da cidadania, da democracia, da liberdade de exercer-se uma profissão com responsabilidade. Ora, a contratação de um profissional, qualquer profissional, independentemente da sua formação, nem sempre significa engajamento, mas há sempre um contrato que estabelece formalmente a função do mesmo e que deverá contar com a concordância das partes envolvidas. Temos certeza que para a democracia é fundamental a clareza das funções e dos papéis que cada profissional deverá exercer no seu ambiente de trabalho.

Nós da área de relações públicas não podemos e nem devemos nos conformar com episódios anteriores que foram registrados como experiências e referências bem-sucedidas de relações públicas, tais como a "historinha" do jornalista Ive Lee e o período difícil e nebuloso da ditadura militar. Até porque: Quem foram os profissionais desta época? Que cursos fizeram? Quais as práticas e a ética que nortearam suas ações? Há, sem dúvida, uma tendência em designar como sendo características de relações públicas ações de mascaramento, de mal preparados (superficiais), da falta de transparência, e tantas outras "qualificações" impróprias. O pior é que tais características são tidas como que "exclusivas" dos profissionais de relações públicas, não atingindo as demais áreas do campo da comunicação, o que provoca profunda indignação, pois, na verdade, tais atributos podem ou não fazer parte do caráter de um indivíduo, e são mera extensão na profissão. Como vêem, não é possível permanecer impassível diante de um quadro tão deprimente e hostil, ainda mais quando passamos a ser co-responsáveis na formação dos profissionais de hoje.

Os novos modelos organizacionais exigem um profissional de comunicação inovador, cuja visão inclua a sua responsabilidade e competência profissional, entenda e se certifique dos objetivos/propósitos organizacionais para a qual vai trabalhar e concorde com eles, e ao mesmo tempo tenha compromisso com a democracia e a cidadania. Portanto, nem todas as práticas rotuladas de relações públicas no Brasil podem ser consideradas legítimas. Deve-se zelar pela qualidade e transparência no desenvolvimento das atividades profissionais. E neste quadro é fundamental entender a relação existente entre o profissional de relações públicas e a organização para a qual atua, e do outro lado, poder contar com um jornalismo curioso e investigativo, que prima pela sua independência, que entendemos e respeitamos como sendo uma das principais características da atividade jornalística.Quem sai ganhando é a sociedade.

Referências Bibliográficas

AMARAL, Luiz. Assessoria de Imprensa nos Estados Unidos. In: DUARTE, Jorge (Org.). Assessoria de Imprensa e relacionamento com a mídia: teoria e técnica. São Paulo: Atlas, 2002.

CHAPARRO, Manuel Carlos. Cem anos de Assessoria de Imprensa. In: DUARTE, Jorge (Org.). Assessoria de imprensa e relacionamento com a mídia: teoria e técnica. São Paulo: Atlas, 2002.

Manual Nacional de Assessoria de Imprensa/Federação Nacional dos Jornalistas – Rio de Janeiro: Edição da CONJAI – Comissão Nacional dos Jornalistas em Assessoria de Imprensa da FENAJ, 1994.

MOUTINHO, Ana Viale e SOUSA, Jorge Pedro. Assessoria de Imprensa na Europa. DUARTE, Jorge (Org.). Assessoria de imprensa e relacionamento com a mídia: teoria e técnica. São Paulo: Atlas, 2002.

RESOLUÇÃO NORMATIVA N. ° 43, de 24 de agosto de 2002. Conselho Federal de Profissionais de Relações Públicas. (Publicada no DOU – N° 209 – Seção 1, segunda-feira, 28 de outubro de 2002).

DO ASSÉDIO IMPLÍCITO AO JORNAL-PRATELEIRA

*José Luiz Proença**

Não havia vida inteligente no jornalismo fora das grandes redações naquele São Paulo do final dos anos 60. Pelos menos era assim que pensavam os estudantes das duas únicas escolas da época: a Cásper Líbero, criada em 1947, e ECA, da USP, em 1967. Entrar numa redação de jornal diário, claro que não era nada fácil, mas, sem dúvida, era bem mais tranqüilo que nos dias de hoje. Um sonho possível. Muito diferente dos tempos atuais. Hoje são 25 cursos só na cidade de São Paulo. Os jornais diários de grande interesse foram reduzidos a cinco, com redações bem "enxutas" como quer a linguagem pós-reengenharia. As grandes empresas de jornalismo adotaram para formandos e recém-formados uma espécie de segundo vestibular de entrada para uma espécie curso interno de jornalismo. Afinal, dizem, as escolas não estão dando uma boa formação. E o jornalismo continua, como sempre, uma profissão competitiva, mas com vida inteligente em outras portas: rádios, jornais, tvs e, sobretudo, assessorias. As mais diversas, das tradicionais governamentais, empresariais a modernosa assessoria de imagem. Esta última mais valorizada nestes tempos de políticos à caça de clones do Duda Mendonça e artistas à busca de Gilbertos Bragas, a la "Celebridades", exaltando o reino do pseudo-eventos.

Sem dúvida, uma transformação. Certamente ainda em andamento e, portanto, passível de uma interpretação capaz de vislumbrar algum entendimento dos caminhos futuros. Afinal, a história sempre teve essa perspectiva de olhar para frente. E, nessa trajetória, pesa aqui não só meu tempo de jornalista, com passagens por redações e assessoria, mas fundamentalmente o meu lado professor, em busca de uma síntese.

Assédio implícito – Talvez essa deva ser uma expressão correta para caracterizar as relações dos primeiros tempos do jornalismo moderno e que valha até os anos 70. No início, em 1906, surgiu Ivy Lee, um jornalista conceituado, contratado por John D. Rockefeller, um dos barões do capitalismo selvagem de então nos EUA, que estava sendo alvo de denúncias reveladas por Ida Tarbell. Ela, também jornalista, considerada a "santa patrona" do

* Jornalista e Professor da ECA-USP. Autor de livros e Membro da SBPJOR.

jornalismo investigativo, havia escrito o livro "A História da Standard Oil Company", um calhamaço de mais de 800 páginas, revelando os desmandos da empresa e os "métodos" do barão. O jeito foi procurar Ivy Lee para inverter a situação. Ele acabou sendo o inventor da "atividade especializada a que hoje chamamos de assessoria de imprensa ou assessoria de comunicação". Estão aí, nesse berço, os conceitos e alguns preconceitos que marcaram durante tanto tempo as posições de jornalistas e assessores.

De um lado, o jornalista, paladino da verdade, idealista, defensor das causas populares. De outro, o assessor de imprensa, agente de "verdades relativas", sempre bem remunerado, defensor de causas particulares. Era esse bem o panorama naquela. Boa parte dos profissionais considerava que era relativamente muito simples a passagem para as assessorias. Bastavam as matérias assinadas nos jornais diários. Também era verdade que a maioria dos jornalistas não tinha apenas um emprego. Muitas vezes também trabalhavam em outras redações, em rádios. Muitos deles tinham outros tipos de atividades. Boa parte dos jornalista trabalhava como funcionário da Secretaria de Segurança Pública. Eram escrivães de polícia, fotógrafos e peritos da Polícia Técnica, até oficiais da Polícia Militar. Na revisão, estudantes de Direito e de Letras. Era cômodo o horário, normalmente no período noturno.

A presença dos assessores de imprensa era relativamente rara. Poucos releases, normalmente vindos de empresas multinacionais chegavam às redações. As coletivas, também aconteciam com relativa raridade. Nem sempre bem conduzidas. Lembro-me de uma das primeiras que cobri, nos idos de 1968. Aconteceu no Hotel Jaraguá. O entrevistado era o milionário e playboy alemão Gunter Sachs, marido de Brigite Bardot. Ele chegava ao Brasil para anunciar o lançamento da marca de suas butiques Mic-Mac. Naqueles dias, as agências internacionais noticiavam as escapadas de sua mulher com um novo namorado. O milionário resolveu dar uma de que não estava acontecendo nada, que estava tudo bem entre ele e Brigite. Alguns repórteres, ainda sob efeito da euforia da conquista brasileira do namorado Bob Zagury que havia apresentado Búzios à musa francesa cinco anos antes, não resistiram à tentação de transformar o alemão em "corno manso". Certamente, o intérprete traduziu a contento o riso contido dos repórteres. Não deu outra. O marido traído perdeu a esportiva e acabou chamando para briga os repórteres mais salientes. Claro que a coletiva acabou aí.

No âmbito empresarial, existiam poucas empresas que começavam suas atividades, juntamente com vários outros serviços a trabalhar com relações públicas e assessoria de imprensa. Conheci duas delas nesse período. A primeira foi a Grunase, uma empresa que, em 1970, envolveu em suas atividades alguns professores e alunos da Faculdade de Jornalismo Cásper Líbero.

Em 1971, logo após concluir o curso de jornalismo, tive oportunidade de realizar dois trabalhos na área de comunicação empresarial. O primeiro junto ao Automóvel Clube do Brasil. A associação tinha um plano de *marketing* que previa a existência de um boletim informativo mensal. Trabalhei somente na elaboração do projeto. O plano, devido ao alto custo, não foi implantado.

Logo a seguir, fui convidado a trabalhar na implantação da Assessoria Nacional de Comunicações, de Romildo Fernandes, respeitado profissional de relações públicas, que deixava uma agência de publicidade para fundar sua própria empresa. Era o momento do *boom* da bolsa de valores no Brasil durante o chamado período do milagre econômico de Delfim Neto. A ANC assessorava empresas que se preparavam para a abertura de seu capital, visando a operar na Bolsa de Valores. Minha atividade era apenas de redação dos *releases*. Posteriormente, em razão de uma promoção na redação da *Folha da Tarde*, jornal em que trabalhava, deixei a empresa.

Comunicação pública – A fase posterior de funcionamento das assessorias de imprensa tem muito a ver com o sistema de governo implantado pelos militares após o golpe de 64. A profissão de jornalista, regulamentada em 69, já estava a cobrar sua definição junto ao serviço público. Isso vai acontecer no governo Laudo Natel. Que apesar de circular relativamente bem nas redações de jornais devido às suas atividades na diretoria do São Paulo Futebol Clube, acabava sempre sendo chamado de "Lauto Pastel" nos editoriais do jornal O *Estado de S. Paulo*. Foi em seu governo que se implantaram os serviços de imprensa nas várias secretarias do Estado. Até lá, os jornais cobriam as atividades por setoristas que se responsabilizavam, em média, pelo noticiário de três secretarias. A partir daí, os *releases* passaram a freqüentar regularmente as redações e, muito breve, os setoristas deixaram de existir.

Num primeiro momento, essas assessorias não fizeram um ataque direto às redações, na medida em que boa parte dos jornalistas já tinha um segundo emprego. Porém, aos poucos, vários profissionais entenderam que o serviço público prestado tinha um valor significativo acabaram por aceitar os convites formulados por colegas que já militavam na esfera governamental. Em várias redações, durante a década de 1970, era comum a presença de jornalistas que, efetivamente, trabalhavam como repórteres ou redatores nas assessorias. Nesse período, o trabalho passou a merecer respeito dos colegas das redações. Penso que a marca fundamental da mudança nesse período estava na descoberta da idéia de comunicação pública. Ou seja, a necessidade de se buscar um tipo de informação de utilidade pública e facilitar o acesso a todas as mídias. Condições de tráfego nas estradas, situação de balneabilidade das praias, campanhas de vacinação, índices de poluição atmosférica, foram informações que passaram a freqüentar regularmente os espaços da mídia. Ao mesmo tempo, essas assessorias também desenvolveram um processo de aproximação dos poderes públicos direto com os cidadãos, na medida em que também passaram a encaminha informações em fluxo ascendente.

Ainda na década de 1970, tive a oportunidade de ter participado de uma empresa que, dentre as várias experiências da época, conseguiu desenvolver um trabalho especializado da maior importância. Trata-se da Proal. Criada a partir de um grupo de jornalistas que, oriundos da grande imprensa, se dedicaram à elaboração de jornais de empresa, nos mais diversos ramos da atividade econômica, a Proal revolucionou o jornalismo empresarial, conseguindo dar um cunho altamente profissional a várias publicações. Além da produção específica dos vários jornais e revistas, dois de seus fundadores, Gaudêncio Torquato e Manuel Carlos Chaparro, levaram para a academia as primeiras contribuições teóricas na área do jornalismo empresarial.

Momento sindical – A partir dos movimentos grevistas de 79, incluindo aí a greve dos jornalistas, a primeira a reivindicar o reajuste semestral dos salários, abre-se um novo campo para as assessorias. Se, num primeiro momento, as atividades foram voltadas para as grandes empresas e órgãos governamentais, chegava a hora da comunicação alternativa. O conceito de alternativo, aqui, não tem nada a ver com a chamada imprensa alternativa. Ou seja, os vários jornais, *Pasquim, Opinião, Movimento, Extra, Política*, publicações semanais de jornalistas que produziam texto de autoria e se colocavam como alternativos para a informação produzida pela chamada grande imprensa.

No caso, trava-se de uma nova proposta de produzir informação para os diversos sindicatos de trabalhadores que começavam a organizar suas movimentações em busca de um posicionamento político nais marcante e que redundaria na fundação do PT. Esses órgãos necessitavam ser capazes de mobilizar os companheiros de categoria para as reivindicações por melhores salários e melhores condições de trabalho e esclarecer a sociedade em geral. Sem dúvida uma tarefa das mais complexas. Para o jornalista aparece ainda um agravante, o relacionamento com a diretoria do sindicato, ou seja, um colegiado nem sempre unânime nas decisões e que apostavam no caráter doutrinário das publicações sindicais. Assumiam assim esses jornalistas pioneiros o papel de editores de jornais e assessores de imprensa.

Grandes adesões – Claro está que as mudanças ocorridas no campo das assessorias de imprensa, agora bem estabelecidas nas empresas, governos e sindicatos, geraram um processo de divisão do trabalho jornalístico de forma não tão preconceituosa. As redações já convivem de forma mais confiável com o trabalho das assessorias. A produção dos "*releases*" ampliou consideravelmente, da mesma forma as coletivas e a promoção de contatos entre jornalistas e fontes adquiriram maior freqüência. Ao mesmo tempo em que as grandes publicações passaram a remunerar melhor, também vieram a exigir dos jornalistas dedicação exclusiva à empresa. Com isso, a possibilidade de duplo emprego diminui sensivelmente, obrigando algumas definições profissionais importantes.

O caso mais notório desse período de sedução das grandes corporações se dá com a ida, em 1987, de Miguel Jorge para a Autolatina, empresa que surgiu de um acordo entre duas das maiores montadoras mundiais de automóveis, a Volkswagen e a Ford. E a aquisição foi da maior importância. O jornalista Miguel Jorge, respeitado profissional, era, há 10 anos, o chefe de redação do jornal *O Estado de S.Paulo*. Atualmente, Miguel Jorge é vice-presidente do Grupo Banespa Santander.

Da mesma forma que Miguel Jorge, a jornalista Júnia Nogueira de Sá, a primeira mulher a exercer o cargo de *ombudsman* na imprensa brasileira (de 1993 a 94 na *Folha de S.Paulo*), passando pelo grupo espanhol Telefônica, e está hoje na Volkswagen do Brasil.

A competência das fontes – Basta apenas um pouco de atenção, nos dias de hoje, para se perceber nitidamente o trabalho das assessorias em toda a grande imprensa do Brasil. A presença de políticos, artista, sindicatos, associações, empresas, ONGs, toda ela vem marcada pelo trabalho das assessorias de imprensa. Da mesma forma, vários portais e *sites*, em vários setores produtores de informações, tornaram-se imprescindíveis para o trabalho dos jornalistas da grande imprensa. Penso que a melhor explicação para esse processo é dada por meu colega de sala, o professor Chaparro. Fala ele de um trabalho de competência desses jornalistas que se afastaram das redações mas continuaram a executar um bom trabalho junto às fontes. Dessa forma, ocupam com competência o espaço que é gerenciado pelas grandes mídias: "As instituições produtoras de acontecimentos apropriaram-se das habilidades narrativas e argumentativas do jornalismo, e assimilaram a cultura da produção jornalística, para a divulgação dos eventos e a difusão do discurso."

Se hoje se pode falar de um processo de competência, a construção deste espaço tem, pelo menos, 24 anos após a criação da Comissão Permanente e Aberta dos Jornalistas em Assessoria de Imprensa criada pelo Sindicato dos Jornalistas de S.Paulo e que, em 2002, realizou seu 14º Encontro Nacional em Florianópolis, assumindo o novo papel visando a "promover uma comunicação inclusiva, plural, diversificada e de qualidade, requisitos essenciais para o crescimento cidadão do assessor e da comunidade" (carta de Florianópolis).

Também não se pode esquecer o processo de qualificação dos jornalistas de assessoria. Notoriamente, as redações da grande imprensa, ao contrário de seus processos de modernização, investem pouco na qualificação de seus profissionais. Há um espaço considerável de discussão no ambiente de redação, definido como cultura de redação, onde se promove, independentemente das reuniões de pauta, um exame das matérias e dos assuntos mais importantes. Em algumas emissoras de televisão, por exemplo, algumas equipes costuma aplaudir o autor de algumas matérias logo após ter ido ao ar. Por motivos óbvios, raramente o profissional das assessorias, em razão do número pequeno de colegas, costuma ter seu trabalho discutido entre os pares. Conseqüentemente, acabam dando mais valor aos cursos de extensão e de *lato sensu* oferecidos nas mais diversas áreas. Recentemente, houve uma oferta de cursos de especialização oferecidos nas universidades. Praticamente todos eles cobram uma monografia que envolve *cases*. Normalmente, os profissionais acabam optando por situações que eles mesmos vivenciaram em empresas. Estive presente em duas bancas em 2003. A primeira, na ECA/USP, abordava os investimentos em comunicação feitos por uma pequena empresa que havia lançado o chocolate com pimenta, um produto que virou título de novela da Globo. Identificava a autora, em razão dos cortes nas grandes redações, uma tendência ao aparecimento de pequenas empresas na área de comunicação procurando o mercado, até então abandonado, de suas congêneres nos outros ramos da economia. Numa outra banca, na Metodista de Piracicaba, tive contato com um trabalho corajoso que analisava uma experiência de assessoria de imprensa na Prefeitura de Rio Claro nos últimos 25 anos. O que marca todos esses trabalhos é a preocupação de solicitar de seus pares, já na academia, uma espécie de avaliação dos trabalhos realizados, já que o julgamento vem sempre medido ou por um processo de resultados alcançados ou por uma análise de superiores, normalmente de outras áreas. A julgar pelos esforços de atualização e pelos resultados alcançados não só nas publicações internas como pela penetração nas mídias, sem dúvida, os assessores garantiram, nos últimos tempos, um respeito por parte dos profissionais da grande imprensa estabelecendo um modo de convivência dos mais próximos.

Jornalismo de prateleira – Nem sempre essa nova forma de convivência produz um jornalismo de qualidade. Ministrando aulas nos curso de *lato sensu,* recentemente, tomei conhecimento de um tipo de procedimento que é adotado até por grandes empresas que, por um lado, qualificam o desempenho dos assessores, e, por outro, demonstram a fragilidade dos processos vigentes nas redações. Trata-se de pautas, completas, que são solicitadas às assessorias, com *dead-line* e tudo o mais. As empresas acabam levantando os dados, produzindo o texto final e diagramando fotos. Sem dúvida, uma espécie de jornalismo de prateleira. Ou seja, até os grandes jornais acabam tendo um comportamento semelhante aos dos supermercados. Na tentativa de baratear preços, muitos alugam as prateleiras para os fornecedores que se encarregam da manutenção do espaço, providencia a contratação de mão-de-obra e a reposição do estoque. Num primeiro momento, a solução alivia a pressão sobre o jornalista da grande imprensa que passa por uma situação de sobrecarga de trabalho em razão dos cortes brutais das redações. Porém, mostra conteúdos absolutamente idênticos nas mais diversas publicações. Basta comparar as primeiras páginas de nossos jornais, cada vez mais idênticas, principalmente quando se trata de matérias do chamado jornalismo cultural (lançamento de discos, livros, peças teatrais). E, numa situação mais ampla, certamente colabora para uma redução no processo de abertura de espaço para a pluralidade de vozes, sem dúvida, a conquista mais cara na prática do jornalismo, que hoje, mais que ontem, descobre vida inteligente fora das redações.

Referências Bibliográficas

VAZ, A. L. O discurso da imprensa cutista: o trabalhador na ótica do boletim sindical. S.Paulo, ECA/USP (Mestrado), 2001.

RIBEIRO, J.C. Sempre alerta – condições e contradições do trabalho jornalístico. S.Paulo, Olho d'água/Brasiliense, 1994.

GIANNOTTI, V. e SANTIAGO, C. Comunicação sindical. Petrópolis, Vozes, 1997.

CHAPARRO, M.C. Linguagem dos conflitos. Coimbra, Minerva, 2001.

STEPHAN JR., V. Assessoria de imprensa em órgão público – a experiência da Prefeitura de Rio Claro. Piracicaba, Unimep, (monografia) 2003.

FARIA, L.H. Investimento em comunicação: uma das saídas para garantir sobrevivência das micro e pequenas empresas no Brasil. S.Paulo, ECA/USP, (monografia) 2003.

MUTIRÃO PARA 'BATER A LAJE'

*Mauricio Lara**

É desnecessário mergulhar na recorrente discussão sobre os papéis a serem desempenhados nas organizações por profissionais de relações públicas, jornalismo e publicidade quando a área de comunicação tem clareza quanto ao seu papel de zelar pela imagem da instituição, mas sem abrir mão do conteúdo informativo, educativo e de orientação social em todas as ações. O novo parece ser a capacidade de se valer das habilidades e acúmulos dos profissionais de forma a beneficiar aquele que deve ser o alvo maior das ações de comunicação: o cidadão.

O País vive um momento em que, acima das disputas mercadológicas ou de imagem, parcerias são necessárias para contribuir no processo de evolução rumo à cidadania plena. Há temas, principalmente na área da comunicação pública, que vêm a calhar como exemplos de situações em que a soma de esforços é indispensável para alcançar resultados que beneficiam a todos, incluindo aí adversários políticos que compõem quadros, em primeira instância, opostos e até inconciliáveis.

Vamos tomar como exemplo a necessidade de sensibilizar, educar e conscientizar a sociedade sobre a preservação ambiental. Esse é um tema urgente, no sentido de que a natureza não tem mais como esperar; e emergente, no sentido de que é uma preocupação que tende a ganhar espaço nas mais variadas discussões nos mais variados setores. É também um tema "politicamente correto", no sentido de que não há como um setor qualquer da sociedade, mesmo o mais suspeito e visado na questão ambiental, posicionar-se contra a necessidade de conscientização e de preservação. Nem madeireiras, nem mineradoras, nem grandes consumidores de água para irrigação, nem indústrias potencialmente poluidoras, apenas para citar alguns, podem deixar de manifestar-se a favor da defesa ambiental, mesmo quando o discurso ainda esteja distante da prática cotidiana.

* Formado em Jornalismo e Administração de Empresas. Assessor de Imprensa da Secretaria de Comunicação de Governo e Gestão Estratégica da Presidência da República (Secom/PR). Escritor e professor do Curso de Jornalismo da PUC-Minas.

Há outras áreas em que a defesa e a ação favorável são "politicamente corretas". Além de meio ambiente, pode ser citada a defesa e proteção da criança, o combate à fome e à miséria, tão em voga no atual momento do Brasil, o enfrentamento de qualquer forma de discriminação e preconceito, a proteção e respeito aos idosos e a educação no trânsito que poupa vidas e recursos escassos da área de saúde. Num cenário assim, é fácil concluir que estão dadas as condições para que aconteçam significativos avanços nessas áreas de amplo interesse coletivo.

A experiência mostra que as ações de comunicação são indispensáveis para funcionarem como catalizadoras de iniciativas públicas ou privadas rumo a essa plenitude da cidadania. Parece-me que, aí, quem lida com comunicação pública tem uma oportunidade histórica de interferir para provocar esse necessário avanço. E é fácil perceber que essa interferência vai exigir o que de melhor puder oferecer o profissional da área, independentemente de sua especialização. Se ele for responsável por comunicação externa ou interna, pela relação com redações ou com áreas comerciais dos veículos, se cuidar de pesquisa de opinião ou de mobilização, deve ter sempre em mente que pode e deve atuar no sentido de possibilitar avanços à sociedade.

É comum, por exemplo, prefeituras dedicarem-se a ações educativas, mas a pergunta que surge é: essas ações revestem-se da força necessária, e certamente possível, para introduzir mudanças no comportamento de todas as pessoas, de todos os níveis? O desafio é: como integrar e lançar mão de todos os recursos existentes para alcançar o resultado final que vai brindar a população com melhorias em sua qualidade de vida?

Vamos retornar ao exemplo da educação ambiental. Se as condições estão dadas, se nenhum setor da sociedade vai ser imprudente o bastante para posicionar-se contra iniciativas que visem aos cuidados com o ambiente em que vivemos, por que não aproveitar a oportunidade e atacar o problema com força, disposição e criatividade? O passo inicial parece óbvio: é ajustar o foco para o objetivo final. Se todos os envolvidos dentro da instituição estiverem conscientes sobre aonde se quer chegar, as mãos estarão dadas para a união de esforços em que cada uma vai oferecer o que tem de melhor para alcançar o objetivo. Isso é comunicação integrada? Não importa o nome. Isso é ação articulada em que cada um vai fazer o que sabe em benefício da sociedade.

Um dos pontos mais importantes, com melhor potencial para oferecer resultados, é, sem dúvida, o envolvimento dos veículos de comunicação nos esforços de educação ambiental. O ponto de partida é convencer o administrador público (um prefeito, por exemplo) que ele deve tirar do próprio foco o ganho político com a iniciativa. Isso é necessário para evitar boicotes, omissões e até sabotagens no processo. Ações assim não podem ter o objetivo de trazer ganhos políticos, eleitorais ou pessoais. Podem até trazer, como resultado adicional, mas não podem ser "boladas" para isso.

Parece perfeitamente possível que uma prefeitura chame os veículos de comunicação do município para propor que se integrem ao esforço de conscientizar a população sobre cuidados ambientais. É natural que, no primeiro momento, os veículos vejam na iniciativa uma oportunidade de reforçar seus combalidos caixas, pensando que a prefeitura vai desencadear uma ação publicitária. Não é isso e cabe ao setor de comunicação demonstrar e convencer que a iniciativa, ao levar um ganho tão considerável à comunidade, vai fazer bem à imagem de todos, num sentido amplo. Saem ganhando a sociedade e todos os envolvidos, sejam os veículos de comunicação, os políticos de oposição e situação, os educadores, etc., etc., etc.

Os administradores dos veículos deverão ser convencidos de que a iniciativa não vai ser "capitalizada" exclusivamente pela prefeitura. Precisarão compreender que o jornal, rádio ou televisão seriam, no mínimo, simpáticos ao aderirem espontaneamente a uma campanha dessas, de "ganha-ganha", em que os resultados beneficiam a todos. Também, mesmo que favorável de maneira geral à preservação ambiental, a imprensa dedica muito mais espaço à denúncia das infrações do que ao trabalho educativo. As exceções ficam por conta dos poucos veículos e cadernos dedicados exclusivamente à questão ambiental.

Como os veículos podem se incorporar a uma campanha dessas? Fazer matérias e reportagens voltadas ao tema é um caminho óbvio. Mas é preciso avançar mais. Todos os profissionais de cada veículo devem ser conquistados para a campanha. É assim que um repórter de esportes, por exemplo, ao fazer seus comentários esportivos, pode recomendar que os torcedores não quebrem árvores próximas ao estádio. É assim que um repórter de economia, ao participar da coletiva de anúncio de um novo investimento empresarial, pode questionar se foram atendidas as exigências ambientais que cercam o empreendimento. É assim que o repórter de política pode exigir de políticos o posicionamento diante de temas ligados ao ambiente que estejam na pauta local. É assim que o titular de um programa de variedades no rádio pode fazer comentários do tipo "não compre pássaros vítimas do tráfico", para levar à reflexão sobre o tema sempre que tiver oportunidade.

Agora, cabe ao poder público, além de tomar a iniciativa, sensibilizar, conscientizar e capacitar esses jornalistas para o trabalho diário. A mesma sensibilização e conscientização que se pretende levar à sociedade em geral. Uma ação promissora pode ser organizar seminários com especialistas e convidar jornalistas para participar. É o poder público que deverá estar na cabeceira da mesa em que os vários atores sociais envolvidos devem se sentar para discutir todas as possibilidades a serem exploradas para alcançar o objetivo. E não há dúvida de que, na hora da ação, todos os profissionais da área de comunicação poderão aplicar seus conhecimentos em prol do bem comum.

Se uma iniciativa dessas não pode prescindir do engajamento dos veículos de comunicação de massa, vai exigir também mobilização a ser feita nas esquinas, nas escolas, nas igrejas, nas residências. Ou seja, o engajamento deve ter um movimento que se alastra, como no caso de uma onda provocada por uma pedra lançada na água. Então, envolve, em seqüência, veículos de comunicação e seus profissionais, organizações não-governamentais, clubes de serviço, igrejas, associações comunitárias, políticos de situação e de oposição, educadores e quem mais puder dar alguma contribuição. Para o trabalho, o poder público poderá oferecer o material publicitário necessário, como vinhetas, vídeos, anúncios e cartilhas.

Então, quem da comunicação estará envolvido nisso tudo? Todos os profissionais, sem exceção. Jornalistas, relações-públicas e publicitários terão muito o que fazer em mutirão, se o que se deseja é um mutirão que incorpore toda a sociedade. É um trabalho parecido com a tradição de gente simples que reúne amigos nos domingos para "bater a laje" na casa de um deles. Ninguém ali vai discutir se a função é dele ou do outro, se é do jornalista ou do relações-públicas; vai é cada um fazer sua parte.

O tema do meio ambiente é um exemplo praticamente aleatório de como essas parcerias internas e externas podem e devem se dar. Outros temas – criança, idoso, trânsito etc. – poderão ser escolhidos e o mutirão colocado em prática. Nada impede, também, que a ação seja desencadeada com mais de um tema, já que é difícil saber qual é mais importante e urgente.

Propostas como essa não são mera possibilidade. O comportamento de motoristas e pedestres em Brasília é um testemunho de que essa parceria dá resultados tão impressionantes quanto gratificantes. Um morador de Brasília vai ficar chocado quando sofrer verdadeiras tentativas de atropelamento ao se movimentar para atravessar uma rua na maioria das grandes cidades brasileiras. Ele, que conta com a parada dos veículos ao fazer sinal de que vai atravessar a pista sobre a faixa de pedestre, é quem pode ter a exata dimensão da selvageria do trânsito em nossas grandes cidades. O morador das cidades em que o trânsito é selvagem lança-se ao salve-se quem puder para tentar sobreviver ao praticar o singelo ato de atravessar uma rua. Além do risco de ser atropelado, corre o risco de achar que aquilo é natural. E não é.

Outro exemplo de que a discussão de temas de interesse de todos pode se alastrar feito fogo em rastilho de pólvora é o combate à fome e à miséria. O programa Fome Zero, se não fosse por nada – e é por muito, visto tudo o que ele tem conseguido nas cidades em que vai sendo implantado –, seria meritório pelo simples fato de ter colocado na mesa do brasileiro (sem trocadilho) a discussão sobre a fome. É como se o País estivesse acostumado com a fome (dos outros, porque quem tem fome nunca vai se acostumar com ela). Com a discussão do Fome Zero, o tema entrou na pauta e o País passou não só a debater o tema, mas a atuar para combater a miséria. Não podemos nos acostumar com fome, como não podemos nos acostumar com mortes estúpidas no trânsito ou com agressões ao meio ambiente.

Por tudo isso, podemos concluir que é nas parceiras visando ao bem comum que aparece uma das melhores possibilidades de profissionais como jornalistas e relações-públicas trabalharem juntos na construção de uma nova realidade para a comunicação nas organizações, mas, principalmente, para a construção uma nova realidade no exercício da cidadania.

COMUNICAÇÃO COMO ESCOLHA PROFISSIONAL DIANTE DO IMPÉRIO DA MÍDIA

*Manoel Marcondes Machado Neto**

Cumpre registrar que o mercado de comunicação tem sido ocupado por profissionais oriundos de outras áreas de formação, quais sejam, economia, direito, engenharia de produção e administração de empresas que, sem uma adequada e indispensável base social-humanística, utilizam-se da comunicação – não raro de forma desastrosa – ocupando uma vasta e nebulosa área de *marketing*, a qual não tem sido objeto de estudo e reflexão das faculdades de comunicação. O resultado é o que aí está: um mercado publicitário completamente distorcido, onde o uso dos meios suplanta o saber como usar os meios de comunicação, naquilo que costumo chamar de império da mídia.[1]

Imagine-se diante da Muralha da China – maior obra humana na face da Terra. É mais ou menos a sensação de um jovem de 20 anos que, ao encerrar sua formação superior em jornalismo ou relações públicas, olha, da porta da escola que está deixando, o mundo lá fora.

Acredito firmemente – e venho transmitindo essa crença a meus alunos nas duas últimas décadas – que uma assessoria de comunicação (ou de imprensa, apenas, para os que assim o preferem) otimizada é aquela prestada pela dupla jornalista/relações-públicas. Ofereço uma visão de trinta anos de atividade profissional – vinte no campo da Comunicação – e observação quotidiana de organizações em diversos segmentos de atividade: comércio atacadista, indústria farmacêutica, prestação de serviços de consultoria fiscal-financeira e de sistemas, treinamento de mão-de-obra, prestação de serviços públicos na área social e, em especial, de educação superior.

Mais em alguns setores que em outros, porém em todos, a Comunicação Social desempenha papel fundamental; seja no âmbito interno – no qual é poderosa ferramenta de gestão de pessoas, seja na comunicação de *marketing*

---

* Relações públicas formado pela UERJ (1981) e especialista em análise de sistemas e métodos pelo Saint Charles CPE/EUA (1984), mestre em Comunicação pela UFRJ (1992) e doutor em Ciências da Comunicação pela USP (2000). Autor do livro *Marketing Cultural: das práticas à teoria* (2002).

(para a qual o relações-públicas possui uma visão complementar à dos profissionais de *marketing*), seja no âmbito institucional – quando as relações públicas assumem papel central em várias frentes: desenvolvimento da marca institucional, relacionamento governamental, relacionamento comunitário, busca da cidadania corporativa e, finalmente, mas não menos importante, o relacionamento com a mídia.

A crise é do jornalismo e não da Comunicação. É preciso revitalizar a imprensa

Há uma crise na indústria jornalística, em âmbito mundial e também no Brasil:

Segundo a Fenarte (Federação Nacional dos Trabalhadores em Empresas de Radiodifusão e Televisão), nos últimos três anos foram demitidos 60% dos trabalhadores do setor. "Há três anos eram 18 mil funcionários, hoje são apenas 7 mil", afirma o presidente do sindicato, Luiz Expedito Monteiro.

A entrada das empresas de comunicação no mercado de capitais foi liberada com a aprovação no ano passado da Medida Provisória que autorizou a entrada de capital estrangeiro nos meios de comunicação em até 30%. A nova regulamentação permitiu que não apenas pessoas físicas possam ser donas de veículos de comunicação de massa, mas pessoas jurídicas também, e autorizou fundos de pensão (gestores no Brasil de cerca de R$ 200 bilhões) a participarem da recapitalização da mídia brasileira.

O professor Venício Artur Lima, da UNB, lembra que o código de radiodifusão é de 1962. "Ainda não existe uma legislação que controle a concentração de veículos e propriedades cruzadas – um mesmo grupo atuando em diferentes mercados –, mas é claro, que os grandes grupos querem que tudo continue do jeito que está e com auxílio de dinheiro público."

Dívida das empresas brasileiras

Organizações Globo (Família Marinho) Valor: US$ 1,5 bilhão (R$4,3 bilhão)*

Grupo Abril (Família Civita) Valor: R$1,164 bilhão

RBS (Família Sirotski) Valor: R$1 bilhão

Grupo Estado (Família Mesquita): R$494,2 milhões

Grupo Folha (Família Frias) Valor: R$462 milhões

SBT (Silvio Santos) Valor: R$430 milhões

FONTE: Revista *Carta Capital* (28/nov/2001)

Atualizado e confirmado pelo grupo.[2]

Imprensa também é negócio: a origem do conflito de competências

Ben H. Bagdikian, professor da Faculdade de Jornalismo da Universidade de Berkeley, Califórnia e ganhador de um Prêmio Pulitzer, deu um alerta, já no início da década de 1990:

As grandes firmas descrevem seus objetivos em termos que soam benignos, mas, nas mãos de monopolistas, escondem uma ameaça à liberdade e à diversidade de informação.

Seu objetivo é o máximo de "sinergia", uma palavra popular no vocabulário do mundo corporativo. Em Biologia significa duas entidades cujas interações produzem algo maior que o total de suas duas partes. Na mídia de massa, porém, descreve como um meio de comunicação pode ser usado para promover a mesma idéia, produto, celebridade ou político em outro meio de comunicação, ambos pertencentes à mesma corporação. Cada um dos novos gigantes globais procura controlar tantos meios de comunicação diferentes quanto for possível: noticiários, revistas, rádio, televisão, livros, filmes, sistemas a cabo, canais de transmissão via satélite, gravadoras, videocassetes e a propriedade de cadeias de cinema.

Quando o esquema funciona perfeitamente, uma determinada revista, de propriedade de uma determinada companhia, seleciona ou encomenda um artigo que é próprio para, mais tarde, transformar-se numa série de televisão em uma rede pertencente à mesma companhia; então, esse artigo transforma-se em roteiro para um filme de um estúdio seu, com a trilha sonora cantada por um vocalista que se tornou popular graças a artigos veiculados por revistas suas e à execução constante da trilha em suas estações de rádio, depois do que, as músicas tornam-se populares sob o rótulo de uma gravadora também pertencente à companhia e assim por diante, com reprises em seu sistema a cabo além do aluguel de fitas de vídeo em todo o mundo.

As novas firmas globais que atuam na mídia não cresceram no vácuo. Primeiro tornaram-se dominantes dentro de seus próprios países, processo geralmente auxiliado pela acomodação mútua entre políticos e corporações poderosos. Um regime político concede às grandes corporações impostos favoráveis e favores legais. Além disso, passa por amnésias oficiais no que concerne às leis antitruste. Em troca, o político ou regime político recebe um tratamento favorável ou poupam-lhe, o que, de outra forma, poderia ser um tratamento hostil ou, pior, nenhum tratamento sequer. Por exemplo, na Itália, o maior proprietário de meios de comunicação, Silvio Berlusconi, usou sua amizade com o ex-primeiro ministro italiano, Bettino Craxi, para evitar a lei que proíbe a existência de redes comerciais de televisão (fundou dúzias de estações locais, legalmente permitidas, e enviou-lhes fitas de vídeo idênticas, para serem exibidas nos mesmos horários).

A formação de gigantes na mídia interna é encorajada por muitos governos devido a uma preferência ideológica por poderes corporativos ampliados. Entretanto, alguns governos nacionais encorajam a formação de firmas nacionais dominantes a fim de poderem competir a nível internacional. É por razões nacionalistas que os governos interessam-se por um poder de mídia mundial e também devido às possíveis vantagens para o balanço comercial internacional.

A competição das mais importantes nações no que diz respeito à criação de firmas gigantes da mídia, com o intuito de dominar o globo, é análoga à sua competição em outros empreendimentos industriais, como na fabricação de armas nucleares e na poluição da atmosfera do planeta.

Apesar de tudo isso, seria infrutífero esperar que corporações concorrentes mostrassem "responsabilidade social" por conta própria. Em seu popular livro Capitalismo e Liberdade, o economista do livre-mercado, Milton Friedman, escreveu: "Poucas tendências minam tanto os próprios alicerces de nossa sociedade livre quanto à aceitação, por parte de alguns administradores de corporações, de qualquer outra responsabilidade social que não a de levar, para seus acionistas, o máximo de dinheiro possível".[3]

Diante dessa realidade, em que o poder do capital supera as barreiras da ética, do conflito de interesses e do interesse público na sua acepção mais fundamental, cresce a responsabilidade de homens e mulheres que se surgem para representar as corporações diante da mídia e, afinal, diante do público. Somente o caminho da legislação pode impedir que um conglomerado metal-mecânico, por exemplo, adquira participação acionária – e até o controle – de empresas de comunicação. Na ausência do impedimento legal, as mensagens eventualmente passadas por órgãos de imprensa controlados por companhias de outros segmentos ficam sujeitas à manipulação. Impor ao jornalista – um mero empregado do veículo controlado – a responsabilidade pela manutenção de independência é ao mesmo tempo uma atitude cruel e ingênua. As coisas não funcionam desse modo.

O velho e bom modelo de Comunicação: emissor, meio e receptor

Por outro lado, separar as atividades de representação dos interesses das corporações (que querem seu espaço como entes que emitem mensagens) das atividades de pesquisa, apuração, reportagem, edição e veiculação dessas mesmas mensagens (responsabilidade das corporações da mídia, entes que transmitem as mensagens) é primordial para uma garantia mínima de imparcialidade do veículo em relação às fontes.

O próprio jornalista – que, na origem, busca essa formação superior pelo interesse em trabalhar na imprensa (e não com a imprensa) – deveria ser o primeiro a recusar-se a atuar no *bunker* das corporações. Esse profissional, que vem sendo seduzido pelas empresas, é, na totalidade das vezes, um egresso das redações (que se vêm enxugando ano após ano) e esse seu conhecimento "por dentro" é que o faz um redator ideal para o blablablá mercadológico (ou marketeiro para os mais moderninhos). Afinal, o jornalista experiente em jargão do estadão ou idioma jotabês redigirá, direto do *bunker*, com todos os esses e erres, com toda a ginga do jornal onde vai parar seu "*relise*"[4] (*sic*). E não é que essa "matéria" sai publicada na íntegra? Ora isso consagra um enfraquecimento da imprensa. Encolhem-se as redações e incha-se o segmento de jornalistas-desempregados-que-abrem-assessorias. Não há reportagem, há transcrição. Não há apuração e sim comodismo. Enfim, não há trabalho jornalístico.

Ex-jornalistas (ou jornalistas recém-formados que nutrem interesse pelo segmento do jornalismo empresarial) interessados no segmento de representação das empresas deveriam, a meu ver, formar empresas em sociedade com profissionais de RRPP[5], e até de propaganda, como advogam Kopplin e Ferraretto em seu ótimo livro Assessoria de Imprensa: teoria e prática, defendendo a idéia de uma ACS – Assessoria de Comunicação Social integrada. Debaixo de um teto empresarial – sob uma logomarca – essa duplas, ou trinca de profissionais de perfis complementares pode, de fato, prestar uma inestimável contribuição não só a seus clientes mas a todo o mercado de serviços de comunicação no país e, na outra ponta da linha, à sociedade brasileira. No início, pode-se ganhar menos individualmente, mas o ganho global, no médio e longo prazos serão compensadores.

RRPP mundo afora é sinônimo de *press relations*. Por que no Brasil haverá de ser diferente?

No Brasil, os relações-públicas "perderam o bonde" da assessoria de imprensa. Mundo afora, as relações com a imprensa são consagradas como a atividade mais importante de RRPP. Isso se deveu mais a más práticas e maus profissionais do que a um defeito na origem, ou seja, na formação universitária, a qual passou a ser obrigatória em 1967, consentido o provisionamento dos RRPP em exercício, como de praxe nos processos de regulamentação das profissões.

Veja-se as definições constantes dos *sites* das mais importantes organizações de prestação de serviços profissionais de relações públicas no mundo:

Burson Marsteller

A Burson-Marsteller é a empresa líder em relações públicas e em conhecimento sobre relacionamento de negócios, mundialmente. Provê, para clientes ao redor do mundo, iniciativas estratégicas e programas inovadores que os ajudam a manter uma sólida reputação e suas marcas fortes junto a seus públicos.

Prestamos aos clientes um pensamento estratégico e uma execução de programas em toda a gama de demandas de relações públicas, relacionamento, propaganda e outros serviços de comunicação.

Através de pesquisa própria, lideramos o setor de serviços de relações públicas devido à experiência acumulada e iniciativas originais no campo da comunicação organizacional bem como de seus líderes. Todo esse conhecimento é aplicado para as mais diversas organizações em todos os segmentos de mercado.[6]

Edelman Worldwide

Hoje, as comunicações não se movem verticalmente de cima para baixo e de forma previsível. Uma única fonte da informação para um fato subsiste por muito pouco tempo. A antiga pirâmide da autoridade metamorfoseou-se em uma esfera de influência transversal compreendida de muitos públicos de interesse (*stakeholders*) interdependentes – incluindo os empregados, os próprios veículos de comunicação, investidores, consumidores e reguladores, entre outros. As companhias devem construir relacionamentos com todos.

No coração desse relacionamento o imperativo é a integração de públicos e o falar com uma voz uníssona a todos os grupos, revisando continuamente as mensagens em relação às políticas. Esta é a única maneira para que as companhias estabeleçam e mantenham as suas reputações fortes, saudáveis e possam influenciar como suas mensagens são recebidas.

Os públicos estão procurando conexões reais com as organizações. Sejam consumidores que aspiram a determinados estilos de vida através de suas compras, agências reguladoras ou ONGs que procuram implementar boas práticas ambientais.

Mais do que nossos concorrentes estamos posicionados para ajudar as organizações a dominar esse imperativo do relacionamento, comunicando, simultaneamente, mensagens do núcleo corporativo aos seus diferentes públicos. Praticamos os padrões mais elevados de qualidade em serviços e o fazemos de maneira consistente, em alto nível e com avaliação contínua, de acordo com políticas e procedimentos padronizados.

Outras consultorias podem até restaurar a confiança e a credibilidade de seus clientes. Nós defendemos o paradigma da transparência. As companhias freqüentemente consideram que é melhor esconder a má notícia. O oposto é que é verdadeiro. Liberar a informação sensível imediatamente – e dizer o que está sendo feito sobre o fato – são elementos críticos para manter reputações positivas.[7]

Na verdade os comunicólogos perderam outros bondes, como o da cibernética, por exemplo. Em 1984, a Escola de Comunicação da UFRJ encerrou as atividades de sua subárea de pesquisa e pós-graduação *stricto sensu* "Informática e Cibernética" por absoluta falta de alunos e de professores. Fui o último aluno a pedir ingresso no mestrado para essa subárea e tive o prazer de estudar sob a orientação do bastião desse conhecimento entre nós, brasileiros, o Prof. Dr. Francisco Antonio Dória – a quem tive a honra, anos mais tarde, de substituir por três anos à frente da disciplina Comunicação e Teoria Geral de Sistemas, na graduação da ECO. Infelizmente os comunicólogos insistiam (e ainda insistem) em fugir da Matemática e a Teoria da Informação, que se seguiu a Shannon, Weaver e Norbert Wiener, pai da Cibernética, foi deixada nas mãos de engenheiros. O resto é história.

Reservas de mercado: sempre um desserviço

Acusam os relações-públicas de quererem criar reservas de mercado, mas quando, ainda hoje, jornalistas atuantes em publicações de empresas insistem em, no expediente, informar ao lado de seus nomes o número de suas carteiras de trabalho (MTb no), o que é que desejam transmitir, senão um privilégio profissional sobre a tarefa de transmitir informações?

O que se tem visto é o aviltamento da relação entre interesses empresariais e o exercício do jornalismo como defendido pela própria Federação Nacional dos Jornalistas. Ocorre que, como oriundos das redações diminuídas pelos constantes processos de enxugamento, os antes jornalistas vêem-se quase que obrigados a trabalhar por conta própria e a traficar seus relacionamentos profissionais.

Deve-se lutar para o não-empobrecimento dos jornais e das redações. A legislação está aí para coibir abusos. É por essa via que se vai restaurar as redações de veículos de comunicação, que, afinal, têm concessão do poder público para circular ou transmitir informações.

O papel dos cursos de Comunicação

Formar, entre outros profissionais de nível superior, futuros jornalistas e relações-públicas.

Jornalista. S. 2 g. Pessoa que dirige ou redige um jornal, ou que a ele fornece colaboração. [Jornal (do it. *giornale*). S. m. 1. Periódico. 2. Escrito no qual se relatam os acontecimentos dia a dia; diário. 3. Noticiário transmitido pelo rádio, televisão ou cinema].[8]

Relações públicas. S. 2 g e 2 n. Pessoa que trabalha em relações públicas [do ingl. *public relations*: 1. Os métodos e atividades empregados por um indivíduo ou uma organização a fim de promover relacionamento favorável com o público em geral. 2. Os conhecimentos necessários para exercer tais atividades].[9]

As escolas de Comunicação têm sua parcela de responsabilidade na situação atual de animosidade entre colegas. Raros são os cursos de graduação que postulam uma convivência harmoniosa entre os seus futuros bacharéis.

É claro que a luta diária pelo cumprimento de cada papel profissional – o relações-públicas defendendo o interesse da organização e o jornalista defendendo o interesse de seu veículo (e de seus públicos) – não pode estar baseada em uma harmonia de contos de fadas. Os interesses quase sempre são conflitantes. O que é notícia para o jornal é justamente aquilo que a organização não mencionou no *press release*, entrevista exclusiva ou na coletiva de imprensa.

Milhares de jovens ingressam semestralmente em cursos superiores de Comunicação Social. Há cursos isolados de jornalismo e centros universitários, como a ESPM, formando o publicitário. Escolas isoladas, como a FACHA, no Rio de Janeiro, formam para as três habilitações mais consagradas: Jornalismo, Publicidade & Propaganda e Relações Públicas. No que tange às Universidades, a USP conta com dez habilitações diferentes; a UFRJ com quatro e a UGF, também no Rio de Janeiro, com três, por exemplo.

Em minha opinião, em tempos de graduação, professores não deveriam contribuir para o fomento de qualquer conflito entre os futuros profissionais. Os pendores diferenciam naturalmente os alunos que buscam, então, as "suas turmas". Futuros jornalistas, publicitários e relações-públicas diferenciam-se por atitudes, gostos e interesses já nos bancos escolares e não há como fugir desse fato.

O papel legal do relações públicas

A Lei nº 5.377, de 11/12/1967, o Decreto-lei no 860, de 11/09/1969, e os Decretos nºs 63.283, de 26/09/1968, e 68.582, de 04/05/1971, todos de âmbito federal, compõem a legislação que regulamenta a profissão de Relações Públicas e seu exercício.

De acordo com a legislação, o exercício das atividades de Relações Públicas é privativo dos bacharéis em Comunicação Social com habilitação em Relações Públicas e que estejam devidamente registrados nos Conselhos Regionais da categoria.

A legislação prevê, igualmente, a obrigatoriedade do registro para as empresas, entidades, escritórios, entre outras pessoas jurídicas, que se dedicam às atividades dessa natureza. Essas organizações deverão ter em seu quadro o profissional responsável técnico, com qualificações específicas determinadas pelo Conferp, que responderá legalmente por todas as atividades e ações desenvolvidas pela empresa.

Conseqüentemente, o exercício dessas atividades por pessoas não-qualificadas e entidades não registradas é ilegal e passível de sanções penais.

A lei define como atividades específicas de Relações Públicas:

- A informação de caráter institucional entre a entidade e o público através dos meios de comunicação;
- A coordenação e planejamento de pesquisas da opinião pública para fins institucionais e de imagem;
- Planejamento e execução de campanhas de opinião pública;
- A orientação de dirigentes de instituições públicas ou privadas na formulação de políticas de Relações Públicas;
- A promoção de maior integração da instituição na comunidade;
- Ainformação e orientação da opinião pública sobre os objetivos de uma instituição;
- Assessoramento na solução de problemas institucionais que influam na posição da entidade perante a opinião pública;
- A consultoria externa de Relações Públicas junto a dirigentes de instituições;
- Ensino de disciplinas específicas ou de técnicas de Relações Públicas.

As atividades básicas e específicas de um profissional de Relações Públicas estão contidas em cinco grandes segmentos: Pesquisa; Assessoria e Consultoria; Planejamento; Execução; Avaliação.[10]

O papel legal do jornalista

O Decreto-lei nº 972, de 17 de outubro de 1969 dispõe sobre o exercício da profissão de jornalista.

Art. 1º - O exercício da profissão de jornalista é livre, em todo o território nacional, aos que satisfizerem as condições estabelecidas neste Decreto-Lei.

Art. 2º - A profissão de jornalista compreende, privativamente, o exercício habitual e remunerado de qualquer das seguintes atividades:

a) Redação, condensação, titulação, interpretação, correção ou coordenação de matéria a ser divulgada, contenha ou não comentário;

b) Comentário ou crônica, pelo rádio ou pela televisão;

c) Entrevista, inquérito ou reportagem, escrita ou falada;

d) Planejamento, organização, direção e eventual execução de serviços técnicos de jornalismo, como os de arquivo, ilustração ou distribuição gráfica de matéria a ser divulgada;

e) Planejamento, organização e administração técnica dos serviços de que trata a alínea "a";

f) Ensino de técnica de jornalismo;

g) Coleta de notícias ou informações e seu preparo para divulgação;

h) Revisão de originais de matéria jornalística, com vistas à correção redacional e à adequação da linguagem;

i) Organização e conservação de arquivo jornalístico e pesquisa dos respectivos dados para a elaboração de notícias;

j) Execução da distribuição gráfica de texto, fotografia ou ilustração de caráter jornalístico, para fins de divulgação;

l) Execução de desenhos artísticos ou técnicos de caráter jornalístico.

Art. 3º - Considera-se empresa jornalística, para os efeitos deste Decreto-Lei, aquela que tenha como atividade a edição de jornal ou revista, ou a distribuição de noticiário, com funcionamento efetivo, idoneidade financeira e registro legal.

§ 1º - Equipara-se à empresa jornalística a seção ou serviço de empresa de radiodifusão, televisão ou divulgação cinematográfica, ou de agência de publicidade, onde sejam exercidas as atividades previstas no art. 2º.[11]

O restabelecimento da exigência de diploma para o exercício do Jornalismo

A discussão em torno da exigência de formação superior para exercer a profissão de jornalista permanece marcada por alguns equívocos. O primeiro deles é considerar que a decisão que retoma a necessidade do diploma para obtenção do registro profissional é um fato isolado e intempestivo. A liminar da juíza Alda Basto, de julho deste ano, é mais um episódio de uma luta que se estende desde 1918. Em outubro de 2001, atendendo a um pedido de algumas empresas de comunicação, a juíza Carla Rister retirou a formação universitária dos requisitos para o registro. A partir dali, deu-se início a uma queda de braços nos tribunais tentando restabelecer um estado de coisas que é amparado pela lei que regulamenta a profissão, que atende à Constituição Federal e que auxilia na organização da categoria no País.

Outro equívoco é entender que a luta por uma formação profissional atende apenas aos anseios dos jornalistas. Não. Ela contempla os interesses da sociedade como um todo, que tem o direito de um jornalismo de qualidade, de informação correta, ética e responsável. E isso está diretamente ligado a profissionais bem formados, bem estruturados tecnicamente, reflexivos e proativos. Nesse sentido, cabe uma pequena indagação: estudar é ruim? Parece incrível, mas muitos ainda se queixam da necessidade de passar pelos bancos acadêmicos. Ora, em nenhuma parte do mundo, questiona-se o valor da educação, a validade dos estudos. Um advento moderno, a escola é palco de formação não só de algumas das mais importantes bases do sujeito contemporâneo (seu caráter, sua personalidade...), como também de seu preparo para a vida em sociedade. Então, por que se teme voltar a estudar? É preciso que se admita, sim, que muitas escolas de comunicação não oferecem a formação profissional ideal, aquela que o mercado tanto exige. Mas a saída é melhorar as escolas ou acabar com elas?

Estendendo a visão para outros campos de atuação, podemos observar que muitas profissões permanecem defendendo a formação superior para seus exercícios profissionais e buscam ainda mecanismos para acompanhar a qualidade de sua atuação na sociedade. Para os advogados, não basta apenas passar pelo curso de direito; os recém-formados precisam ainda se submeter ao exame da OAB.

O período de residência é condição obrigatória para os jovens médicos antes de desembarcar no mercado de trabalho. Engenheiros, por sua vez, dispõem de um conselho profissional que vela pela conduta de seus associados, observando se há desvios ou erros técnicos. Então, por que jornalistas, que são profissionais igualmente importantes na sociedade, não devem passar por uma universidade em sua área?

Jornalistas fazem a crônica dos fatos diários, intervêm diretamente na vida dos cidadãos, lidam com reputações e honras, investigam e denunciam desmandos e violações de direitos. Têm o dever de informar bem, de maneira equilibrada, comprometida com o interesse público. Logo, a qualidade de sua formação é fundamental para atender bem essas prerrogativas.

O diploma é apenas a ponta do *iceberg*. Abaixo de sua exigência estão a luta por um jornalismo melhor, a manutenção do direito do cidadão ser bem informado, e o fortalecimento de uma instituição fundamental para a democracia: a imprensa. Sinceramente, não penso que estas sejam preocupações terceiro-mundistas...[12]

Proposta

Os relações-públicas, assim como os publicitários – além dos próprios jornalistas – deveriam colocar suas entidades de classe a favor de uma causa que recupere a dignidade da imprensa, para além da troca de favores. Sem imprensa forte não há espaço para anunciantes e, por conseguinte, para o exercício da propaganda. Igualmente, sem imprensa forte não há espaço para relações saudáveis com as organizações, logo não há espaço para o relações públicas. Os cursos de graduação e pós-graduação em Comunicação, entidades como FENAJ, ABI, CONFERP, CONRERPs regionais, ABP, ABAP e ABA, junto aos sindicatos profissionais da área, deveriam pugnar por jornais com redações próprias e não meros repetidores de apuração alheia. Isso se obtém com luta, com mobilização, com projetos de lei. Que as classes profissionais que dependem da saúde da mídia comercial e jornalística ponham-se a cobrar dos parlamentares uma legislação que restrinja o enxugamento máximo das redações sob a pena de retirar-se de seus proprietários a permissão para atuação junto à sociedade.

Sem esse tipo de mobilização o jornalismo como sonhamos, e do qual a sociedade não pode abrir mão, acaba e com ele a idéia de democracia e do convívio da diferença morrem também.

Notas

[1] Machado Neto, Manoel Marcondes. Implantação da coordenação de pesquisa e documentação em comunicação e mercadologia. Reflexão sobre sua oportunidade em relação às práticas atuais da comunicação. Artigo publicado na Revista LOGOS: Comunicação & Universidade, número 1, setembro de 1990, UERJ, Rio de Janeiro. P. 21.

[2] Extraído do *site* Últimas Notícias em 08/11/2003.

[3] Bagdikian, Ben H.O monopólio da mídia. Trechos do posfácio, pp. 285, 287, 292 e 293.

[4] Kopplin, E. *et* Ferraretto, L. A. Assessoria de imprensa. Porto Alegre, Sagra Luzzato. 2001.

[5] Roberto Porto Simões em artigo publicado na Revista da FAMECOS/PUCRS de agosto de 2003 defende a designação abreviada de Relações Públicas como sendo RRPP.

[6] Extraído do site www.bm.com.

[7] Extraído do site www.edelman.com.

[8] Ferreira, Aurélio Buarque de Holanda. Novo dicionário Aurélio. Rio de Janeiro, Editora Nova Fronteira. 1975. p. 804.

[9] Ferreira, Aurélio Buarque de Holanda. Novo dicionário Aurélio. Rio de Janeiro, Editora Nova Fronteira. 1975. p. 1210.

[10] Extraído do site do Conselho Federal de Profissionais de Relações Públicas em 03/11/2003.

[11] Extraído do *site* da Associação Brasileira de Imprensa em 03/11/2003.

[12] Christofoletti, Rogério, vice-presidente do Sindicato dos Jornalistas de Santa Catarina, mestre em lingüística pela UFSC e doutorando em jornalismo na Universidade de São Paulo. Texto, intitulado A ponta do iceberg originalmente publicado na seção "Opinião" do jornal *A Notícia*, em 29/08/2003. Extraído do site da FENAJ em 03/11/2003.

Referências Bibliográficas

BAGDIKIAN, Ben H. O monopólio da mídia. São Paulo, Scritta Editorial. 1993.

KOPPLIN, Elisa et FERRARETTO, L. A. Assessoria de imprensa. Porto Alegre, Sagra Luzzato.

Apêndice 1 – O cinema aborda o conflito

Muitos roteiros abordam – de maneira apropriada – o conflito em que vive o jornalista: sempre entre a ética e interesses particulares – de seus patrões e de, talvez, seus futuros patrões. Alguns deles: A primeira página, Rede de intrigas, Síndrome da China, Ausência de malícia, Nos bastidores da notícia, Herói por acaso e O informante.

Apêndice 2 – Menção honrosa a Carta Capital e Observatório da Imprensa

Sugiro a meus alunos que leiam de tudo, mas cito como indispensáveis às linhas da revista Carta Capital e os programas do Observatório da Imprensa para a compreensão do que seja um melhor exercício do jornalismo.

RELAÇÕES PÚBLICAS E JORNALISMO: ONDE ESTÁ A FRONTEIRA?

*Vitor Iorio**

Durante muito tempo, o único ponto em comum entre jornalistas e profissionais de relações públicas era a antipatia mútua cultivada ainda na faculdade. Tal hostilidade vigorou até que os primeiros sopros da globalização começaram a substituir o ideário da "esfera pública" pelos caprichos do "mercado". Até então jornalistas e RPs orgulhavam-se das diferenças que os mantinham em lados opostos na trincheira da Comunicação: inflados de idealismo, os primeiros acreditavam estar escrevendo o que James Cameron chamou de "o primeiro rascunho da história"; e os profissionais de relações públicas, fiéis ao seu compromisso com o entendimento em mão dupla, empenhavam esforços para estabelecer a comunicação entre uma organização e seus públicos de modo a obter inteira compreensão, aquiescência e apoio para as ações da empresa.

Nos bancos universitários, estudantes de jornalismo aprendiam que o objetivo da atividade profissional do jornalista é "a apuração, o processamento e a transmissão periódica de informações da atualidade, para o grande público ou para segmentos desse público através de veículos de difusão coletiva".[1] Mais do que isso, aprendiam que tinham em mãos uma das mais eficazes ferramentas para a construção da democracia: a notícia que veiculavam era talhada para promover um espaço democrático no qual os cidadãos podiam discutir assuntos, munidos de informações importantes para sua vida civil, sem submissão a pressões comerciais ou políticas.

Já os alunos de relações públicas preparavam-se para ser elementos de integração entre uma instituição e a comunidade (composta por seus públicos interno e externo) através de ações deliberadas, planificadas e contínuas, de natureza administrativa e comunicacional. Aprendiam técnicas específicas que lhes permitiriam atuar como agentes da compreensão mútua, transmitindo e

* Doutor em Comunicação e Cultura pela Universidade Federal do Rio de Janeiro e professor de Jornalismo. Diretor de Arte da ABI.

interpretando as informações de uma entidade para seus funcionários e para a opinião pública, e depois retornando com informações quanto ao interesse público, para que a administração pudesse ajustar-se a ele.[2] Conheciam a importância de seu papel na manutenção permanente do entendimento, mas eram treinados para desempenhar um papel ainda mais crucial para a instituição: administrar crises, conduzir situações difíceis, fazer convergir para um consenso todos os interesses em questão.

Embora Barbosa e Rabaça ressaltem que "a informação jornalística difere da informação (...) de relações públicas, por seu conteúdo, pela finalidade de sua transmissão e pela exigência de periodicidade",[3] o fato é que tem sido cada vez mais difícil delimitar o domínio de cada uma dessas habilitações da Comunicação Social. Tanto que Phillip Babich, âncora do programa "Making Contact",[4] que teve como tema "Shaping the News: Public Relations Industry and Journalism" (Formatando a Notícia: a Indústria de Relações Públicas e o Jornalismo) afirma que em muitas universidades, as habilitações relações públicas, jornalismo, publicidade e comunicação corporativa são ensinadas como uma coisa só.[5] E nos cursos onde as distinções ainda permanecem, é comum orientar os alunos de relações públicas a fazer matérias de jornalismo e vice-versa. Além disso, diz Hewlett, diretor da empresa neozelandesa Blast Public Relations e autor do artigo "The PR and Journalism Interface", "a distinção entre relações públicas e jornalismo tem-se tornado tênue, não tanto por causa do aceitável grau de mobilidade entre as duas tendências, mas porque muitos praticantes e jornalistas fazem um pouco dos dois".[6]

Mais do que uma superação das antipatias de outrora, a constatação revela uma promiscuidade: com o avanço do capitalismo corporativo, os constantes cortes de orçamento vividos pelas empresas jornalísticas, as facilidades tecnológicas e o interesse mercadológico de satisfazer sempre os desejos do público, a indústria de relações públicas tem conquistado a conivência do jornalismo na conveniente substituição da notícia investigada pela notícia produzida. Isso, claro, sem que o público perceba que está comprando como notícia o que não passa de *press-release*.

Invisibilidade. Esta é a arma que torna a indústria de relações públicas tão poderosa. Graças à invisibilidade, o trabalho de convencimento da opinião pública feito pelos profissionais de RP resulta mais eficaz do que aquele realizado pela publicidade. (Segundo Hewlet, dentre as 12 maiores companhias de relações públicas do mundo, 11 são de propriedade da indústria da publicidade[7].) As mensagens publicitárias são claramente identificadas pelo público como tal: sabe-se que o anunciante pagou pela veiculação de sua mensagem e que ela é resultado de uma estratégia "agressiva" (explícita) de convencimento. Quando o público tem consciência de que alguém está tentando manipular ou comandar o seu pensamento, sua opinião ou seu comportamento, tal estratégia fica sujeita à disposição de cada um de se deixar convencer. Mas, quando o público não percebe a estratégia, e quando a mensagem é colocada na boca de um repórter, de um cientista ou de alguém em quem se confia, bingo! Propaganda invisível, eficácia garantida. A invisibilidade agrega credibilidade à mensagem.

Assim foi que a indústria de relações públicas vislumbrou no jornalismo o perfeito canal de escoamento para seu trabalho de obter apoio público para as ações da empresa que defende, garantir aceitação externa e interna de suas causas, ou mesmo distrair ou conduzir a opinião pública nos momentos de crise. Para isso conta com sofisticadas técnicas psicológicas, sofisticada tecnologia, e profundo conhecimento do funcionamento de uma empresa jornalística, do conceito de notícia adotado nas redações e das técnicas de construção de um texto ou vídeo jornalístico. Não é por acaso que mantém em sua equipe de profissionais ex-jornalistas experientes. Em rápidas palavras, o presidente do Council of Public Relations Firms em Nova York, Jack Bergen, delineou com precisão de editor o perfil do conceito de notícia: o que é suficientemente interessante para o grande público para merecer uma matéria, ou seja, o que é atual, o que é excitante, sensacional, o que apela para o interesse humano.[8] Hewlet, no entanto, alerta que "A interface entre relações públicas e jornalismo é hoje um arranjo bem estabelecido – a ponto de ser 'institucionalizado' – para negociar a definição e o enquadramento da notícia e da cobertura editorial".[9]

Por sua vez, encurralado na ambivalência de prestar serviço público e manter-se no competitivo cenário comercial, o jornalismo tem sido ameaçado pela mídia global e pela submissão aos interesses dos grandes conglomerado de que passou a fazer parte.

De um lado tem sido obrigado a recorrer freqüentemente ao enxugamento de sua equipe de profissionais. Com o advento da globalização e da centralização da informação na mão dos grandes conglomerados, o poder econômico dos grandes serviços eletrônicos de apuração e difusão de notícia vem atropelando as pequenas empresas de jornalismo local, que acabam recorrendo às demissões como forma de cortar custos. Desfalcada e sobrecarregada, a equipe de jornalistas abre mão da apuração e da investigação detalhadas em favor da conveniente reprodução literal dos *press-releases* enviados pelas fontes. A estratégia de redução de custos compreende não só a redução do número de jornalistas nas redações como também a substituição de profissionais experientes por repórteres recém-formados. Tal opção também tem contribuído para a prática do jornalismo relações públicas: ao trocar um salário mais alto por um de iniciante, a imprensa tem banido das redações gerações de jornalistas investigativos, com experiência de rua impressa na sola do sapato e idealismo no coração. No lugar, está ficando uma geração mais nova, treinada a apurar com as pontas dos dedos no teclado e os ouvidos no telefone. Para eles, que cada vez menos têm a oportunidade de aprender com os jornalistas da antiga o que é investigar uma notícia e avaliar criticamente o que está por trás dos fatos, os *press-releases* enviados pela indústria de relações públicas atendem perfeitamente à ideologia da era Internet: chegam na comodidade da redação, diretos da fonte, e, por não exigirem processamento, liberam o tempo do repórter para uma produção mais numerosa.

Por outro lado, o capitalismo corporativo tem colocado lado a lado as empresas de jornalismo e as firmas de relações públicas como braços de grandes conglomerados que não dispensam sua participação no ramo das comunicações. Desnecessário desfiar aqui os numerosos casos em que os interesses do conglomerado passaram por cima dos compromissos de um dos componentes do grupo. Como, segundo o americano John Stauber, fundador e diretor do Center for Media and Democracy e editor do informativo "PR Watch", a indústria de Relações Públicas só está disponível para grandes empresas, agências governamentais e indivíduos endinheirados[10], pode-se imaginar o poder dos clientes dessa indústria, o peso que as firmas de RP têm nos conglomerados e a influência do conteúdo de seus *press-releases* sobre as decisões editoriais. Segundo Babich, nos Estados Unidos, por exemplo, "a indústria da relações públicas é um negócio de bilhões de dólares"[11]: para se ter uma idéia, lá existem mais profissionais de RP do que jornalistas que realmente saem e investigam notícias, redigem e as divulgam para a população. De acordo com Stauber, estudos revelam que, das notícias e informações que recebemos por dia, algo entre 40 e 80% é produto direto ou subproduto de relações públicas. Isto significa que, "aquilo que nós pensamos ser notícia, aquilo que pensamos ser informação investigada e reportada por jornalistas é, na verdade, totalmente ou em grande extensão o resultado de um trabalho de relações públicas invisível".[12] De acordo com Hewlet, "Como resultado do encolhimento das fontes jornalísticas e do crescimento das fontes de RP, estima-se que o suprimento de material de relações públicas responde por 50% do conteúdo editorial nos 'jornais sérios'".[13]

Como resultado da interface entre relações públicas e jornalismo, os produtos jornalísticos (propriamente chamados de produtos, já que são talhados, embalados e distribuídos segundo as exigências do mercado) têm cada vez mais proporcionado sedução, entretenimento e passividade.

São mensagens 'chapa branca', sem investigação nem crítica, emitidas por porta-vozes 'oficiais', coloridas por fotos e notas sobre celebridades, e apimentadas com escândalos que se sucedem e desaparecem ao sabor do esgotamento comercial do interesse passageiro do público. Cada uma delas, no entanto, revela produção esmerada: ambientação apropriada, sonoplastia, texto ensaiado, fonte preparada. Confeccionadas nos estúdios das empresas de RP ou editadas a partir do material enviado pela fonte, a notícia produzida carece de crítica, de uma abordagem questionadora, de uma pauta inspirada no interesse público. Roteirizadas com acabamento de novela mas em linguagem jornalística, a notícia serve mais ao entretenimento e ao agendamento de temas do interesse das grandes corporações do que à educação dos cidadãos e ao debate democrático. Ficam de fora os temas e as questões dos pequenos grupos de ativistas, do cidadão comum, daqueles que não têm recursos para contratar os serviços de uma empresa de relações públicas que defenda seus interesses na mídia, com *press-release* e vídeo-reportagem *prêt-à-porter*.

A aliança entre relações públicas e jornalismo tem se revelado promíscua e danosa para o grande público porque enquanto os profissionais de RP têm feito a sua parte, os jornalistas têm deixado de ser jornalistas. Stauber sugere uma boa maneira de resgatar o compromisso do jornalismo com a esfera pública: por que os jornalistas não realizam uma reportagem investigativa sobre como as corporações manipulam a opinião pública, as políticas públicas e a mídia?[14] Por que, completa o jornalista australiano de meio ambiente Bob Burton, não levantam um debate para discutir o que constitui um trabalho ético de relações públicas? Ou qual o papel das empresas de RP numa democracia? Embora as táticas e estratégias de RP possam ser perfeitamente legal, não estariam elas impedindo os cidadãos de participar dos debates públicos?[15]

Stauber diz que uma das luzes no fim do túnel é a presença cada vez mais numerosa da mídia alternativa, esta voz independente ao controle comercial dos veículos de comunicação, este instrumento de resistência que é movido por ideologia e não pelos interesse do capitalismo corporativo[16]. Cabe à mídia alternativa fazer jornalismo de verdade, mostrar que, no jornalismo comercial, o que se oferece como notícia, na maioria das vezes, não passa de material produzido e financiado pelas empresas de relações públicas e deve ser rejeitado pelo público como propaganda. Quanto mais nítida for a fronteira entre relações públicas e jornalismo, maior será a transparência e a independência do processo de construção da notícia, e maior será a fidelidade dos jornalistas com o compromisso que assumiram de servir o interesse público.

Notas

[1] Barbosa, Gustavo e Rabaça, Carlos Alberto, 2001, p. 405.

[2] Idem, p. 634.

[3] Idem, p. 401.

[4] Este programa é uma produção independente da National Radio Project que pode ser ouvido nos Estados Unidos, Canadá, África do Sul, e em todo mundo através da Radio for Peace International Short Wave, além da Internet.

[5] *Id.* p. 1.

[6] Hewlet, Paul. http://www.blastpr.co.nz/article.cfm?articleID=5, p.5

[7] *Ib.*

[8] Bergen in http://www.radioproject.org/archive/1999/9946.html, p. 7.

[9] Hewlet, *op. cit.*, p. 1.

[10] Stauber in http://www.radioproject.org/archive/1999/9946.html, p. 1.

[11] Babich, *op. cit.*, p. 1.

[12] Stauber, *op. cit.*, p. 5.

[13] Hewlet, *op. cit.*, p. 6.

[14] Stauber, *op. cit.*, p. 7.

[15] Burton, in http://www.radioproject.org/archive/1999/9946.html, p. 4.

[16] Satuber, *op. cit.*, p. 8.

DE QUEM É A MÍDIA?

*Fábio França**

Ao participar de uma obra que tem por objetivo saber o que pensa o jornalista e o profissional de relações públicas sobre a mídia e seu uso, veio a nossa mente a questão: o que fazer? A que abalizados autores recorrer para explicar a relação de amor e ódio entre jornalistas e relações públicas? Como o assunto faz parte de uma discussão sem fim, julgamos que contribuiríamos para os objetivos do livro se deixássemos de lado as teorias sobre mídia e questionássemos a própria mídia, indagando a quem ela pertence ou pode pertencer. Em outras palavras: de quem é a mídia? Faz parte da racionalidade humana, que a descobriu e passou a empregá-la de maneira cada vez mais apurada, ou é propriedade de alguma profissão, por exemplo, do jornalismo, dos promotores de *shows* ou dos vendedores da feira que aos berros tentam desovar suas frutas e seus legumes?

1. Globalização *versus* corporativismo

Em um mundo globalizado, que transformou as relações mercadológicas internacionais e a estrutura da maioria das grandes corporações, o tratamento dado a seus produtos para atender às exigências do mercado, não se pode esquecer que houve, simultaneamente, pelo avanço da tecnologia, mudanças radicais no campo da comunicação. Essa passou a constituir-se em uma forma de poder acessível a todos que dela sabem tirar proveito. Alteraram-se também as inter-relações midiáticas, tornando o seu campo aberto a todos e em todas as modalidades disponíveis, incluindo antigas e novas mídias. Dessa forma, a mídia passou a gozar de dimensões mundiais, tornou-se mais democrática, deixou de ser acessível a apenas a alguns privilegiados, universalizando-se – *on line* – ao alcance de todos. Nessa dimensão, a mídia não pode mais ser propriedade ou exclusividade de algumas profissões, muito menos ser defendida por elas em razão de um corporativismo não mais cabível na era do conhecimento e da tecnologia da comunicação.

* Professor-pesquisador do Curso de Relações Públicas da Universidade Metodista de São Paulo. Mestre e Doutor em Ciências da Comunicação – Relações Públicas na ECA-USP.

Os defensores do corporativismo no emprego da *mass media* esquecem-se de que, no Brasil, toda a legislação sobre as manifestações artísticas e a comunicação foi elaborada pelo governo militar, não para valorizar ou defender, por exemplo, o jornalismo ou a atividade de relações públicas, mas para controlar o exercício de ambas e poder punir os seus praticantes. Quem defende essa legislação está literalmente lutando para conservar o "entulho militar" que criou dezenas de leis impeditivas do exercício democrático da comunicação.

É preciso entender que diante do advento de uma comunicação universal, não faz mais sentido defender registros profissionais de jornalistas ou de relações públicas. Interessa sim que, quem se dedica ao exercício da informação e da comunicação, esteja muito bem preparado para conhecer em profundidade a teoria da comunicação, da mídia e de seu uso; compreender também sua abrangência, seus aspectos sociais e psicológicos, seu nível de influência na opinião pública, para, em seguida, saber como utilizar, de maneira eficaz, os instrumentos que se fizerem necessários, em cada situação, para se conseguir os objetivos colimados de transmissão de mensagens para os públicos de interesse. Os vencedores do mundo globalizado não serão os corporativistas, mas os empreendedores dotados de competência para entenderem a nova ordem da comunicação e para saberem utilizá-la dentro do interesse das organizações e do interesse coletivo.

Quem lida com a mídia não pode mais ficar discutindo o que lhe é exclusivo, quem faz o que, a quem compete o uso de tal ou tal veículo ou recurso. Esse posicionamento antiquado não pode mais fazer parte do mundo globalizado porque a comunicação e o uso de seus instrumentos em suas mais variadas formas deixaram de ser privilégios desta ou daquela profissão, estão totalmente abertos pela tecnologia a quem deles quiser utilizar.

2. Novo paradigma da comunicação organizacional: a comunicação pública

Grande parte das discussões sobre a comunicação entre nós concentra-se no campo instável das definições que, na maioria das vezes, não apresentam nenhuma solidez porque são elaboradas aleatoriamente, procurando cada autor defender seu ponto de vista sem uma pesquisa que comprove seu posicionamento. A comunicação organizacional, por exemplo, recebe várias designações, podendo ser institucional, corporativa, empresarial, integrada, endomarketing, e ainda receber outras denominações. As poucas pesquisas feitas nos dão conta da ineficácia da comunicação empresarial, tanto em relação aos seus públicos internos como externos (Aberje, 2002; *Veja*, 21-6-2000, p. 154). Essa ineficácia deve-se talvez ao fato de que essa comunicação, apesar das mudanças do mercado e da estrutura organizacional, continua sendo produzida nos mesmos moldes conservadores que consideram a organização como isolada de seu contexto social e mercadológico.

As organizações, ao se reestruturarem e ao adotarem posicionamentos globais, alteraram, também, o seu processo comunicacional. Este deixou de ser restrito a alguns públicos internos e externos, aperfeiçoou-se, e passou a ser feito dentro de novo paradigma: o da comunicação pública.

Com efeito, a organização não constitui mais um mundo isolado do mercado e da sociedade. O que ela é, o que faz, como se comporta passou a ser motivo de indagações públicas às quais ela deve responder. Esse novo paradigma significa que, pela sua inerência e participação no mercado global, foi obrigada a transformar a comunicação restrita a seus muros em uma comunicação pública pela qual ela se responsabiliza diante da opinião pública, como empresa cidadã.

Na tentativa de explicar esse fenômeno, podemos dizer que a comunicação pública organizacional é uma manifestação que ultrapassa os interesses institucionais particulares da empresa e envolve no seu contexto informativo os interesses maiores da sociedade, tornado-se a empresa responsável por esta comunicação e pelo que ela pode gerar de positivo ou negativo para a sociedade, para outras organizações ou para o mercado.

Nesse caso, a organização está ciente do que informa e de que pode ser responsabilizada ou contestada pelo que diz por ferir preceitos éticos ou legais, ou até o interesse da concorrência. Isso fica claro, por exemplo, nas campanhas de propaganda das cervejas, dos transgênicos, de cigarros, por exemplo. Outro exemplo que ilustra bem como a organização está envolvida no sistema da comunicação pública é o caso de um acidente aéreo. Prioritariamente, envolve a empresa que opera a aeronave, mas desdobra-se em outras fases que podem incluir a falha humana do piloto, a falha técnica do aparelho, o sistema de controle aéreo, o fabricante do equipamento, gerando ações que envolvem direitos civis, comerciais, e até o direito nacional e internacional. Segue-se, portanto, que a organização não pode apenas falar de si quando está inserida dentro de um contexto social e mercadológico muito mais amplo do que ela.

Em resumo, pode-se dizer que esse novo paradigma da comunicação pública organizacional destaca-se do tradicional pelas seguintes características:

- Extrapola o ambiente interno da organização, é pública, destinada a informar a opinião publica;
- A organização estuda o seu impacto social e se responsabiliza pelo que informa; pode causar benefícios ou danos ao mercado e à sociedade;
- Pode interferir na ação de outras empresas, na venda de seus produtos;

- Pode atingir ou ferir interesses de outras organizações, de áreas governamentais;
- Pode afetar os consumidores;
- Demonstra a interdependência da organização com seu meio ambiente (mercado, opinião pública e a mídia);
- Exige posicionamento ético da organização.

3. O conceito de assessoria de imprensa também precisa evoluir

A assessoria de imprensa é uma prática cheia de méritos e deméritos, preocupando-se em geral com a divulgação da organização por meio do famoso *press release*, que funcionou em outros tempos. Esse conceito precisa evoluir, ser determinado por novo parâmetro diante das transformações da relação organização/mercado, pelo desenvolvimento da comunicação pública. Além disso, a assessoria não pode ser eficaz se for uma ação isolada, que não faz parte do programa corporativo de relacionamentos e de comunicação da organização.

Uma das falhas comuns dos assessores de imprensa é o fato de desconhecerem que a assessoria é uma comunicação pública, que deve levar em conta a opinião pública, o estudo da mídia que utiliza, e dos públicos ligados a esta mídia, sem esquecer-se da existência da multimídia Internet – canal de informação imediata e universal – suficientemente poderoso para apoiar e disseminar notícias ou para contestar qualquer informação com a qual seus usuários não concordem.

A assessoria de imprensa precisa ser classificada dentro do parâmetro da comunicação pública da organização, levando-se em conta, como expresso acima, que as mudanças ocorridas, aliadas à globalização do mercado, alteraram profundamente a noção de comunicação organizacional, criando a interdependência da organização de seus públicos, inclusive da imprensa. A empresa não pode ficar falando para si, precisa falar para o mercado global.

Examinemos, por exemplo, o fato de que a assessoria de imprensa não pode esquecer de que trabalha com a opinião pública, fenômeno difícil de se lidar com ele, de ser controlado, influenciado, que depende de inúmeras variáveis e pode ser extremamente mutável, volátil, alterando seus rumos sem maiores argumentos.

A opinião pública é um fator coletivo que leva o público a seguir certas tendências, em determinados momentos, para apoiar ou reprovar opiniões, ou ações da empresa, ou de qualquer entidade. Entre outras influências que nela interferem, está em sua base o substrato social de um povo, de sua cultura ou de uma comunidade. Por isso, se pode, em alguns casos, até prever como a opinião pública reagirá quando estimulada por temas culturais e religiosos, freqüentemente geradores de controvérsias. Entre nós, por exemplo, continuam sendo polêmicos temas antigos como o controle da natalidade, o aborto, uso de anticoncepcional, pena de morte, como novos, representados pelo Estatuto da Criança e do Adolescente, o uso dos transgênicos, as cotas para negros na universidade, para não falar do setor político, foco de debates constantes sobre reforma agrária, reforma eleitoral, tributária, previdenciária e a soberania nacional. Tal constatação nos diz claramente que se a assessoria de imprensa não levar em conta a opinião pública, poderá causar muitos incômodos à organização pelos pronunciamentos que fizerem em relação temas culturais, políticos e religiosos. Fatos recentes como a ordem de retirada do crucifixo das escolas na Itália, da proibição do uso do hijab, véu que cobre o cabelo, o pescoço e os ombros das filhas de Alá, demonstraram em passeatas a imediata reação pública contra tais medidas consideradas restritivas à liberdade individual e de culto.

No campo da eficiência de suas mensagens, a assessoria de imprensa não pode ignorar o conhecimento dos públicos de interesse da organização e da interdependência existente entre ambas as partes. O assessor tradicional contenta-se em enviar uma notícia para a imprensa, sem se preocupar para que públicos a informação está sendo dada, o que é precário, pois o êxito de qualquer comunicação depende de seu direcionamento para o público certo.

O ponto não é discutir quem faz assessoria ou o que é específico de cada habilitação da comunicação social, mas estar atento às mudanças ocorridas no campo da relação das organizações com os seus públicos.

A empresa não pode mais ficar voltada só para si, mas para o mercado externo onde age e trabalha. Em um mundo de produtos mundiais, de políticas internacionais abertas, não se pode admitir que a discussão maior seja a do corporativismo, na qual cada um quer conservar sua sesmaria de privilégios.

A empresa também tem responsabilidade global; e local, com a sua comunidade. A sociedade exige dela ética, responsabilidade social, cumprimento das leis trabalhistas, atendimento ao cliente, assessoria técnica adequada e pronta.

Mudou-se o conceito de assessoria para comunicação pública e estratégica. Talvez melhor fosse empregar o conceito de Consultoria de Imprensa. A assessoria ou contato com a imprensa é reducionismo do que se poderia fazer em escala muito mais ampla e de acordo com o planejamento estratégico da organização, seja para a realização de negócios, seja para a sua promoção ou para a sua divulgação institucional.

Na consultoria de imprensa, o que importa é a credibilidade da fonte e sua disponibilidade em informar no momento adequado – e não a freqüência de *press releases*. Portanto, trata-se de fato de prestação de uma consultoria, que leva em conta todo o projeto global da relação da organização com a sociedade.

A organização não está preocupada em se relacionar apenas com alguns segmentos do mercado, mas com todo o mercado e de maneira permanente, para se manter em evidência, criar clima de negócios e conseguir aumentar o seu faturamento, ou, no mínimo, mantê-lo.

Esses dados nos indicam em que sentido a assessoria de imprensa precisa evoluir:

- Não pode ser uma ação isolada de comunicação com o mercado; deve estar constituída como um dos programas do plano corporativo de comunicação pública da organização com seus públicos.
- Precisa desenvolver sua ação como um processo interativo (de dupla mão) com a mídia, os públicos, a opinião pública e o mercado.
- O assessor de imprensa, na seleção e determinação de veículos, deve ser tão hábil no exercício de sua função como o "mídia" da publicidade, para poder ser bem sucedido no seu papel de bem informar.

4. As habilitações da comunicação social e a mídia: comunicação transitória e comunicação permanente

No Brasil, multiplicaram-se as habilitações da comunicação social e ainda se criam, nessa área, cursos superiores que são verdadeiro estelionato cultural, pois representam apenas uma especialização em algum campo da mídia, muito próxima dos cursos já existentes. As habilitações tradicionais são específicas nos seus objetivos, defendidas por lei, como no caso do jornalismo e relações públicas. Todas essas habilitações são mediáticas, instrumentos de comunicação, contidos no conceito maior de *mass mídia*. Não obstante tal natureza global há por parte de uma ou de outra habilitação, a pretensão de apropriação de determinados veículos como exclusivos de sua área, o que é estranho, pois desde que foi sendo descobertas suas diferentes fórmulas e possibilidades, a mídia passou a ser utilizada de maneira universal, sendo cada vez mais reforçada pela criação das novas mídias que invadiram o mundo, amparadas pelas descobertas avançadas da tecnologia.

Nessa visão, se existir conflito entre habilitações, este deveria situar-se entre *marketing* e relações públicas, pois essas áreas trabalham com o projeto global de relacionamento e de negócios da empresa.

Como filosofia mercadológica, *marketing* liga-se estreitamente ao produto e à sua promoção, tendo seu foco na marca.

Marketing é o processo de planejamento e execução do conceito, preço, comunicação e distribuição de idéias, bens, serviços, de modo a criar trocas que satisfaçam objetivos individuais e organizacionais (Semenik e Bamossy, 1995, p. 6.

Como filosofia institucional, relações públicas ressalta a organização, projetando sua identidade e filosofia comportamental junto à opinião pública, tendo seu foco no conceito da organização.

> *Public relations is the management function whic evaluates public attitudes, identifies the policies and procedures of an individual or an organization with the public interest, and plans and executes a program of action to eam public understanding and acceptance. (Grunig, 1983, p. 6).*

O conceito de *marketing*, segundo Semenik, é uma filosofia de negócios que estabelece que o propósito fundamental de um negócio é atender aos desejos e necessidades dos clientes (Semenik, 1995, p. 16).

Da mesma forma, pode-se dizer que relações públicas é também uma filosofia que estabelece como propósito fundamental relacionar-se de forma planejada e bem administrada com todos os segmentos de públicos com os quais a organização interage, tendo em vista o interesse público.

Constituem, portanto, *marketing* e relações públicas um mix comunicacional cujo objetivo fundamental é o mesmo: projetar a organização de forma corporativa, vendendo sua excelência institucional e a excelência de seus produtos, de modo a conquistar espaços mercadológicos lucrativos junto aos clientes e espaços institucionais positivos junto aos públicos de interesse.

Comparando as diversas funções do processo de comunicação total da organização, estando nele incluídos *marketing*, relações públicas e os demais instrumentos de mídia, verifica-se que alguns deles têm caráter permanente como instrumentos de fundamentação das atividades empresariais junto a seus públicos estratégicos, outros apenas a função de mídia e, portanto, desempenhando papéis transitórios no processo de comunicação.

Marketing como relações públicas atua a partir de um planejamento estratégico de atividades, fundamentado em pesquisas de mercado, de produto, de públicos, e na busca de melhores oportunidades de ação junto ao mercado. Constitui processo permanente básico de ação das organizações para prover suas necessidades mercadológicas e institucionais. Distingue-se, portanto, claramente das atividades sazonais da propaganda, da assessoria de imprensa e de divulgação de notícias, que, em princípio, são localizadas e finitas, pois sua ação termina no momento exato em que é finalizada a campanha publicitária, a cobertura jornalística ou é dada à notícia.

5. Relações Públicas e a mídia

O que diferencia relações públicas das demais habilitações da comunicação é que sua função, em qualquer área de sua atuação, é a programação de caráter permanente dos relacionamentos da organização com todos os públicos. Seu ponto de partida é o planejamento global e estratégico dos relacionamentos da empresa com o mercado, vinculado à consecução de objetivos claros de curto, médio e longo prazos, por meio de estratégias que levam à consecução dos resultados esperados.

Quando veicula mensagens, essas são devidamente programadas para públicos específicos, que são tratados de acordo com suas características, e divulgadas *just-in-time*, para surtir os efeitos desejados. Portanto, seu objetivo não é finito, imediatista, transitório como o objetivo das demais habilitações. Cria e estabelece as políticas organizacionais de relacionamentos com os públicos e trabalha como atividade-base em defesa daquilo que é programado como permanente na organização.

Relações Públicas é uma habilitação pública, que avalia as atitudes públicas, se preocupa com o interesse público e atua no campo externo das relações institucionais e mercadológicas da empresa. Exerce sua ação a partir das diretrizes éticas e operacionais da organização, definindo os princípios corporativos, os objetivos, as estratégias a serem desenvolvidas. Caracteriza-se, prioritariamente, como uma filosofia orientadora dos relacionamentos e das ações da organização diante dos públicos com os quais interage. Como teoria de relacionamentos públicos, abrange e orienta toda a relação global da organização diante de seus públicos e da sociedade onde está inserida. Atua em escala global e estabelece as mesmas diretrizes corporativas de relacionamentos para todos os seus departamentos de modo que ajam à sua luz, haja uniformidade de discurso – uma só voz – diante do mercado, englobando seus interesses institucionais e comerciais. É nesse sentido que a atividade procura dar visibilidade à organização e desenvolver ações que reforcem a sua credibilidade, criando um conceito institucional positivo da organização junto à opinião pública.

O termo imagem é impróprio para se falar da reputação de uma organização; tem sentido fugidio, não tem solidez por não ter embasamento racional que o sustente; está ligado ao "ouvir falar", por exemplo 'ouvi falar que o produto é bom, que ao fabricante é sério'. Imagem é o conceito *a priori* que está na categoria da hipótese, da opinião; não dá certeza pelo seu uso de que alguma organização poderá ser bem considerada ou não.

O conceito de uma organização se forma *a posteriori*, pois não é o que a empresa pensa sobre si mesma, mas a forma como é julgada e percebida pela opinião pública. Resulta de um processo planejado e longo de divulgação da organização, que define as mensagens a ser divulgadas de forma permanente para que seja, ao longo do tempo, percebida como uma organização que age de forma adequada, que tem princípios éticos, que respeita a sociedade, cumpre seus deveres e tem valores representativos no contexto social.

Nesse sentido, relações públicas transmite mensagens que trazem dentro de si temas, diretrizes, políticas reais, confiáveis, informações fidedignas da organização que vão se solidificando na percepção do público, contribuindo para formar o conceito de uma organização séria, ética, preocupada com a cultura, a cidadania, a responsabilidade social ou de uma organização que oferta produtos de qualidade, preços honestos, garante a assistência técnica e trata bem seus empregados, por exemplo, cumprindo as determinações da legislação trabalhista e pagando salários justos e em dia.

A grande diferença da atividade de relações públicas da mídia transitória é que essa pode dar visibilidade efêmera à organização, enquanto a comunicação de relações públicas carrega consigo mensagens que visam formar racionalmente o conceito positivo sustentável da organização e criar um clima favorável de negócios.

6. Relacionamento da organização com a mídia

O paradigma da comunicação pública, aqui proposto, está diretamente ligado à necessidade de identificação dos dois públicos com os quais a organização está lidando: a mídia de massa e os públicos a serem atingidos pelas mensagens de interesse da organização. O relacionamento da organização com a mídia deve ser estruturado levando-se em conta a interdependência das partes para que sejam alcançados os objetivos: a) de divulgação por parte das empresas e b) da criação de fontes fidedignas de informação por parte a imprensa.

Ao apresentar uma "conceituação lógica de públicos" em nossa tese de doutorado (França, 2000, p. 17-31), classificamos a *mass media* como um público especial do cenário externo à organização; uma rede de interferência, que, pelo seu poder representativo, pode exercer fortes influências na opinião pública em relação ao desempenho da organização ou ao seu conceito público. As redes de comunicação centralizadas na *mass media*, em particular na imprensa, podem representar continuada ameaça para qualquer organização.

Como um público especial, a imprensa pode interferir na legitimação ou não da organização pelo seu alto poder de persuasão. Em razão disso, a mídia representa forte preocupação para qualquer organização por trazer dentro de si o poder da imprensa em todas as suas formas de influenciação.

Fica patente que, na base dessa relação, há uma preocupação ou até uma desconfiança entre as partes – a que libera a informação e a que a busca. "O que eu mais temo é a imprensa", ouvi de uma alta executiva de uma agência de publicidade, quando indagada sobre seu relacionamento com a mídia. E acrescentou: "Hoje ela pode louvar-me e amanhã destruir-me".

Essa relação de amor e ódio da organização com a imprensa pode ser enquadrada em um parâmetro que leve em conta os objetivos da organização nessa relação, o tipo da relação, os resultados esperados pela organização em termos de divulgação e suas expectativas em relação ao comportamento da imprensa para com ela, o próprio sistema de comunicação dentre as partes e, afinal, as próprias expectativas da mídia em relação à empresa.

Analisemos esses elementos de maneira prática: o tipo de relação da organização com a mídia pode ser considerado social, de colaboração, de intercâmbio de informação e até de cunho político.

Os objetivos da organização nesse intercâmbio podem ser:

- Tratar com respeito a imprensa;
- Divulgar seus princípios, marcas, produtos e realizações;
- Informar ao mercado sobre sua presença e atividades;
- Ser fonte primeira de informações fidedignas para a mídia de seu interesse específico;
- Promover seu conceito de maneira constante no mercado de sua atuação;
- Ocupar de modo proeminente seu espaço na mídia;
- Ser bem recepcionada e divulgada pela mídia.

Somando-se a seus objetivos, a organização tem também expectativas de boa receptividade da imprensa em duas formas distintas: a) como resultado de sua ação e b) com fruto de seu relacionamento permanente com a mídia.

Em correspondência ao resultado de sua ação, a organização espera:

- Aceitação e divulgação de suas notícias;
- Manutenção de sua presença com destaque na *mass media* ou na mídia especializada;
- Ocupação de espaços nobres na mass mídia;
- Reforço positivo da imprensa para que o mercado aceite bem seus produtos;
- Consolidação de seu conceito positivo no mercado;
- Manutenção de *status* de organização bem-estruturada e bem situada no mercado.

Como fruto do bom relacionamento mantido, a organização espera merecer certas deferências da mídia:

- Ética no comportamento da mídia;
- Fidelidade e apuro na reprodução das informações recebidas;
- Compromisso com a verdade e com a não-divulgação de temas considerados restritos (confidenciais) pela empresa;
- Informação sobre alterações feitas nas declarações passadas à imprensa;
- Conhecimento de tendências de mercado e de ações da concorrência.

A organização, para conseguir preencher suas expectativas, costuma alimentar a mídia com três tipos de informação:

- De interesse público do mercado – investimentos, novas fábricas, geração de empregos;
- De interesse institucional – campanhas, patrocínios, ações de responsabilidade social;
- De temas promocionais – criação de grandes eventos, parcerias públicas, ajuda comunitária e patrocínios.

Em respaldo à sua ação junto à imprensa, a organização prepara-se também para se comunicar de maneira eficaz com a imprensa, mantendo a seguinte postura:

- Permanente abertura às demandas da mídia;
- Honestidade nos relacionamentos com a imprensa; apoio permanente nos princípios éticos e operacionais;
- Disponibilidade imediata da informação;
- Prontidão no atendimento à imprensa;
- Abrangência no enfoque dos temas de interesse da mídia.

A lei da reciprocidade leva a mídia, por sua vez, a exigir posicionamentos claros da organização, por exemplo:

- Obtenção da informação de fonte segura da organização;
- Liberdade para divulgar as informações recebidas, sem interferência da organização;
- Pronto atendimento sempre que buscar uma informação;
- Não-contestação do que foi divulgado pela alegação erros de interpretação;
- Não ocultação da verdade – sinceridade e ética na transmissão das informações;
- Respeito e consideração pelo seu trabalho.

Além dessas expectativas, a mídia deixa claro para a organização que não é de seu interesse estabelecer uma simples reciprocidade com a organização, pois, pela sua responsabilidade de informar, investigar e denunciar, não lhe cabe apenas o papel de falar bem da organização, pois seu maior interesse está na obtenção de:

- Informações de interesse público e mercadológicas;
- Informações do interesse dos consumidores;
- Informações sobre a administração da organização e a qualidade de seus produtos;
- Informações sobre desvios éticos, administrativos e atos de corrupção (ação de vigilância, reportagens investigativas, etc.);
- Informações sobre uso de tecnologia; informações sobre a concorrência;
- Informações sobre temas conjunturais de seu setor de operação.

Em vista do exposto, verifica-se que a relação da organização/mídia (mercado) é muito mais complexa do que uma simples assessoria de imprensa, que é apenas pontual, na maioria das vezes. Conseqüentemente, o uso da mídia deverá ser pautado tendo como referencial o programa dos relacionamentos corporativos da organização e não a simples divulgação ocasional de uma informação (*press release*) sobre o que faz a empresa, seja no interesse do mercado, do consumidor ou em seu próprio interesse em ser permanentemente divulgada.

Diante do mundo globalizado e dos avanços da tecnologia na área da comunicação que foi enriquecida por inúmeros recursos da multimídia, a tendência é a unificação desses recursos para que possam ser empregados como ferramentas eficazes da comunicação organizacional. O campo da mídia tornou-se comum, não é mais privilégio de habilitações.

A tendência das organizações atuais não é diversificar, mas unificar todo o seu processo de comunicação, levando em conta que sua missão é atingir seus grandes objetivos, e, para tanto, necessita caminhar em um único sentido para obter os resultados desejados e ter uma só voz.

As diferentes habilitações da comunicação social se persistirem em ser portadoras de mensagens isoladas, fora do contexto global da comunicação das organizações com seus públicos não serão bem-sucedidas nessa empreitada.

Há diferentes formas de textos – institucional, noticioso, publicitário, promocional. O problema não é definir quem pode ou não produzir determinado texto, mas encontrar profissionais competentes para redigir mensagens integradas ao processo corporativo de comunicação da organização, empregando os veículos mais apropriados em cada um de seus passos. Cada texto visa a uma finalidade específica, mas as mensagens que transmite devem estar direcionadas para o objetivo maior da comunicação organizacional. O que interessa, portanto, não é discutir de quem é a mídia, mas sim apurar quem a conhece e sabe utilizá-la com competência e de maneira eficaz.

Referências Bibliográficas

ABERJE. Pesquisa Aberje 2000. São Paulo: Instituto Aberje de Pesquisas, 2000.

FRANÇA, Fábio. Conceituação lógica de públicos em relações públicas. In revista "Estudos de Jornalismo e Relações Públicas" da Faculdade de Jornalismo e Relações Públicas da Universidade Metodista de São Paulo. Junho de 2003, Ano 1, n° 1, pp. 17-31.

FRANÇA, Fábio. Relações Públicas: estratégias de relacionamento com públicos específicos. São Paulo, 2002. Tese (Doutorado em Ciências da Comunicação) – ECA-USP.

GRUNIG, James E. & HUNT, Todd. Managing Públic Relations. Orlando, Florida: Harcourt Javanovich College Publishers, 1983.

MERCER, Consultoria Willian M. Pesquisa com mais de setenta empresas de São Paulo. In Revista *Veja*, 21 de junho de 2000, p. 154.

SEMENIK, Richard & BAMOSSY, Gary J. Princípios de marketing: uma perspectiva global. São Paulo: Makron Books, 1995.

Para saber mais sobre nossos títulos e autores,
visite nosso site:
www.mauad.com.br

Este livro, da MAUAD Editora,
foi impresso em papel ofsete 75g,
na gráfica Sermograf